刘少奇与武汉

中国中共文献研究会刘少奇思想生平研究分会 编
武 汉 市 总 工 会

李丹芳 主编

中共党史出版社

《追寻刘少奇足迹》丛书编委会

序　言

2018年11月24日，是刘少奇诞辰120周年纪念日。刘少奇同志是伟大的马克思主义者，伟大的无产阶级革命家、政治家、理论家，党和国家主要领导人之一，中国共产党第一代中央领导集体的重要成员，中华人民共和国开国元勋。

少奇同志是我们党领导工人运动的著名领袖和主要领导者。1926年10月，随着北伐军胜利进军的步伐，他从广州来到武汉，作为中华全国总工会秘书长兼湖北全省总工会秘书长，同李立三等其他全总领导人一道，在武汉领导湖北地区和全国的工人运动。当年10月到12月，仅武汉的工会组织就骤增至200个以上，会员达30万人。1926年冬，为培养工会干部，他领导创办了工人运动讲习所，亲自讲授《工会组织工作》和《工会经济问题》等课程，并挑灯夜战，在汉口尚德里住所撰写《工会代表会》《工会经济问题》《工会基本组织》三本小册子，提出并解决了当时工会组织建设中三个极为重要与紧迫的基本问题。他提出要用革命的武装对付反革命的武装，十分重视武汉工人纠察队的组织建设。他领导了汉口英美烟厂和武汉三镇邮务工人大罢工。1927年初，直接参与领导了武汉人民收回汉口英租界的斗争，取得近百年中国人民反帝斗争史上的重大胜利。1927年4月27日至5月9日，他出席在武汉举行的中国共产党第五次全国代表大会，当选为中央委员。随后，被中央常委会确定为经济斗争问题负责人，参加中央工人运动委员会，筹备与参加太平洋劳动大会和第四次全国劳动大会。在那个革命如火如荼、形势风云变幻的时期，他在工人运动和统一战线中的理论与实践，为发展革命，挽救危机，做出了卓越贡献。

中华人民共和国成立后，少奇同志多次到湖北武汉视察、调研和指导社会主义革命和建设，积极探索适合我国国情的社会主义建设道路。1956年12月初，在中共八届一中全会上当选为中共中央副主席以后，他视察了武汉第四棉纺厂（原裕华纱厂）。1957年3月，来湖北调研人民内部矛盾问题。1958年11月21日至12月10日，出席在武昌举行的中共中央政治局扩大会议和中共八届六中全会，和毛泽东等中央领导人一起，为纠正“左”倾错误付出艰辛努力。1964年8月，他在中共湖北省委扩大会议上作了关于两种劳动制度和两种教育制度的重要讲话，使武汉和湖北的教育园地呈现出一派勃勃生机。

少奇同志把毕生精力毫无保留地奉献给了他深爱的祖国和人民，为党和人民的事业奋斗了一生,建立了不可磨灭的丰功伟绩。他在武汉的战斗与工作,是他生平伟大实践的重要组成部分,充分展示了他高尚的革命品格,不屈不挠的斗争精神和实事求是的工作作风。大革命时期,他从广州来到武汉时,将在一起生活的儿子和岳母送回湖南老家;离开武汉时,又一次忍受骨肉分离之苦,将出生仅三个月的爱女托付给一位工人抚养。新中国建设时期,他在武汉调研,躬身走进工棚察看民工的衣食冷暖,虚心倾听群众的意见。一言一行中践行全心全意为人民服务的庄严承诺,塑造了“共和国主席——人民公仆”的光辉形象。

伟绩壮荆楚,厚德泽江汉。刘少奇同志在湖北武汉的革命实践和理论探索,是湖北武汉人民宝贵的精神财富。今天,编撰出版《刘少奇与武汉》一书,献给他诞辰120周年，追寻和记录他在武汉的丰功伟绩，就是要继承他的革命精神和崇高品质,凝聚起全面建成小康社会、实现中华民族伟大复兴的强大力量。

让我们高举习近平新时代中国特色社会主义思想伟大旗帜，紧密团结在以习近平同志为核心的党中央周围,全面贯彻党的十九大精神,不忘初心,牢记使命,戮力同心、锐意进取,奋力把老一辈无产阶级革命家开辟的伟大事业继续推向前进!

曾成贵
2018 年 9 月 16 日

（作者系历史学博士、研究员、湖北省社会科学院原党组书记）

目录

001 第一章　肩负重任到武汉
001 1．刘少奇首次到武汉
006 2．推动武汉工运浪潮
016 3．发展壮大武汉工人纠察队
023 第二章　书写工运理论与工人教育新篇章
023 1．撰写工运史上重要文献
031 2．工运讲习所的主讲教师
036 3．支持创办各类工人学校
040 第三章　掀起反帝风暴
040 1．震惊国人的一三惨案
043 2．站在反帝斗争前列
053 3．众志成城收回英租界
057 4．在逆境中坚持抗争
064 第四章　殚精竭虑指导工人运动
064 1．早年结缘湖北工运
067 2．考察应城膏盐矿区
070 3．组织召开湖北全省总工会首届代表大会
076 4．指导各级工会重要会议
082 5．迎接中华全国总工会迁汉

086 第五章 发动武汉人民开展反蒋斗争
086 1. 撰文悼念陈赞贤
093 2. 领导武汉工人声讨蒋介石
096 第六章 当选中共中央委员
096 1. 出席中共第五次全国代表大会
101 2. 当选中央委员
107 第七章 维护国共合作统一战线
107 1. 调解武汉劳资纠纷
115 2. 纠正工运“左”的倾向
120 3. 建立工商联合战线
125 第八章 坚持斗争应对革命危机
125 1. 组织起来保卫“赤都”
128 2. 参加太平洋劳动会议
133 3. 在第四次全国劳大报告全总会务
140 4. 武汉工人纠察队交枪事件
148 5. 离别武汉到九江
156 第九章 调研人民内部矛盾问题
158 1. 论述人民内部矛盾
163 2. 采用正确方法解决人民内部矛盾
169 3. 扩大人民群众的民主生活
173 第十章 视察武汉裕华纱厂
174 1. 党的领导不能动摇
175 2. “要真正信任技术人员”
176 3. 不断学习,保持先进
177 4. 叮嘱干部团结爱护资方代表
178 5. 兼顾国家和劳动者的关系
179 6. 要注意劳动保护

181 **第十一章　心系长江三峡建设**
181 1. “三峡工程是项伟大的工程”
183 2. 考察五〇五工程坝址
184 3. 畅谈发展航运事业
185 4. “更应该去抢救群众”
188 **第十二章　提出两种劳动、教育制度**
188 1. 两种劳动、教育制度的由来
190 2. “这个问题不能迟了”
192 3. 是劳动制度，也是学校制度
193 4. 提出多种办学方式
194 5. 这种制度符合马克思的话
196 6. “办这种教育是长命的”
199 **附录**：1. 刘少奇文稿
218 2. 刘少奇与武汉大事记
232 **后记**

第一章　肩负重任到武汉

1. 刘少奇首次到武汉

1926年10月21日，刘少奇奉中华全国总工会之命，风尘仆仆来到武汉，第一次踏上了江城这片热土。

武汉号称“九省通衢”，地处长江与汉水交界之处，交通便利，经济发达，自古是兵家必争之地。1860年，汉口辟为对外通商口岸。洋务运动时期，张之洞在这里办工厂、修铁路、建学堂、兴市政，大力启动武汉近代化事业。1911年10月10日，辛亥革命首义在这里爆发，结束了中国两千年的君主专制制度。1923年2月，著名的京汉铁路大罢工的汽笛在这里拉响，将中国共产党领导的第一次工运高潮推向顶峰，30多名武汉工人血洒江岸，染红了这一页光荣而悲壮的历史。

10天前，即1926年10月10日，国民革命军在围城40天后攻占武昌，武汉三镇全面光复。可以说，刘少奇就是紧紧追随北伐战争胜利的脚步来到武汉的。

青年时代的刘少奇

以推翻军阀统治、统一中国为目的的北伐战争，是1926年7月开始的。7月9日，国民政府组成的国民革命军在广州誓师，在“打倒列强，除军阀”的雄壮歌声中，挥师北上。国共两党合作领导、矛头直指帝国主义及其走狗封建军阀的中国大革命，由此走向高潮。身为全国总工会秘书长的刘少奇和委员长苏兆征、宣传部长邓中夏等工运领袖洞察时势，立即动员省港罢工工人积极投入到

1926 年 10 月,国民革命军光复武昌城后举行军民联欢活动

支援北伐战争的第一线。在全国总工会和罢工委员会的统领下,部分省港罢工工人很快组建了宣传队、运输队、卫生队,同广州铁路工人组成的工程队、电讯队一起,有力地支援了北伐。7 月 25 日,在刘少奇的具体主持下,中华全国总工会发布《对国民政府出师宣言》,号召全体工人和人民群众积极行动起来,以实际行动支援北伐战争。

在工农群众的积极支援和配合下,国民革命军所向披靡,8 月攻克岳州后进入湖北,与吴佩孚守军激战于汀泗桥、贺胜桥,9 月上旬攻克汉口、汉阳。

工人報

湖北省總工會成立大會 今在武昌揭幕 會期三天·出席代表七十八人

鄂東匪軍狼奔豕突 竄擾光山被我擊退

1926 年 10 月 11 日出版的《工人报》关于湖北全省总工会成立的报道

随着北伐大军由南向北的节节胜利,工农运动的浪潮也从广东、湖南推向湖北,武汉地区的工人运动迅速复兴,革命势力由珠江流域发展到长江流域。

为加强武汉以及湖北周边各省的工会工作,中华全国总工会委员长苏兆征等人经商议于 9 月 17 日作出决定:成立全总驻汉口办事处,负责指导鄂湘川豫皖赣六省的工人运动;安排刘少奇和先期到达武汉的李立三负责办事处的筹备工作;刘少奇的妻子何宝珍随同前往,协助刘少奇工作。苏兆征、邓中夏、李森等仍留在广州,主持全国总工会的工作。

接受了新任务的刘少奇夫妇面临着一个问题：如何安顿和他们一起在广州生活的岳母丁贞娥与年仅两岁的孩子刘允斌[1]。考虑当时武汉尚不太平，刘少奇和何宝珍觉得带母亲和允斌去武汉不便工作；但他俩即将去武汉，也不能将一老一小留在广州这人生地不熟的地方。权衡再三，最后决定由何宝珍将母亲送回湖南道县老家，而将允斌送回湖南宁乡刘少奇母亲家中；刘少奇则抓紧处理离开广州前的各种善后事宜。

为了全力支持北伐，将全国总工会的工作重心转移到武汉，刘少奇和省港罢工委员会的负责人苏兆征、邓中夏等人商议，在继续坚持与英帝国主义斗争的前提下，调整省港罢工的策略。10 月 10 日，罢工委员会根据形势的变化，接受共产国际远东局关于尽快结束罢工的建议，召开广州各界群众大会，宣布撤销对香港的封锁。自 10 月 11 日起，省港罢工委员会与广东国民政府在海关附近设立征税机构，开始征收"二五附加税"，即对外国进口货物都须增加 2.5%至 5%的附加新税，"以此税作为结束罢工之用"。此项办法"由政府通知各国领事，期在必行。各帝国主义无法，只得在罢工工人这种伟大权威之下承认了"。至此，坚持 16 个月的省港大罢工宣告结束。

10 月 10 日，就在省港大罢工委员会宣布撤销对香港封锁的当天，传来了直系军阀踞守的武昌城终于被北伐军攻克的喜讯。也就在这天，湖北全省总工会正式宣告成立。形势喜人又逼人，刘少奇便加快了北上武汉的行程。20 日，他在长沙火车

20 世纪 20 年代的江汉关

① 刘允斌(1924—1967 年)，刘少奇和何宝珍夫妇的长子。出生江西萍乡，在湖南宁乡炭子冲长大。1939 年赴苏联，进入莫斯科莫尼诺国际儿童院学习。1945 年加入苏联共产党。1946 年考入莫斯科大学化学系核放射化学专业。1957 年回国后从事原子弹研制工作。"文化大革命"初期受到迫害，1967 年 11 月在包头病逝。1978 年得以平反，恢复了其为中共党员和核化学专家的名誉。

青年时期的李立三

站与先期到达的何宝珍会合，立即同往武汉。

当年的粤汉铁路，从长沙到武汉的火车只能开到武昌。他们在武昌徐家棚车站下车后，又在江边坐轮渡前往汉口。

刘少奇迎着江风，站在甲板上，欣赏着由于裹挟泥沙而呈黄色的壮丽的长江之水。江面宽阔，波涛滚滚。这条自西向东流经中国十余个省区的母亲河，在此地流经龟山、蛇山两岸，流经武昌、汉阳、汉口三镇，孕育和滋养了武汉的历史和文明。若干纺织厂、机器厂分布在大江两岸。远处的汉阳，隐约可见工厂，高高的烟囱正吐着浓烟……从外表可以看出，与广州相比，武汉有着数量更多的现代产业工人的工厂。

轮渡缓缓靠近汉口码头，已能看清汉口江岸租界区那一幢幢西式建筑和江汉关钟楼。当身穿灰色棉布长衫、头戴蓝布鸭舌帽、脚穿青布鞋的刘少奇与拎着一只手提藤箱的何宝珍走出船舱登上趸船时，新任中共中央职工运动委员会书记、全总汉口办事处负责人李立三等人迎上前来，用热情的握手和拥抱，表达了对这位老朋友最诚挚的欢迎。

走在武汉街头，刘少奇立刻被扑面而来的革命气息所感染：国民革命军刚刚攻克这座华中重镇，到处都充满浓重的革命氛围，各种彩色标语和旗帜随处可见；喜悦之情依然没有散去的人们还在敲锣打鼓、载歌载舞热烈庆祝北伐的胜利；一列列工人、学生的队伍在街头游行或演讲；商店开张，工厂开工，人们为北伐的胜利而兴高采烈。这热火朝天的场面，实在令人兴奋。

在李立三等人的带领下，刘少奇夫妇径直来到离码头不远的全国总工会汉口办事处的办公地——汉口友益街2号(今16号)湖北全省总工会的办公楼。这里是湖北工人运动的指挥中心，也将很快成为中国工人运动新的指挥中心。

李立三介绍说：这座三层的楼房原是军阀吴佩孚的军法处长程汉卿的私寓，国民革命军攻占汉口后作为逆产被汉口市政府没收，改作中华全国总工会汉口办事处；10月湖北全省总工会成立后，也将机关设在这栋楼内。我和林育南、项英、向忠发、许白昊等人都在这座楼办公。你的办公室我们都已经安排好了。院内的右楼是为即将迁汉的全总机关预留的,院外左边的那座楼房是国民党汉口特别市党部,董必武同志就在那里办公。你们夫妇的住处就安排在街对面的尚德里4号(今1号),和林育南、项英等人在一起。

湖北全省总工会旧址

这天晚上,刘少奇办公室的灯光一直亮着,李立三和刘少奇就汉口办事处的工作一直谈到凌晨。在20世纪20年代中国早期工人运动中,他俩曾有过两次成功的合作。1922年领导安源路矿大罢工时,李立三是总指挥,刘少奇是工人总代表,他们一隐一现,配合默契。1925年领导上海五卅运动时,李立三任上海总工会委员长,刘少奇为总务科主任,二人一外一内,相得益彰。而今在武汉,他们又将再度携手,同心协力,共同书写中国工人运动的新篇章。

武汉的克复,意味着军阀吴佩孚大势已去。南北新旧两大势力的最终胜负虽尚未见分晓,而基本格局却已见端倪。革命势力从珠江流域扩展到长江流域各省。刘少奇预想,随着北伐军克复武汉三镇的胜利,武汉乃至湖北各工厂、各行业的工会将迅速进入恢复发展壮大时期;各业工人也将趁着胜利到来的时机进行争取改善经济、政治待遇的斗争。

顾不上旅途的疲劳、肺病初愈的刘少奇在到达武汉的第二天,即投入到紧张的工作之中。他先后深入到武汉的工厂、码头、铁路、邮局,与工人、店员、海员的代表座谈,了解工人生活劳动状况、工会组织状况和武汉地区工人运动状况,动员工人群众进行反帝国主义反封建主义的革命斗争。

10月24日,刘少奇出席湖北全省工人代表大会为欢迎广东省工农代表团召开的会议。会议由全省总工会委员长向忠发主持,秘书长许白昊致欢迎词,刘少奇代表中华全国总工会致答词。刘少奇在答词中说:武汉工人目前急切的工作,在于促成各工会的成立,巩固自己的力量。

10月28日，中华全国总工会召集在武汉的各委员开会，李立三宣布了全总的决定：鉴于武汉即将成为大革命的中心，中华全国总工会决定在汉口成立办事处，任命全总组织部部长李立三为主任，任命全总秘书长刘少奇为办事处秘书长；确定汉口办事处管辖湖北、湖南、江西、安徽、四川、河南等省的工会，直接领导六省的工人运动，任务是广泛建立和发展工会组织，开展革命斗争，推动武汉地区以及湖北省乃至全国工人运动深入发展。

2. 推动武汉工运浪潮

武汉是中国以现代产业工人为主体的工人阶级登上政治舞台最早的地区之一。1923年2月京汉铁路大罢工失败后，武汉地区的工人运动和全国绝大多数地区一样处于低潮，工人阶级全然没有公开活动的机会。大革命初期，尽管工人运动有所复苏，但总的来说，仍然处于秘密状态。湖北全省总工会的成立,促进了工会组织的迅速勃兴，工会组织建设进入蓬勃发展期。

1926年10月下旬，中共湖北区委拟定最近政纲要点，提出政府应赞助工农生活的改善，所有军阀政府时期一切限制及干涉组织的法规，概行废除；民众在国民政府之下，有绝对的言论、集会、出版、结社的自由。国民党湖北省党部发布了《目前政纲》，对扶助工人运动的发展作出了规定。

刘少奇到达武汉后，借助武汉全面光复的大好形势，全力推进基层工会组织的建立，武汉乃至湖北全省的工会组织恢复和发展很快。项英曾以“突飞猛进”“一日千里”来形容其发展态势。到12月初，武汉工会由87个迅速增加到210多个，会员新增16万人。

武昌工会组织原先较少，湖北全省总工会成立后，各处工人代表纷纷向省总工会武昌办事处立案。经批准正式立案的有第一纺织工会、震寰纺织工会、楚安纺织工会、武昌人力车夫工会、武昌造币厂工会、武昌邮差工会、电灯工会、划夫工会、武昌电话工会等。汉口为外国人服务的华人仆役、厨夫、阿妈，也成立了洋务工会，并积极筹划组织武汉洋务职员工会。汉阳铁厂自1925年停产以后，大批工人失业。11月间，在汉打工谋生的汉阳铁厂工人，恢复了汉阳铁厂工会。武汉许多原来没有成立工会的工厂也很快建立了工会组织。

武汉三镇工会会员中数量居多的码头工人和店员，受帮口影响比较大，自发性比较强。一些人自封工会筹备员，巧立工会名目，到处索取入会费。一个百货商店的店员，可能遇到形形色色的工会——制帽工会、制鞋工会、制袜工会等多个筹备委员都要他出会费，弄得不堪其扰。“店员工会成立停业一天”的标语，几乎凡店必有，资方啧有烦言。各码头的封建把头，也有的摇身一变成为工会筹备员，办起工会来。真正的工人感到莫名其妙，反倒不敢出头组织工会了。

武汉地区工人罢工的场面

硚口日商泰安纱厂罢工

面对这种乱象，刘少奇、项英等人深感必须加强整顿。湖北全省总工会决定成立各产业总工会，将以前不统属的工会改为产业总工会属下的组织，以改变混杂局面。鉴于汉口的码头工会有110个，于是他们率先办起码头总工会。同时积极筹备水电总工会、印刷总工会、店员总工会、人力车夫总工会。宜昌、沙市、黄冈、黄石等地县也组织了各级工会。

各行各业的工会成立起来后，怎样才能按照大多数人的意见办事，代表工人群众行使权力，许多工会干部对此并不是很清楚。武汉的不少工会没有建立代表会，有的工会甚至被少数人所包办，独断专行。针对这种情况，刘少奇提出了建立工会工人代表会的主张。他首先来到产业工人较为集中的汉阳铁厂、汉阳兵工厂进行调研，对两个厂的党组织情况、工会情况以及工人的生活状况作了详细调查了解。他对汉阳兵工厂党组织负责人、汉阳总工会委员魏大年说：据我了解，武汉的工人执行委员会虽普遍建立起来，但是工会的民主集中制、基层组织建设和经费管理等仍存在不少问题，影响了工会组织的巩固和进一步发展。现在的武汉工会，没有代表会的很多，你要和汉阳地区的同志商讨一下，可否按照代表会的有关规定，尽快将汉阳兵工厂乃至汉阳地区的工人代表会建立起来，按期开会，让工会工人代表会真正能够行使权利。他强调：一个工会，如果没有真正的工会工人代表会，这个工会就不能接近群众，就不是工人的工会，就变成了少数领袖的工会。魏大年表示：一定把少奇同志的意见带到兵工厂和汉阳地区党组织会议上。

在全总汉口办事处的指导下，汉阳地区总工会于1927年1月9日在武汉三镇率先成立工人代表会。接着武汉码头总工会、木船总工会、店员总工会、粤汉铁路总工会徐家棚分会都先后召开了会员代表大会，成立了工人代表会。在刘少奇的领导下，湖北全省总工会不仅在汉口、汉阳、武昌设立了办事处，而且向各县市派出了特派员，指导各地工人运动。他不辞劳苦，参加各处工人集会和工人代表会，用通俗、生动的语言，向工人群众宣传中国共产党的主张，鼓励工人群众努力参加反帝反封建的革命斗争。

在全总汉口办事处的领导下，湖北、湖南、江西等省的工会组织稳步巩固，健康发展，工人运动继续高涨。武汉、长沙、九江等城市相继爆发大规模罢工，其中武汉工人罢工斗争如火如荼，声势尤为浩大。

据史料记载：1926年10月至12月，湖北全省总工会"指导了150个工会以上的经济斗争"[①]。其中有几次规模和影响较大的罢工斗争都是刘少奇直接领导的，且大都取得了胜利。

汉口和记蛋厂是英国人控制的买办官僚资本企业，共有工人千余人。资本家用克扣工资、将发给工人薪水的银元改成发同等价纸币以及"进贡""吃空名额"等手段剥削工人，获得高额利润。早在1919年，和记蛋厂盈利几十万元。工友胡俊杰带领10余个工人要求分红，买办杨坤山勾结反动当局，将胡俊杰抓去坐牢，将其他要求分红的工人开除出厂。

1926年12月29日，和记蛋厂工会成立，工人们又要求杨坤山拿出盈利给工人分红。厂工会根据工人的要求，与杨坤山等买办交涉，杨只同意拿出2000元来分红，工人不同意。30日，厂工会致函杨坤山、黄厚卿两个买办，要求合理解决盈利分红问题，杨坤山等置之不理。1927年1月3日，厂工会第二次致函杨、黄二人，要求尽快答复工人的要求，杨装病不出来会见工会代表。工人们非常气愤，聚集在厂工会门前，要求直接找杨买办算账。厂工会派代表找到即将上任的省总工会秘书长刘少奇，请示解决办法。刘少奇代表省总工会致函杨、黄到会磋商。杨、黄两买办畏惧省总工会的权威，不得不到省总工会谈判。7日至9日，省总工会许白昊、周梦碧、

① 《执行委员会会务工作报告决议案》，《中国工会历史文献》，工人出版社1958年版，第342页。

向忠发，和记蛋厂工会会长陈万喜，国民革命军总政治部张有青与资方代表先后经过 3 次谈判，于 9 日晚达成协议：凡 1926 年 12 月 31 日在工会注册者，每人发给 15 个月的酬劳金；来厂不满一年的工人，发洋 20 元。总共分红 11 万元，分两批付清，第一批 1 月份先付 7 万元，余款 4 万元明春再付，两批付款都送交省总工会代分发至各工人。在刘少奇的支持下，和记蛋厂工人的经济斗争终于取得胜利。

成立于 1906 年的汉口既济水电公司，是由汉口大王庙电厂与宗关水厂组合而成的，初期有员工 200 多人，是当时湖北最大的一家公用水电企业。随着工厂规模不断扩大，至 1926 年 10 月，工人增至 1100 余人。工人起早贪黑，立杆架线，抬煤除灰，劳动强度大，工资却少得可怜，遭受工头恶棍的打骂更是家常便饭。他们白天拼死拼活地干活，晚上却没有一块像样的栖身之处，有的住在四面透风的窝棚里，还有的在被称作“铁路饭店”的锅炉房铁条走道上过夜。他们给这座城市带来光明，自己却生活在黑暗与苦难之中。

在刘少奇、许白昊等人的帮助下，汉口既济水电工会于 1926 年 11 月 6 日在汉口新市场（今民众乐园）宣告成立，成为湖北全省总工会的直辖工会组织。工会成立后的第三天，工会委员长李宗明带领当选的执行委员们来到省总工会，刘少奇、项英和许白昊都忙着给工人们端椅倒茶。大家坐定后，刘少奇见一位工人衣着较为整齐，笑着问道：“你是工头吗？”那位工人说：“我……我不是。”刘少奇又问另外的两个工人：“你们呢？”两人摇头同声回答说：“不是的。”少奇听后，非常高兴地说：那好极了，工头是不能办工会的，他们与资本家穿着一条裤子。接着刘少奇亲切地询问公司工人多少，生活怎么样。当李宗明一一汇报后，刘少奇说：你们公司的人真不少哇！你们当执委的担子很重哪！李宗明说：“刘同志，请你以后多指导我们。”刘少奇谦逊地说：你们以后有什么困难，可以经常到总工会来商量。他问起工人有什么要求，执委们汇报说：“工人生活很苦，在经济上有些要求。”刘少奇听后立即站了起来，很严肃地说：对，我们工人生活很苦，有要求可以向资本家提出来！大家听了心里感到无比温暖。

由于新组建的汉口既济水电工会只吸收工人参加，职员一律不吸收，一般职员非常羡慕工会，多次要求加入均遭到工会的拒绝。这些职员就推派代表到全省总工会，向刘少奇求助道：“我们都是三四等小职员，要求加入工会。”刘少奇沉思了一会，对他们说：好吧，你们暂时先成立既济职员同仁会。这些职员代表听了很高兴，回来后很快成立了“同仁会”。不久，刘少奇又亲自上门做水电工会负责人的工作：

职员同仁会要求与你们合并，他们多是一些小职员，也是受资本家压迫的，我们要团结他们，不断壮大工人阶级队伍，你们就接受他们作为名誉会员吧。工会按照刘少奇的意见，同意与“同仁会”合并。工会会员由 1100 多人增加到 1300 多人，成为当时湖北电业中最大的工会组织，也是大革命时期武汉工人运动中一支重要的革命力量。

1926 年 11 月中旬，汉口既济水电工会按照工人的意愿，向资方提出增加工资、改善生活的要求。资方强调困难，不予理会。工会代表钟苗夫一行找到刘少奇、项英、许白昊等人，请他们帮助审查工人们提出的谈判条件。11 月 20 日，刘少奇、项英、许白昊等来到大王庙电厂（旧址在今汉口利济南路与沿河大道交汇处），看望了在机器修理房、马达船、新旧发电车间里上班的工人师傅，直接听取了钟苗夫等人的工作汇报，并与他们亲切交谈，使既济水电公司工人受到极大鼓舞，增强了夺取斗争胜利的信心。正是在刘少奇等人的大力支持下，汉口既济水电工会从 1926 年 11 月至 1927 年 4 月，与资方进行了三次谈判斗争并取得胜利。

汉口既济水电工会不仅关心自身工人的利益，而且支持其他产业的工人进行斗争。1926 年 11 月，汉口英美烟厂 3800 名工人大罢工，水电工会积极援助烟厂工人并发动全体会员捐助救济烟厂失业工人，直至年底罢工取得胜利。同时，该工会还捐助武汉码头工会经费 2682 元，捐助社会公益事业费 3600 元。

被推举为工会秘书长的电厂钳工钟苗夫，为人正直仗义，在工人中颇有威信。由于工作关系，他经常与刘少奇联系并汇报工作。后来调整党的组织，刘少奇与钟苗夫分在同一个党小组，钟苗夫是小组长。通过与刘少奇在一起过组织生活、讨论革命斗争问题等多次接触，钟苗夫的政治素质得到很大提升，其领导工运的能力也不断提高，后来当选为全省总工会死难烈士救济委员会委员。

在湖北全省总工会领导下，武汉店员总工会，湖北布、纱、丝、麻 4 厂工会，机械工会，武汉印刷装订工会等工会组织的经济斗争，也都取得了胜利。这一时期，刘少奇站在工人阶级的立场上，维护工人的利益，支持工人争取合理经济要求而举行的罢工斗争。通过这些经济斗争，武汉工人的工资普遍得到增加，工作时间缩短，废除了资本家、雇主任意打骂和开除工人的特权，争得了工人自由参加工会和革命活动的权利。

随着工人运动的发展，工会组织从官办、民族资本家所开办的企业逐渐向外国资本家在汉开办的企业深入。工人罢工斗争、工人运动规模和斗争水平也得到较大层次的提高。一个反对帝国主义侵略者及其走狗封建军阀的斗争高潮，开始在武汉及整个湖北地区形成。

近代以来，外国列强为了利用廉价的原材料和劳动力，开始在汉口设立工厂。继俄国人 1863 年率先在汉口建成机器轧制砖茶厂后，至 1911 年，英、法、德、意、日等外商在这里建有 43 家工厂。这些工厂的开办，使得武汉有了第一批近代工业。

由美国烟草公司和英国帝国烟草公司共同投资组成的英美烟草公司于 1902 年在英国伦敦设立总公司后，便于 1906 年在汉口德租界六合路建立了烟厂，他们采用当时先进的机器设备，以土产烟叶制为纸烟，很快获得了巨大的利益。1911 年，英美烟草公司在汉口合作路鄱阳街口设立分公司，自建办公大楼。六合路烟厂日产雪茄 1000 万支，仍然不能满足市场需求，于 1925 年在硚口建设另一烟厂。为了加以区别，将六合路烟厂称之为老厂，将硚口烟厂称之为新厂。

1926 年 11 月 3 日，英美烟草公司汉口新厂大班威斯克·布路克无故开除童工。在全省总工会的大力支持下，具有反帝斗争光荣传统的烟厂工人要求恢复被开除童工的工作，遭到威斯克·布路克的拒绝，于是工人举行罢工。英国资本家见工人势力较大，被迫答应将威斯克·布路克调走。然而，威斯克·布路克摇身一变成了汉口老厂的监工。老厂工人不愿在威斯克·布路克手下工作，强烈要求将其驱逐出厂，在派代表多次与厂方交涉均被拒绝后，举行了罢工斗争。就在罢工的当天下午 6 时，态度蛮横的英厂主退熄了锅炉房的煤火，关闭厂门，扬言："如不复工，我将宣布停产关厂，全厂 3800 多名华工全部辞退，我将资产转走，看你们再到哪里找工作?"企图以此来恐吓逼迫工人复工。

烟厂工会将此事报告给湖北全省总工会，请示处理办法。10 日，省总工会负责人刘少奇、许白昊前往英美烟草公司老厂，支持老厂工人成立罢工委员会，提出撤销威斯克·布路克职务、恢复工人工作、改良工人待遇等条件。不料英厂主不但不答应工人条件，还叫来 7 辆装载士兵的汽车，扬言要向工人冲杀。罢工委员会当即宣布老厂罢工。随即，新厂和烟叶厂工人举行了支援老厂的罢工斗争。

英美烟厂全体工人的罢工，立即得到武汉人民的声援。刘少奇以中华全国总工会的名义及时发出了援助英美烟厂工人的通电，号召全市各界捐资援助坚持斗争的烟厂工人，在全省范围内开展"抵制英货、拒用英钞、不为英人服务"的斗争。国民党汉口特别市党部、武汉店员总工会、洋务工会、海员工会等 50 多个团体捐款救济英美烟厂罢工工人。11 月 20 日，武汉各界人民在汉口开会，决定组织武汉各界人

硚口英美烟厂罢工胜利

民援助英美烟厂停工失业工人委员会，在武汉三镇开展由“抵烟”进至“抵货”的斗争。省政务委员会先后拨给银洋1万余元，维持工人的生活。民族资本南洋兄弟烟厂公司也伸出援助之手。

烟厂工人在全省总工会及社会各界的有力支持下，以不达目的决不复工的决心，坚持了一个多月，给英国资本家造成很大的损失。外交部、财政部、总政治部、交涉署、省总工会各派代表居间调解。12月31日，英美烟厂大班邀请烟厂工会代表黄正国、余世颂，女工代表张凤英，罢工委员会正副会长文春青、邓明安，省总工会向忠发，国民政府宋子文等，在汉口英租界香烟公司写字楼谈判，同意接受增加工人工资、改良工人待遇和开除工人需工会同意等18项条件，保留两条。至此，罢工取得胜利。当晚，英美烟厂工人在慎昌洋行开庆祝罢工胜利大会，省总工会刘少奇、许白昊等和各界代表到会祝贺。

此时的湖北邮政工人也加入了罢工的行列。

武汉的近代邮政发端于1872年，当时英国驻汉口领事馆设立的邮政代办所开始做起了“客邮”经营。他们除收寄信函、包裹外，还办理汇兑业务。据《海关十年报告——汉口江汉关》记载，它每月收入可达1500美元。此后，德、法、俄、日各国分别在汉自设邮局。这些邮局属于各国领导，在中国领土上，行使他们本国的邮政章程，不但收寄本国侨民的邮件，也收寄中国人交寄的邮件，盖的是他们本国文字的邮戳，按他们的“国内邮资”收寄邮件。更有甚者，他们还疯狂压制中国原有的邮政，并从事毒品贩卖和贵重物资走私等活动。

中国政府为改变这一现状做过多种努力，如加入万国邮联、签订外交约章等。直到1922年2月，在“太平洋会议”通过《撤销在华客邮案》后，“汉口客邮”才得以终结，各国邮政机构自此撤销。

在汉口，曾有一段中国邮政与“客邮”并存的时期。1896年3月，清政府仿效西欧批准开办国家邮政，并于1897年设立汉口邮政总局，管辖湖北、河南、湖南3省。清政府以通商口岸海关管辖区域为标准来划分邮界，汉口为全国35个邮界之一。千年邮驿，也随着历史变迁日新月异。1906年4月，卢汉铁路开通，邮政实现了部分大宗货物交由铁路运输。依托于邮政的民信局，也能让“抵万金”的家书漂洋过海，及时抵达家人手中。随后，航空、铁路、汽车、自行车以及人力等相结合的邮运网络，将邮政的脚步“邮遍”全世界。

尽管1911年辛亥革命推翻了清政府，将大清邮政的招牌换成了中华邮政，但邮政大权依旧操纵在帝国主义者手中。中国邮政工人为争取邮权举行了数次罢工，其中发生在汉口并取得胜利的，是刘少奇领导的湖北邮政工人罢工。

1926年11月初，湖北邮政工人在刘少奇等人的具体指导下，迅速成立了全省邮务职工总工会，武汉三镇邮务工人纷纷入会，一时间入会者达400余人。工会组织的迅猛发展，遭到一些帝国主义分子的敌视，英国人控制的邮务当局，借故开除了杨天阴等四名职工，并将湖北邮务职工总工会委员长郝达清调沙市邮局工作，企图破坏刚建立不久的全省邮务职工总工会。邮务工人多次派代表与其交涉，邮务当局不但不接受工会的要求，反而变本加厉，于11月8日晚又发布命令，调工会执委宋玺去沙市邮局工作，并限他们即日启程前往。工会全体执委极为愤慨，一致决定11日武汉三镇邮务工人罢工，推举汪鸣皋等人组成罢工委员会，发出《罢工宣言》，提出“邮务工会执行委员在任期间，不得调遣；撤销一贯为非作歹的巡员魏文侯、黄子成；凡在邮局员役，所获洋薪，一律改为银码（十元改为十两）；无论何项工作，不得过8小时”等11项条件。10日，罢工委员会将《宣言》和提出条件送邮务当局，遭到拒绝。

11月11日晨，武汉地区举行了第一次邮政工人大罢工。这天清晨，省邮务工会纠察队员在通向汉口上海路邮政总局的各个路口上，分别把守，散发罢工宣言，张贴标语，宣传罢工意义和目的。当天下午，罢工委员会代表汪鸣皋等分赴国民革命军总政治部、国民政府政务委员会，陈述了罢工的意见，要求军队和政府支持邮政职工提出的关于惩办工贼、改善待遇等11项要求。罢工以后，全武汉邮路中断，外面的公文、邮件运不进来，武汉的公文、邮件送不出去，邮件迅速堆积如山。当日晚，罢工委员会在汉口新市场召开全体邮务工人大会，全国总工会刘少奇、国民革命军总政治部盖震寰、国民党汉口特别市党部代表丁觉群等十余人到会演说。刘少奇在演说中充分肯定邮务工人的罢工，勉励工人严守秩序，团结在工会周围，将罢工坚持到底。

邮务工人的大罢工使邮务当局大为恐慌。罢工的第三天(13 日)下午,邮务当局邀请省总工会秘书长刘少奇和国民革命军总政治部、国民党汉口特别市党部、第十五军的代表,以及邮务工会代表宋玺、罢工委员会代表汪鸣皋等在邮政大楼(旧址为今汉口上海路 8 号)谈判。刘少奇等在邮政大楼与代理邮务长再三磋商条件。经过斗争,邮务当局同意接受罢工委员会提出的宋玺不调出,魏文侯撤职遣送外省,邮务员每月津贴十元、邮务生七元、邮差五元,实行八小时工作制,工会执委在任期内不得调遣等大部分条件。罢工取得胜利。

在刘少奇等人的领导下,武汉和湖北工人罢工斗争的锋芒,直指帝国主义和封建势力,这一时期主要是以经济斗争为主,但也明确提出了改善政治待遇的要求。1926 年 11 月 20 日,汉口日租界内的码头工人举行了罢工,刘少奇闻讯后两次前往指导罢工。工人们不惧资本家的恐吓,坚持了长达一个半月的罢工,最终以日本资本家答应增加工资、改善待遇以及厂方增加工人须由工会介绍、开除工人须得工会同意等要求和条件后得以复工。12 月 6 日,武汉洋务总工会向日领事馆提出,要尊重中国工人的人格,改善待遇,并限三天内作出答复,斗争取得胜利。在此前后,刘少奇还直接领导了中华海员工会联合总会汉口分会所属轮船趸船、铁木驳船全体船员举行的罢工斗争。

在武汉工人罢工斗争的影响下,湖北各地工人斗争蓬勃发展,如天门、孝感、云梦、安陆、荆州、沙市、宜昌、大冶、鄂城等地的工人都举行了罢工。特别是蒲圻,过去认为是无工运的地方,到了 12 月,该县各行业的店员也纷纷组织工会起来斗争。工人运动如火如荼,规模之大,影响之广,都是过去所没有的。

漢口工會之盛況

(漢口投稿)

國民革命軍 血花劇社 入場券

國民革命軍血花劇社之入場券

1926 年 12 月 12 日,《晶报》有关武汉工人罢工的报道

1926 年 11 月下旬,在天津《大公报》记者从汉口发出的通信中,对武汉地区的罢工这样写道:

两周来汉口之社会,颇

呈不安之现象，所谓“店员工会成立，停业一天”之标语，几无店无之，故千百成群整队游行者，亦日必数起。据湖北全省总工会最近报告，党军到武汉后，工会次第成立者，确已增至300余处之多，入会的工友在20余万以上，总工会每次开会，辄有人满为患。该会近已提议购置地皮建筑一可容5000人之大礼堂，以免与会者具兴向隅之叹。该会委员长为向忠发，会中设秘书、宣传部等，职员约40余人，纠察队三千数百人，纠察职务为维持工会秩序，保障工会利益……顷该会已决议添设纠察训育部，负训育专责，俾免引起社会上重大反感而碍工会前途之进行，又议决组织经济争议委员会，专负解决劳资间一切纠纷，裁判委员会专负解决工会内部纠纷，青年工人部专负解决青年特殊情形纠纷之责，并附设劳动童子团，及增设女工部，专负解决女工之特殊情形事件，以男女平权。就总工会最近议决组织各部观察，可谓渐臻完善。唯该会既总揽300余工会之全权（按总工会经费、各工会须按月捐助，如解决工潮，须取捐款以还借垫各工会经费，由各工友担负），仅40余职员办理此事，终有应接不暇之势，每日自早8时起至夜12时止，所办案件，动百余起，尤以劳资争议者为多。前日第四次代表大会，根据各工会因发生劳资争议而具函到会要求援助者，共有50余起之多，且报告罢工者50余处，于极短时间得圆满解决者40余处。盖今日之汉口，无论男女，工作何业，已成‘无工不组会，无会不罢工’”之时代，且各业“工贵”（汉口社会，原仅有“新贵”之名词，近因劳工神圣，故有“工贵”之流行语）群起奋争解决经济之压迫，俾资生计之维持，赖总工会之援助，而又都得最后之胜利。20万“工贵”，诚不能不感受总工会之赐①。

《大公报》记者虽担心中流以上阶级因工人运动而感受痛苦，但他对湖北全省总工会领导工人运动的报道基本上是写实的，特别是其中所描述的湖北总工会之应接不暇忙碌情形及“工贵”新词语之流行，展示了一幅生动鲜活的工运画卷。

由此，1925年开始勃兴的第二次中国工人运动的高潮，以北伐军占领武汉和汹涌澎湃的工人运动席卷两湖为标志，达到了一个新的高峰。刘少奇也在斗争实践中锻炼得更加坚定、更加成熟，站在更高层次来领导眼前这场暴风骤雨般的工人运动。

---

①《汉口工会运动之写真》，天津《大公报》1926年12月1日。

3. 发展壮大武汉工人纠察队

大革命的洪流，使刘少奇成长为一位杰出的工人运动领袖。严酷的斗争现实，特别是二七惨案血的教训，使他较早地认识到武装斗争的极端重要性。在安源、广州、上海等地领导工人运动时，他和其他工运领导人都十分注重组织和扩大工人纠察队，以武装手段来维护工人阶级的合法权益。北伐战争前夕，刘少奇在1926年3月出版的中华全国总工会机关刊物《工人之路》第264期上撰文指出："我们工人阶级负革命的责任，但怎样打倒我们的敌人？我们的敌人是帝国主义、军阀、资本家、地主、反革命派，必须组织工人、农民及各种人民团体，并相互联合，再组织人民的军队——武装工农，并有领导工农而革命的党，实行组织工农政府，利用政权铲除一切反动派，然后建设不劳动不得食的社会主义社会。"

湖北全省总工会成立后，刘少奇在斗争实践中进一步认识到武装工农的重要性。10月下旬，刘少奇在湖北全省总工会执委会会议上进一步强调了省总工会应建立自己的武装——工人纠察队的重要性。他说：1923年，我从苏联回来不久，便去了安源路矿担任了工人俱乐部总主任，安源工人纠察队在路矿工人大罢工的发动、组织、决策中起了重要作用。安源路矿大罢工之所以取得"未伤一人、未败一事"的完全胜利，工人纠察队在保卫工人俱乐部、维护工人权利中发挥了作用。正因为如此，安源路矿工人纠察队不久扩为工人纠察团，人员扩充至200多人；同时指派共产党员到矿警队，逐步使它成为受党影响的武装。

刘少奇的一席话，让在座的同志深受启发。在项英等人的支持下，武汉工人纠察队很快发展壮大起来。省总工会下属的武汉工人纠察队为一个总队，总队下面有两个大队，每个大队下面设3个支队。武汉工人纠察队相当于一个团的兵力，大队相当于连，支队相当于排。工人纠察队成立之初，有2000余人，队员都拿着木棒，于是被市民们称之为"杠

创建初期的武汉工人纠察队队员

武汉工人纠察队首任总队长项英

子队”。项英自告奋勇地担任了武汉工人纠察队总队长。项英与刘少奇等人利用多种途径解决纠察队的武装问题。在解决武器的过程中，刘少奇与叶挺的接触也由此增多，并结下了共同的战斗友情。

诞生不久的武汉工人纠察队在汉口洋务工会反对日本帝国主义的罢工斗争中初露锋芒。他们在罢工委员会的指挥下，进入日租界，维持罢工秩序，打击破坏活动，迫使日本资本家接受了工会提出的增加工资等 12 条要求，取得了罢工的胜利。接着，武汉工人纠察队又在收回汉口英租界的斗争中，发扬了英勇奋战的革命精神，表现了较强的组织纪律性，赢得了良好的声誉。

作为全国总工会汉口办事处的秘书长，刘少奇对湖北全省工人纠察队的建设和发展花费了不少心血，从人员的调配、组织的健全到武器的配备，他都一一亲自过问。在发展纠察队员时，他进一步强调纠察队员应从单身、做工两年以上、具有小学文化程度的工人中挑选。

在 1927 年初湖北全省总工会召开的第一次代表大会上，通过了《对于工人纠察队决议案》，对工人纠察队作出了九个方面的要求与规定。关于工人纠察队的领导，决议案明确提出“应完全统一在湖北全省总工会工人纠察队总部之下”；将纠察队的任务，进一步明确为“纠察工贼及防备反革命分子”，绝不可混同一般组织，更不能用工人纠察队去征收会费等；决议案还要求“工人纠察队有严密的铁的纪律”，应该实行军队化管理，进行有效的组织和训练”①。

1 月 11 日，在湖北全省总工会一届一次会议上，朱菊和当选为武汉工人纠察队总队长。在此后实际工作中，刘少奇等全省总工会的领导都感到总队长人选如果是一位懂得军事的指挥员更为理想。为了尽快物色懂得军事指挥的人才，经过全省总工会执委会商议和中共中央军委书记周恩来推荐，刘少奇从汉口坐轮渡过江，专程到武昌中共湖北省委军委办事处找到在此工作的军事将才蒋先云。

---

①《第一次国内革命战争时期的工人运动》，人民出版社 1954 年版，第 421 页。

武汉工人纠察队续任总队长蒋先云

蒋先云，湖南新田大坪塘人。1919年参加五四运动，1921年加入中国共产党；1922年参与安源工人大罢工；同年12月领导水口山矿工罢工；1924年考入黄埔军校第一期，1925年发起成立中国青年军人联合会，同年参加两次东征，毕业后留任校政治部秘书，为“黄埔三杰”之一，得到蒋介石的钟爱和青睐，被迅速提拔。但他信仰笃定、刚正不阿，1926年中山舰事件发生后，蒋介石以“中将教育长”的职务诱使他脱离共产党。具有双重党员身份的蒋先云，却第一个公开声明脱离了国民党。1926年7月北伐战争开始后，蒋先云任调任北伐军总司令部机要秘书，“北伐文告，多出其手”。不久被调任第五团团长，授陆军少将军衔，转战粤湘鄂赣。蒋介石曾数次派人传话蒋先云，许以第一军第一师师长之职，前提是“必须发表退出共产党的声明”。蒋先云不为所动，年底毅然离开蒋介石，来到革命中心武汉，被周恩来留在中共湖北省委军委从事军运工作。

在安源路矿罢工有过愉快合作的好友在汉重逢，两双有力的大手紧紧握在一起。刘少奇开门见山言及武汉工人纠察队目前的状况，力邀他出任总队长。

从参加学运、工运到黄埔从军，蒋先云在与反动军阀的斗争中，深感中国共产党必须建立一支自己的武装。他觉得工人纠察队可以作为党掌管武装的基础，对刘少奇的邀请欣然应允。

在刘少奇、项英和蒋先云一起召集的纠察队各级队长联席会议上，蒋先云提出扩大纠察队，按军队编制进行训练，尽最大努力从各种渠道获得更多武器等建议，得到刘少奇等人的大力支持。

为了培养纠察队的骨干，1927年3月，蒋先云在汉口血花世界举办“工人武装训练班”。血花世界原名新市场，位于汉口后城马路繁华地带，是当时娱乐、商业功能兼备的武汉最大的综合性文化游乐中心，与天津的劝业场和上海的大世界并称为全国三大娱乐场所。1927年3月20日，武汉临时联席会议决定以固定场所开展面向各界群众的宣传活动，就选定了这个地方，改名为中央人民俱乐部；因由国民革命军总政治部血花剧社负责管理，故亦名为血花世界。自1927年3月以来，许多

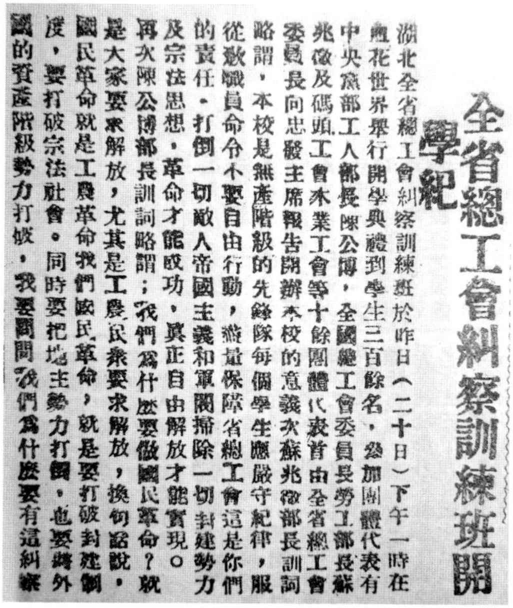

全省總工會糾察訓練班開學紀

湖北全省總工會糾察訓練班於昨日（二十日）下午一時在血花世界舉行開學典禮到學生三百餘名，參加團體代表有中央黨部工人部長陳公博，全國總工會委員長勞工部長蘇兆徵及碼頭工會木業工會等十餘團體代表首由全省總工會委員長向忠發主席報告開辦本校的意義次蘇兆徵部長訓詞略謂，本校是無產階級的先鋒隊每個學生應嚴守紀律，服從教職員命令不要自由行動，務盡保障省總工會這是你們的責任。打倒一切敵人帝國主義和軍閥掃除一切封建勢力及宗法思想，革命才能成功，真正自由解放才能實現。再次陳公博部長訓詞略謂；我們為什麽要做國民革命？就是大家要求解放，尤其是工農民衆要求解放，換句話說，國民革命就是工農革命我們做國民革命，就是要打破封建制度，要打破宗法社會。同時要把地主勢力打倒，也要將外國的資產階級勢力打破，我要問問我們為什麽要有這糾察

3 月 20 日，湖北全省总工会纠察队训练班举行开学仪式。图为《汉口民国日报》3 月 21 日的报道

大型活动都在都在这里举行。

在开学典礼上，刘少奇和项英先后发表了讲话。训练班开班后，刘少奇、邓中夏、项英等工运领袖和党的许多领导人先后应邀前去讲课，对队员进行政治思想教育。武昌泰安纱厂女工、厂纠察队队长张金保①曾这样回忆道：

"三八"妇女节之后，组织上从泰安纱厂的工人纠察队女队中，挑选了部分队员，由我带领，到工人武装训练班去学习。队员都是留着长辫的年轻姑娘，每人都穿着蓝色的连衣裙，戴一顶圆顶宽边布帽。我虽然已经 30 岁了，梳着粑粑头，也是同样穿戴。我担心训练班看出我是小脚不收我，就到鞋店里定做了一双帆布大鞋，里面塞了许多棉花，穿上充大脚。训练班设在汉口血花世界(今民众乐园)，班主任是蒋先云同志，他还担任湖北全省总工会工人纠察队的总队队长。教务主任刘立劳是黄埔毕业生。训练班有几个大队，大队下设小队。我们小队全是女工，小队长是黄火青同志的妹妹黄海明，那年她才 18 岁。

在训练班，不论男女都要穿军装，打绑带，戴军帽。这样，我的粑粑头和姑娘们的长辫子都不行了，训练班要求大家都剪成短发……军事生活是很紧张的。每天早晨 6 点听号音起床，包括穿衣服、整理被褥和洗个冷水脸在内，只有十分钟时间。集合军号一响，就得赶紧上操场集合，然后开始跑步。有时跑到济生三马路，有时跑到德租界的球场，每个人都跑得汗流浃背。天天如此，就是下雨也从不间断。我是小

① 张金保(1897—1984)，女，祖籍湖北鄂州。先后在汉口裕华纱厂、泰安纱厂当过工人。1926 年加入中国共产党。曾任泰安纱厂工人纠察队女队队长、武昌纺织工会女工委员、中共湖北省委妇委书记、中共中央妇委委员、全国总工会女工部部长。新中国成立后，历任武汉市总工会副主席，中南纺织工会主席，中南军政委员会委员，全国总工会第七至九届执委，全国妇联第一、三届执委。是中共五大、七大代表，中共第六届中央委员，第二至五届全国政协委员。

脚，但从来没有掉过队。吃饭也只有十分钟，时间到了，哨子一吹，不管你吃饱没吃饱，都得放下碗筷。好在我过去抢时间吃饭惯了，十分钟我也能吃饱。一天三操三讲两顿饭，晚上9点钟熄灯睡觉。学习的内容主要是政治和军事。上政治课时，由政治教官讲时事，讲各地的罢工斗争等。军事课分室内课和室外课。室内课由军事教官讲步兵操典，讲兵器分类，讲枪的构造和原理；室外课就是学习枪的使用。……[①]

经过一段时间的学习训练，学员们各方面素质得到很大提高。训练班进一步扩大了工人纠察队的社会影响。在共产党人吴玉章、林伯渠、董必武等人的努力下，在国民党左派邓演达等人的大力支持下，国民政府军事委员会拨给工人纠察队一些枪支。

蒋介石发动四一二反革命政变后，为了保卫工人斗争的成果和防止反革命分子的破坏捣乱，在刘少奇等人领导下，湖北全省总工会进一步整顿和健全了工人纠察队队伍，明确规定工人纠察队为纠察工贼及防止反革命分子之组织，工人纠察队之组织、调遣、命令应完全统一在湖北全省总工会工人纠察队总部之下；组织上按照产业或职业总工会范围组建。蒋先云根据湖北全省总工会的要求，积极与各级工会联系，建立健全了各产业工会的纠察大队、分队和支队。对于蒋先云的革命活动，蒋介石气急败坏，他把和蒋先云两人合影的照片登在报纸上，以混淆视听。时任中共湖北区委书记的张国焘由此表示出对蒋先云的不信任。在困境中令蒋先云感到宽慰的是，刘少奇仍坚信他的革命立场和人品，对他依然十分信任。

一个月后，25岁的蒋先云征得党组织同意，辞去武汉工人纠察队总队长职务，满怀一腔热血和战斗激情，投入到第二次北伐，并被任命为第十一军二十六师七十七团团长兼党代表。张金保回忆道："5月中旬的一天，蒋先云离开训练班时，正下着瓢泼大雨。我们全体学员排着很长的队伍欢送他上前线。蒋先云走后，训练班的班主任由刘立劳接任。"[②]

在蒋先云离开武汉工人纠察队后，经中共中央军委安排，刘少奇等省总工会负责人聘请刚刚从苏联伏龙芝军事学院学成回国、时年24岁的共产党员陈赓，参与工人纠察队的领导工作。此时陈赓正在国民革命军第八军唐生智部的特务营任营长。他所领导的特务营有4个步兵连和1个机关枪连，全营共1000多人，步兵连都

---

①《张金保回忆录》，湖南人民出版社1985年版，第74–75页。
②《张金保回忆录》，湖南人民出版社1985年版，第76页。

是清一色的汉阳造新式步枪，每连还配备 20 支美造汤姆式步枪。几个连长都是黄埔四期毕业的共产党员，士兵中也有不少党员。

为了加强工人纠察队的思想建设，在刘少奇的指导和大力支持下，省总工会纠察委员会于 5 月 3 日召集各大队正副队长及训育主任开联席会议，专门讨论训育问题，拟集中一个月对工人纠察队队员进行政治、军事培训教育。政治教育科目为：工会的意义与目的，纠察队的意义与责任，五一劳动史，“五四”“五五”“五七”“五九”的意义，什么叫做阶级斗争、经济斗争与政治斗争，纠察队的纪律，国民革命与世界革命，什么是资本主义，什么是帝国主义，什么是军阀，工人武装问题，十月革命，中国社会阶级与中国国民革命，英俄状况，中国工人在革命中之地位，巴黎公社，等等。教授者除政治训练员担任一部分外，其余课程由刘少奇、项英、许白昊、邓中夏等人担任。在政治教育的同时，还定有十天的军事培训计划。遗憾的是，杨森、夏斗寅的叛乱影响了这一训育计划的实施。

至 1927 年 5 月，武汉工人纠察队队员达到约 5000 人，枪支约 3000 条。在武汉三镇，随处可见工人纠察队员。他们身穿蓝卡布中山装，佩带着红布上缝有“工纠”二字的臂章，帽子上面按着红帽花，腿缠绑带，威武雄壮，俨然是军人气派。在革命局势紧张时期，武汉工人纠察队一马当先，捉拿反革命分子，解往卫戍司令部严办。除了省总直接领导下的武汉工人纠察队外，湖北各县在成立总工会的同时，也大多建立了工人纠察队。这批工人武装，在保卫工会组织、开展罢工斗争、维护社会治安等方面起到了重要作用。

与武汉工人纠察队并肩战斗的还有湖北全省总工会劳动童子团。从 1926 年 11 月开始，湖北全省总工会下属的各产业工会，如火柴工会、香烟工会、纺织工会等先后成立了劳动童子团，规定凡是 12 岁至 16 岁的男女童工都可以参加。当时童工们争先恐后参加童子团，实际上一部分劳动童子团团员的年龄超过了 16 岁，而最小的还不到 10 岁。劳动童子团的宗旨是：教育劳动儿童以劳动阶级的知识和技能，养成团体生活的习惯，训练勇敢奋斗的精神，替劳动阶级服务。

童工过去的生活苦不堪言。他们小小的年纪也要和成年工人一样，每天劳动 12 小时，甚至 16 小时，但是都没有工资，只有三餐粗劣饭菜，仅仅能够填饱肚子。参加劳动童子团后，孩子们精神振奋，充满热情，跟随父兄参加反对剥削压迫争取合法权益的罢工斗争和收回汉口英租界等政治斗争。劳动童子团在斗争中得以发展壮大。

为了加强领导，统一指挥，全省总工会秘书长刘少奇，提出了建立劳动童子团总部的建议，总队长由武昌中华大学学生、共青团湖北省委经济斗争与工会工作部部长兼省总工会青运会主任曹策兼任，方德俊任副总队长。

1927 年 2 月 26 日，湖北全省总工会劳动童子团总部在总工会院内举行成立大会。参加大会的有汉口、武昌、汉阳、硚口等各区队长及指导员，计 140 人。总部的成立，使劳动童子团组织更加健全。武汉三镇共有团员 1.2 万。全省各县发展了数万人。为了巩固童子团的组织，提高童子团干部的阶级觉悟，省总工会举办了童子团训练班，刘少奇等工运领导人亲自为训练班讲课。

童子团除在工厂、商店的童工学徒中建立组织外，还在学校、街道、农村中的学生、贫苦儿童及农民子弟中发展劳动童子团员，分别称劳动童子团、学生童子团、街市童子团、农村童子团等。童子团对外由工会、农协、学联等群众团体领导，在党内则隶属共青团领导。

5 月 8 日，武汉三镇劳动童子团在汉口德国球场（今汉口球场街一带）举行了第一次大检阅，到会的有劳动童子团、农村童子团、街市童子团和一中、女二中及各小学学生童子团 2 万余人。湖北全省总工会秘书长刘少奇和共青团湖北省委书记贺昌到会并发表了热情洋溢的演讲。劳动童子团总部发表了宣言，指出“现在儿童群众就是将来新社会的主人，将来良好的、健全的、进步的新社会，完全要等待现在这班儿童群众去建设。”最后，大会还通过《致苏联赤色童子团书》，提出:“携手同进，埋葬帝国主义”。

第二章　书写工运理论与工人教育新篇章

1. 撰写工运史上重要文献

刘少奇夫妇在汉口的旧居尚德里 1 号

位于汉口大智路与友益街相交的东北侧的尚德里 4 号(今 1 号),是一栋二层砖石结构的普通民宅,石框门,进门是天井,过天井是客厅,客厅左右各两间厢房,每间面积 20 平米,楼上的布局与一楼基本一致。刘少奇和何宝珍来到武汉后,就居住在大门左边楼上房间里,而林育南住在右边楼上的房间里。楼下一楼的房间,则是李富春、蔡畅夫妇以及董锄平①和一位姓张的秘书的住处。在尚德里这条不大的里分中,还驻有中共中央军委汉口办事处、共青团湖北省委和汉口妇女协会等机关。湖北全省总工会和全国总工会机关驻地离刘少奇的居所只有三四十米。

每天天刚麻麻亮,刘少奇就走出家门,忙于调研、指导工人运动;晚上回到家中,还要批复各种文件,撰写文章,为次日的工作做准备。他房间的灯光,总是最后

① 董锄平(1894—1969),湖北京山宋河镇人。1916 年后考入湖北法政专科学校法律系。1920 年赴上海,次年加入上海共产党早期组织。在中国共产党成立后参与创办中国劳动组合书记部的机关报《劳动周刊》。1923 年被派往南洋在华侨中开展工人运动。大革命时期,先后任武汉店员总工会委员长、湖北全省总工会执行委员、全国总工会候补常委等职。大革命失败后参加八一南昌起义。1928 年冬被捕入狱,获释后与党组织失去联系。1949 年 12 月,由董必武、李立三介绍重新加入共产党,曾任国家劳动部政策研究室主任。

刘少奇旧居1983年被定为武汉市文物保护单位

一个熄灭。

1926年冬，在中国工人阶级及广大人民群众的大力支援下，北伐军节节胜利。北伐出师时国民革命军兵分三路：第一路10月已攻克湖南湖北；第二路向江西进军，先后攻克南昌和九江；第三路于12月占领福建、浙江。中国中部的湘、鄂、赣等省广大地区很快或即将归于国民政府范围。同年11月26日，国民党中央执行委员会决定中央党部和国民政府从广州迁驻武汉。这意味着全国革命的中心将由华南的广州转移到华中的武汉。

在北伐军节节胜利的大好形势下，在刘少奇等人的领导下，武汉乃至湖北全省的工会组织恢复和发展得很快。至12月下旬，湖北各级工会组织迅速发展到300余个，拥有会员30万人。在如此之短的时间里，工会组织发展速度如此之快，在中国工人运动史上前所未有，但由此也产生了许多新的问题。由于工会组织和会员人数激增，出现了组织涣散及基层组织不健全、不严密、指挥不灵的问题，严重影响战斗力；工人大批加入工会，由于缺乏教育学习，对工会的意义认识不足，斗争目标模糊；在工会组织的发展中，泥沙俱下，鱼龙混杂，混进了一些反动势力的余孽，如流氓、工贼等。有些人还通过种种手段，把持工会的权力，甚至组织假工会，从中进行或明或暗的破坏活动。同时，工会组织由秘密转向公开，工人一旦得到解放，往往容易提出过高的经济斗争要求，出现种种"左"的倾向，影响工人运动的健康发展。此外，在工会组织的经费管理上，也出现一些混乱现象，影响了工会组织的威信。

这些问题的存在，固然是工会大发展及革命高潮到来时难免的，但是如果不迅速解决，势必削弱工会战斗力，影响工会威信，干扰和影响革命斗争。形势急需工会的领导者站在运动的前头，作出正确的指引和决策。多年投身工人运动斗争实践的刘少奇深深懂得：用正确的理论武装工会干部和教育工人群众是搞好工会建设、引导工人运动朝着正确轨道发展的关键所在。

面对工人运动中出现的新问题，根据平时深入码头、铁路、矿区、邮务、海员、店员、人力车夫等基层工会和应城矿区调查中所了解的情况，刘少奇运用马列主义的基本原理，从党的反帝反封建战略任务出发，进行了深入的研究与思考。

刘少奇的妻子何宝珍

1926 年 12 月 26 日、27 日、28 日，一连三天，汉口尚德里 4 号二楼左侧住室的灯光彻夜不灭。刘少奇挑灯夜战，伏案写作，撰写了《工会代表会》《工会经济问题》和《工会基本组织》（亦称《工会组织法》）三本小册子。

武汉的冬天十分寒冷，为了让少奇能够安心撰写，此时怀有身孕的何宝珍白天要忙于汉口妇女协会的工作，下班后还得给少奇准备热气腾腾的可口饭菜。当刘少奇吃晚饭时，何宝珍便清理书桌上的杂件，将相关的资料进行归类，还在刘少奇坐的椅子旁不远的地方架起一个火盆，烧起木炭，以驱走房间的寒气。

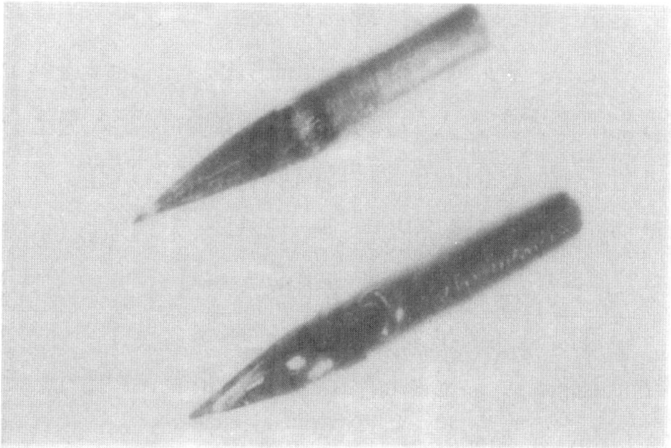

何宝珍为刘少奇抄写文件时用的钢笔尖

晚饭后刘少奇时而伏案书写，时而站起身来，抽着烟，在房间中来回踱步、思考。为了减轻刘少奇的工作压力，收拾好锅碗瓢盆的何宝珍总会静静地坐在刘少奇办公桌的侧面，帮助他誊抄文稿。这是多年来何宝珍养成的一个习惯。刘少奇撰写的许多文稿往往都是他先形成草稿，再由何宝珍抄写成初稿，最后经刘少奇反复修改而成。夜深了，困倦的何宝珍不时往火盆中添些木炭，或给刘少奇的杯中续水……尽管刘少奇劝她快去休息，但她总愿意花更多的时间陪在丈夫身边。

为了使文化程度不高的工会干部和工人们便于阅读和理解，刘少奇将这三本

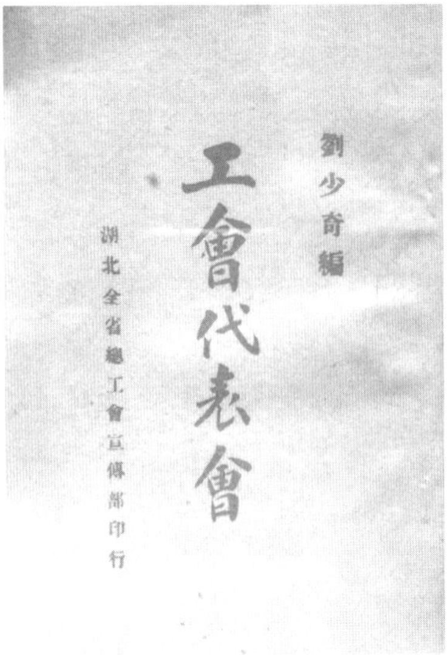

刘少奇撰写的《工会代表会》

小册子尽可能写得深入浅出，简明易懂。他在序言里面写道："现在，武汉工会的执行委员会已经通通有了，但还有很多工会没有代表会及支部。同时工会的经济问题也极为重要。我们为使武汉的工会在加过工资之后，更进一步地团结和巩固起来，并消除内部的危险，特费了几夜的功夫，很简要地写成《工会代表会》《工会经济问题》及《工会基本组织》3 本小册子，交湖北全省总工会宣传部印行，以备各工会及工友采纳施行。"①

在《工会代表会》这篇著作中，刘少奇开宗明义地写道：工会是"群众的""奋斗的"机关，工会的权力，应该十分集中，才能奋斗；同时又一定要是"民主"的集中，才能容纳大多数人的意见，不至为少数人所包办，变成了专制。在这里，刘少奇仅用了一句话、60 多个字，就十分精辟的概况了工会建设中的民主集中制原则。

接着，刘少奇又用通俗而简明的文字解释道："所谓民主集中制，就是工会的权力集中在大多数人的会议上，不是集中在个人身上，即凡事须经过大多数人的会议决定。一经决定以后，即可强制实行。各会员在一事未议决以前，均可自由的发表意见，若一经会议议决以后，则无论什么人均须服从。是这样，一方面可以容纳群众的意见，一方面又可以一致地与敌人斗争。"

可以说，这是刘少奇把马克思主义关于民主集中制的原理运用于中国工人运动实践的最早最通俗明白的阐述，也是中共领导人关于工人阶级群众组织建设的最早的理论和实践。

"工会代表会就是根据民主集中制的原理建立起来的工会最高权利机关。""工会代表会是集中工会的一切权利的机关，一切权利归于代表会。""代表会是任何工会不可缺少的组织。没有代表会，工会就危险。有了代表会，工会就巩固。"

关于工会代表会如何组织，如何行使权利，这个小册子分"性质""代表之产生"

① 《刘少奇论工人运动》，中央文献出版社 1988 年版，第 32 页。

“代表会之组织”“召集会议及会期”“职权”“记录及决议案”“代表任务”“会议规划”等条文、章节作了详细的说明和规定。

这些条文中规定:“每一个工会要有一个代表会”;“工会代表会是常设的,不是临时的”;“代表会应每月召开常会两次或一次”。在该条文中还明确规定:“工会代表会是执行委员会之上级机关,执行委员会应服从代表会。”

工会代表会的职权包括:通过及修改工会章程;决定工会进行计划;决定工人对雇主方面之要求,宣告罢工及复工;通过工会经费预算及审查决算;选举及撤换执行委员,惩戒工会职员会员等 12 项。

关于代表的任务,刘少奇强调,代表会之代表系代表群众意见支配工会,故各代表事事须征求群众意见,同时须将工会之情形及代表会议情形向群众报告。

《工会经济问题》一文是专门阐述工会经济问题的,它是工会建设中一项不可缺少的重要内容。

刘少奇指出:经费问题,是工会中时常发生的大问题。处理不好,可以使工会分裂,可以使工会塌台,可以使工会不信仰他们的领袖及工友。工会无钱,经费困难,固然可以减弱工会的力量;工会有钱,若使用不当,支配不平,则所发生的问题更多且大。

在社会调查中，刘少奇发现武汉有的工会成立后在经费问题上或多或少存在一些问题:工会经费账目不清、随意开支的现象普遍存在;贪污浪费、侵吞公款的情况也偶有所闻。想到这些问题，刘少奇反复强调:所有的工友都要懂得,工会中经济的纠纷发生了,是极困难解决的问题。大家要有很大的责任心去监督工会的经济，要订出很多的章程法则,预防各类问题的发生。这种技术的工作,是革命中很重要的工作，与工人阶级的幸福有很大的关系。

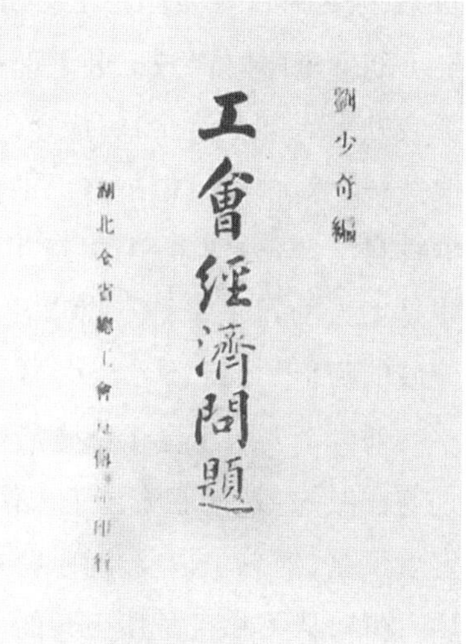

刘少奇撰写的《工会经济问题》

接着,刘少奇对与工会经济相关的 20 个问题进行了阐释。这些问题包括 “入会金”“常月捐”“基本金”“特别捐”“救济金”“罚款”“管理经济的组织”“预算及决算”“职员津贴及生活费”“收钱”“领钱”“用钱”“存钱及保管”“借贷及长支”“记账查账及公布账目”“举办事业”“集中工会的经济”“勒索及敲诈”“津贴及受贿”“侵吞拐骗”,等等。

关于经费的来源,其规定中有这样几种:“入会金”,即工人加入工会时须交纳一定会金,方为正式会员,一般是交该工人一天的工资;“常月捐”,是工人每月须向工会交纳的经费,一般为该工人工资的1%;“特别捐”,是指遇有某种特殊事故须特别征收的费用,一般须经代表会通过。

关于经费的管理,刘少奇在文中要求执行委员之下专设一个三至七人组成的财经委员会,并须专设会计、庶务、记账等职。同时,工会为慎重起见,须由代表会推举五至九人组织经费审查委员会,按月审查工会银钱账目,向代表会报告。经费开支应有预算和决算。此外,收钱、领钱、用钱、存储、借贷、记账、公布账目等等,都应有严格的规定和制度。

刘少奇要求工会的干部在经济问题上做到清明廉政,对工会干部的津贴和生活费作了特别规定。在“职员津贴及生活费”一节中,刘少奇指出:工人领袖是牺牲个人利益,替工人谋利益的。故在工会办事的职员,非有不得已的特别情形,不可在工会支领生活费或津贴。工会规定职员生活费,其数目不得超过普通工人的工资,最高以30元为限。

为杜绝腐败行为,刘少奇在“侵吞拐骗”一节中明确规定:工会职员及会员如有勒索敲诈受贿及侵吞拐骗等情,除撤销职务、开除会籍、送法庭惩办外,并在总工会备案,通告武汉及全国各工会,永远不得为工会会员及职员。

刘少奇谆谆告诫工会干部:工会的钱,是在工人身上抽取来的极苦的血汗钱,工会办事人拿了这个钱,应该怎样的小心谨慎来使用!哪里可以在门面上形式上浪费一文?哪里可以把自己的津贴及生活费定得很多?领袖是为群众谋利益的,牺牲自己,努力作事,努力奋斗,是应该的。做事比一切人多,拿钱比一切人少,这才是工人的真正领袖。做事比别人少,拿钱要比别人多,这是一切工会职员所不应该的呵!

刘少奇要求工会干部廉洁奉公,艰苦朴素,牺牲自己,努力奋斗。他自己首先就是这样做的。从任职安源工人俱乐部、上海总工会,到任职中华全国总工会、湖北全省总工会,他总是以身作则,严格要求自己,真正做到“做事比一切人多,拿钱比一切人少”,从不私自乱用工会的一文钱,赢得全体工会干部和会员的尊重和信赖。

工会组织是工人阶级开展斗争的武器和力量所在,所以刘少奇对工会的组织建设特别是基层组织的完善巩固极为重视。当时武汉的众多工会是在大革命高潮中一下子成立起来的，一般都是在组成执行委员会后便打出某某工会的招牌，而基层组织却没有建立，因而往往内部松散，办事效率低，不能充分发挥组织的力量。有鉴于此，刘少奇深感到有必要向广大工人群众灌输和普及工会建设的基本知识——工会基本组织。如果说，《工会代表会》讲的是工会的上级权力机构，《工会基本组织》则是讲工会基层组织建设，二者都是工会建设中至关重要的问题。

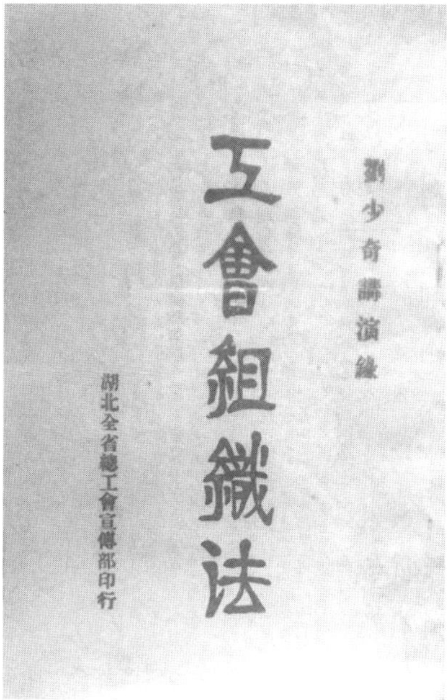

刘少奇撰写的《工会组织法》

在《工会基本组织》(亦称《工会组织法》)一文中，刘少奇写道：工会必须有严密的组织，才能克尽所负担的使命。所谓严密的组织，就是在执行委员会之上，有真正的工人代表会；在执行委员会之下，有群众中的支部基本组织。

为什么特别强调要建立健全和巩固执行委员会之下的支部、小组等工会基本组织呢？刘少奇指出：

首先，工会的群众很多，若无支部等基本组织，而仅有工会的执行委员会和工会的招牌，那会员愈多，愈加散漫。这样的工会，是不能奋斗的，执行委员会是无法统率群众的。我们要懂得，支部、小组是工会的基础，工会是建筑在支部、小组之上。支部、小组若不巩固，工会的基础就不坚固，有了好的支部和小组，工会的基础就有了保障。

其次，工会有了支部和小组之后，工会的行动就非常敏捷便利。一旦有紧急事情发生，执行委员会议决之后，即刻通知各支部及组长与会员，在一二小时之内，全体会员均可动作。

再次，工会有了支部及小组，可使工会的行动秘密起来，不致为敌人所破坏；同时，工会对于工人的训练和教育，也可便利实施，各方面消息也很灵通，工人与工会之间也容易沟通和密切关系。如此，工会便越有力量，团结得越坚固。

“工会基本组织”的内容分总纲、支部、小组、工会委员会或分部委员会、会议等章节,共 23 条。

总纲中规定,每一个工会,均应有他的支部作基础。工会的支部及小组,不是徒有形式的机关,而是在工人群众中活动的中心,领导群众行动的头脑。支部应服从执行委员会的命令,不得单独行动。支部所收之工人会费,须送缴工会,不得自行支配。"支部"一章中规定,在产业下每一工作处之工人,组织一支部。如工厂之每车间,轮船之每船,码头工人之每码头等,均可各成立一支部,每支部组织一干事会,由支部会员大会或支部代表推举三人至五人组织之。支部干事会的任务,包括执行工会命令及决议案,解决和处理支部之问题,召集支部会员大会,纠查工人之不正当行为等,共 12 项。

刘少奇在这本小册子中不但阐明了建立支部等工会基本组织的重要意义,而且详细制定了各级基层工会的组织法和工作规程。这就使广大工人群众和基层干部有章可循。

刘少奇强调,工会代表会、执行委员会和支部均是工会必要的组织,缺一不可。现在武汉工会的执行委员会已经通通有了,但还有很多工会没有代表会及支部。他要求各工会尽快把所属会员编成小组、支部,建立起坚固的工会基层组织,以适应斗争的需要。

刘少奇撰写的三本小册子,提出和解决的是当时工会建设中十分重要的基本问题,回答了工会普遍建立起来后,应该怎样处理自身内部的各种关系、建立怎样的组织形式等问题,并从理论的高度阐述了工会是群众的、战斗的、民主集中的、为工人群众谋利益的组织。三本小册子是用法规式的条文进行表述的,共有 117 条文,约万字,内容丰富,结构完整,有较强的逻辑性。此外每本小册子前面都有一个言简意赅的序言,其立论高瞻远瞩。这是刘少奇在参与领导江西安源路矿罢工、上海五卅运动、省港大罢工和武汉罢工潮等实际斗争中所获取的丰富经验的总结,是他将马列主义关于工人运动的科学思想与中国工人运动的具体实践相结合的理论结晶,成为指导中国工人运动的正确的思想武器。他所提出的关于工会的性质和组织原则,关于工会的群众性、战斗性及民主性的定性,关于健全工会组织、加强工会权利、"工会必须注意解决经济问题"等观点,与马列主义关于工会建设、党的建设的基本理论完全相符,为指导当时和此后的工人运动奠定了理论基础,确立了正确的发展方向。

刘少奇在武汉时期留下的文章、小册子、讲演词等文字,成为今天史学家们研究其工运思想的重要史料。在他当时的工运思想中，诸如通过阶级斗争达到“无产阶级终极的目的”等观点大多与毛泽东、邓中夏等人相同，而较为系统独到的，则是他提出的一系列有关工会组织建设的观点与方法，集中地体现在他撰写的《工会代表会》《工会经济问题》和《工会基本组织》三本小册子里。刘少奇之所以能够提出这些工会组织观，一方面源于他多年的工运实践，另一方面也是他对历届劳动大会有关工会组织决议案系统化、实用化的概括与提升。若放在世界范围内来看，刘少奇的工会组织观，应该说主要源于苏联的工会组织建设的理论与实践，是苏联有关学说、观念、制度的中国化表述。

刘少奇的三本小册子由湖北全省总工会宣传部印发传播开来，立即引起了很大的反响。湖北省及其他各省的各级工会组织都把这三本小册子作为工会教育的基本教材和工会工作的基本指南，工会工作很快出现了新的气象：工会的领袖及干部更加以身作则，能起好模范带头作用了；工会代表会和基本组织多在按要求建立和巩固；工会的日常工作及经济管理都有了严格的制度规程。在工会骨干的带动下，各种“左”的言行也受到了一定的遏制。

1927 年 5 月，湖北全省总工会又将刘少奇关于工会组织的讲演汇编成册出版。此书内容包括：(1)工会的作用及其组织的范围；(2)工会的组织系统；(3)工会的基本组织；(4)工会中的各级组织的职权；(5)工会可举办之事业；(6)经费问题；(7)工会的变相的组织与组织工会应注意之点[1]。

2. 工运讲习所的主讲教师

为了适应工人运动的蓬勃开展和工会组织的发展壮大，尽快培养造就工人运动的骨干力量，刘少奇在全省总工会执委会议上提议创办武汉工人运动培训班，挑选一些工会干部和在工人运动中涌现出来的积极分子，把他们集中起来，学点政治、经济、历史知识，把正确的理论和思想灌输到他们头脑中去；同时进行军事操练，毕业后把他们分配到各基层工会去工作，让他们在实际斗争中锻炼提高。刘少奇的主张得到了向忠发、许白昊、林育南、项英等人的赞同和响应。

说干就干。在国民党湖北省党部和汉口特别市党部的大力支持下，刘少奇认真总结以往在安源路矿开办工人学校和在广州举办劳动学院的经验，与省总宣传部

---

① 中共中央文献研究室：《刘少奇年谱》上卷，中央文献出版社 1996 年版，第 70 页。

湖北全省总工会宣传部主任兼武汉工人运动讲习所所长林育南

的许之祯[1]一起商量办学事宜，对包括教学地点、教学内容、课程设置和主讲人员等许多问题都一项一项落实，并以国民党的名义，将在武汉创办的培训工人运动干部的学校定名为“武汉工人运动讲习所”。

12月12日，武汉工人运动讲习所速成班正式在武昌开班。学员120名，学期一个月。林育南兼讲习所所长，许之桢具体负责。刘少奇聘请李立三、陈潭秋、恽代英等人给武昌速成班的学员上课。这些“教员”不仅是中国革命的精英，而且是知识渊博的学者。速成班的课程与授课教师是这样安排的：罢工的战术（李立三，六学时）、集会与讲演（林育南，六学时）、工会的教育与宣传（林育南，三学时）、湖北职工运动史（许白昊，四学时）、苏俄的现状（李立三，四学时）、五一节（董锄平，两学时）、“二七”纪念（项英，两学时）、五卅运动（李立三，两学时）、女工问题（秦怡君[2]，两学时）、童工问题（林育南，四学时）、国民革命与工人阶级（袁大时[3]，四学时）、纠察队的组织与训练（袁大时，三学时）、中国职工运动（袁大时，六学时）、湖北职工运动的现状及其趋

---

① 许之桢(1901—1964)，湖南汉寿人。1921年2月在上海加入中国共产主义青年团，1922年11月抵莫斯科“劳大”学习，年底加入中国共产党，1924年回国。先后任中共湖北地方执行委员会委员、宣传部主任。1926年底任武汉工人运动讲习所所长。1928年8月，奉命前往海参崴、伯力侨居苏联的中国职工中开展工作，负责《工人之路》的编辑工作。1938年回国后，赴延安任马列学院编译部部长、中共中央出版局秘书长。新中国成立后，先后担任中华全国总工会秘书长、书记处书记、副主席。

② 秦怡君(1904—1976)，女，湖北黄陂罗汉镇人。14岁时到汉口烟厂做工。1922年4月加入共产党。1923年2月奉派赴安源煤矿子弟学校任教。后赴苏联学习。1925年初回国后，在武汉参与发起筹建湖北妇女协会，10月任共青团湖北执委兼妇运会书记。1926年10月任湖北全省总工会女工部长，兼武汉工人运动讲习所教员。1927年10月到上海从事女工运动。1961年任武汉市政协委员。

③ 袁大时(1901—？)，又名袁达石。湖南湘潭人。1920年到上海勤工俭学。1921年赴苏联莫斯科东方大学学习。翌年8月回国后，任中国劳动组合书记部上海分部主任。1923—1924年任安源路矿工人俱乐部宣传股股长。1925年任共青团安源地委书记兼宣传部部长、全国总工会上海办事处组织部长。1927年2月任全国总工会组织部长、全国铁路总工会执委会常委，其间任武汉工人运动讲习所教员。1927年12月任中共湖北省委候补委员。1928年3月调任中共湖南省委组织部长。同年6月被捕叛变。此后情况不详。

1927 年 1 月 21 日，武汉工人讲习所在宁波会馆举行开班仪式

势（李立三，六学时）、中国政治状况（徐特立，六学时）、帝国主义侵略史（林育南，四学时）、湖北工人目前的经济斗争（许白昊，四学时）、工会与政党（项英，四学时）、湖北总工会重要文件（林育南，六学时）、武汉社会状况（陈潭秋，四学时）、国民政府的工会条例（董锄平，四学时）、工农联合（陆沉，二学时）、国际职工运动（李立三，三学时）、目前的反英运动（吴明，三学时）。刘少奇自己也走上讲台，讲授工会组织法（八学时）、工会技术工作（四学时）和中国三次劳动大会（四学时）。据史料记载：速成班的课程从周一安排到周日，讲课由上午 9 时到中午 12 时，下午 1 时到 5 时。中午只有一个小时的吃饭休息时间。

速成班的学员于 1927 年 1 月 11 日正式结业后，按照刘少奇和李立三的意见，其中的 60 名学员很快被分配到湖北各县和武汉三镇从事工运工作，另外 60 人则转到在汉口举办的第一期培训班继续深造。

汉口的武汉工人运动讲习所培训班是刘少奇和刚刚走马上任的省总工会宣传部主任林育南一起筹办的。校址选在汉口宁波会馆（今汉口前进五路 111 号）。他们从武汉各级工会和湖北省各县各级工会中招收了 120 名学员，加上武昌速成班留下来继续深造的 60 名学员，学员人数共 180 名，学期为一个月，每周 36 个课时。

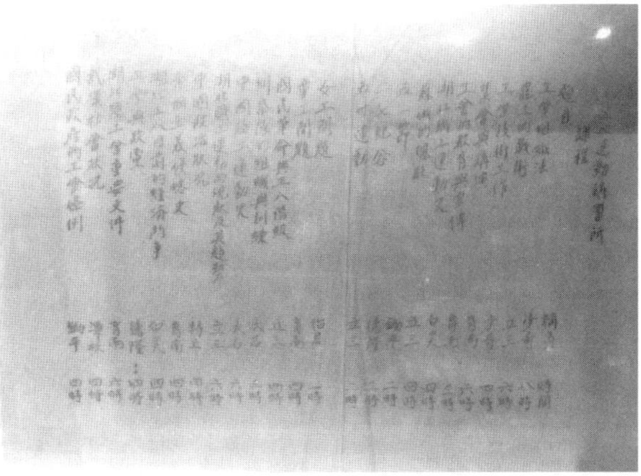

武汉工人运动讲习所初期课程表

1 月 21 日，武汉工人运动讲习所第一期培训班举行开班典礼仪式，刘少奇到场讲话。他对前来参加学习的学员

武汉工人运动讲习所旧址之一——汉口德华学堂

们说：帝国主义和北洋军阀是中国民众的死敌，我们工人在反帝反封斗争中最简单的有效办法，就是罢工、游行、示威，从经济上造成反革命实力的损伤，故无工农运动的支持，北伐战争岂能速胜？他强调指出：工人阶级是国民革命的重要力量，是实际奋斗之领导者，工人阶级在反帝反封建的国民革命中所起的作用“远非摇头口讲者所能及”。

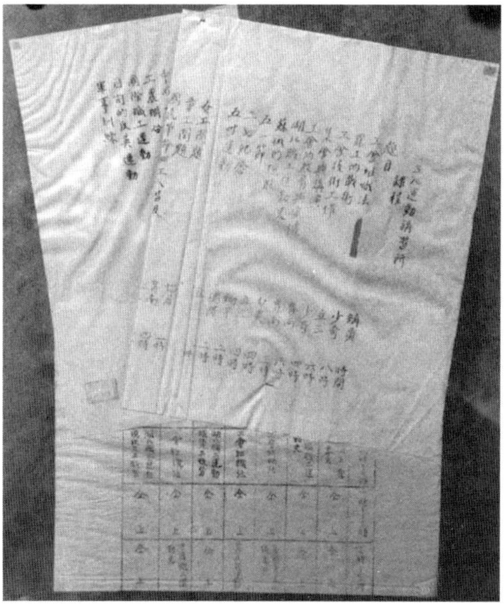

武汉工人运动讲习所教学资料

对于武汉工人运动讲习所第一期培训班的课程和讲课人员，1 月 20 日的《汉口民国日报》曾进行过报道。讲师和主讲课程是：刘少奇讲授“工会组织工作”“工会经济工作”，林育南讲授“工会宣传工作”与“工会应用文”，袁大时讲授“总工会代表大会决议案”，胡忠民讲授“工厂法及工会条例”，许白昊讲授“湖北工人生活状况及经济争斗问题”，项英讲授“工会之教育工作”，詹大悲讲授“中国国民党史”，李汉俊讲授“三民主义”，董必武讲授“国民党农工政策”，恽代英讲授“国际政治经济状况”，张国焘讲授“中国政治经济状况”，周唯真讲授“社会主义浅说”，许之桢讲授“经济学浅说”。后来在增加的讲师及课程中，还有李立三讲授“劳工运动史”、陈潭秋讲授“中国民族运动史”、向忠发讲授“湖北工人运动”和哈德（德国领事）讲授“德国工人运动”（由詹大悲之弟詹大权担任翻译）。

据学员后来的回忆:刘少奇讲课的一个重要特点,就是理论与实际工作紧密结合起来,他在讲述工会组织和经济问题时,常常引用在湖北、武汉地区调查得到的事例来印证他的观点和主张,既通俗又井井有条,大家印象深,收获大。

第一期培训班学员在汉口宁波会馆学习两周后,被转移到汉口的德华学堂(今武汉市第六中学)上课。2 月 24 日,第一期学员结业。

3 月中旬,鉴于工人运动发展的迫切需要,为"养成深明党义之工运实际人才",刘少奇等人克服困难决定继续开班,并将工人运动讲习所迁移到今中山大道以南的一三里[①](后改名同丰里)9 号。原计划只收 80 名学员,报考条件是:有从事工人运动的决心;有高等小学毕业以上的文化水平或常识较优者;身体强健无疾病能吃苦耐劳者。学习期间不收学费,由学校供给伙食、讲义及制服,学习时间初定为 3 个月。后因报名者踊跃,不得不扩招至 240 名,其中武汉 120 名,各县、市 120 名。办学经费也由原计划的 7000 元增为 2 万元。

在第二期讲习所创办期间,刘少奇不仅注重对学员进行革命理论和工人运动基本知识教育,而且对学习军事技术及武装训练也极为重视。为使学员在毕业后能够以学到的军事知识领导和训练工人纠察队,刘少奇曾几次到国民党湖北省党部和汉口特别市党部以及武汉国民政府相关部门,恳请调拨枪枝弹药,以供学员操练、演习之用。国民党省、市两党部又呈文给中央党部,最后由武汉国民党中央军事委员会拨枪 250 支,子弹 2500 排给工人运动讲习所,以便施行军事训练[②]。

解放后曾任天津和辽宁的主要领导、后来任最高人民检察院检察长的黄火青,就是武汉工人运动讲习所第二期的学员。黄火青曾撰文深情回忆他参加工人运动讲习所的学习经历:

1927 年 4 月间,枣阳县委派我来武汉,投考工人运动讲习所。作好准备后,就在德国中学(即球场街现市六中所在地)进行"考试"。考过后,分了两个所,我在一所,对外叫工人运动讲习所,实际上是培养县区党团干部的,地址在汉口黄陂会馆,所长是许子桢,学习时间为 3 个月;二所设在德国中学。大概是 5 月 20 号,汉口血花世界里正在召开太平洋劳动大会,我们全体学员列席参加了会议,算作是我们的开

---

① 原名江汉南路。1927 年一三惨案发生后,经市民倡议,将此路改名为一三里,以此纪念中国工人在收回汉口英租界的伟大举动。1937 年改名为同丰里。1944 年冬天,汉口江岸地区曾遭遇"冬月轰炸",同丰里有多幢房屋被炸毁。20 世纪 90 年代末,由于城市建设,该里分被拆除。

②《汉口民国日报》1927 年 4 月 3 日。

1927年初，李立三等人在武汉的合影。其中许白昊(后排左一)、李立三(后左二)、朱少连(前排左三)、向忠发(前排右一)担任工运讲习所讲师

学典礼。

那时我妹妹黄海明是武汉工人纠察队训练班的队长，开会时，她正带着人在外面站岗呢。会上，我们看见了刘少奇同志，那时他还是个风度翩翩的青年，穿着西装，一个手指那么一指一指地讲话，他后来说话还是这个姿态。①

进入武汉工人运动讲习所的全体学员经过学习训练后，思想素质、组织领导能力、文化水平和军事技术等方面都有较大的提高，一批粗通军事基础知识的工运人才脱颖而出。第二期讲习所原计划学习三个月，由于革命形势急转直下，国民党的右转对工人运动已构成威胁，学员不得不于6月初提前结束学习。据统计，武昌速成班和后面的两期培训班，共培训工人干部400多名。学员毕业后，根据李立三、刘少奇等人的意见，先后由省总工会派往湖北全省各地工会开展工作，对湖北全省工人运动的深入发展起了积极的推动作用。有资料显示，学员中近200人后来成为各地工会的骨干力量，为工人运动和革命事业做出了积极贡献。

在武汉，江北的武汉工人运动讲习所与江南的毛泽东举办的农民运动讲习所相映生辉，成为中国共产党在武汉国民政府时期培养工农运动干部的重要基地，在中国革命教育史上留下了闪光的一页。

3. 支持创办各类工人学校

在直系军阀统治时期，武汉工人不但政治上受压迫，经济上受剥削，而且被剥夺了受教育的权利。北伐军占领武汉、工会组织建立后，广大工人群众及其子弟强烈要求学习文化知识。

---

① 黄火青:《我在武汉国民政府时期的片段历程》,《武汉文史资料》1983年第4期。

1926 年底，湖北全省总工会为了满足工人的要求，设立了省总工会教育委员会，负责全省工人的教育工作。各大型厂矿工会都开办了工人学校和工人子弟学校，有的工人学校中还开设了短训班。湖北全省总工会在第一次代表大会期间通过了《宣传教育决议案》，在《汉口民国日报》上发表了《教育宣传大纲》，出版了《工人教育月刊》，促进了工人教育运动的开展。

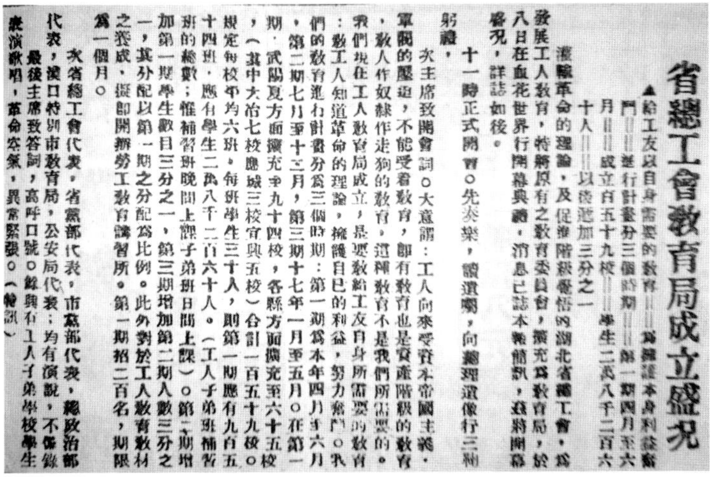

省總工會教育局成立盛況

▲給工友以自身需要的教育＝＝爲擁護本身利益奮鬥＝＝進行計劃分三個時期＝＝第一期四月至六月＝＝成立百五十九校＝＝學生二萬八千二百六十人＝＝以後逐加三分之一

灌輸革命的理論，及促進階級覺悟的湖北省總工會，爲發展工人教育，特將原有之教育委員會，擴充爲教育局，於八日在血花世界行開幕典禮，消息已誌本報，茲將開幕略況，詳誌如後。

十一時正式開會。先奏樂，讀遺囑，向總理遺像行三鞠躬禮，

次主席致開會詞。大意謂：工人向來受資本帝國主義，軍閥的壓迫，不能受着教育，即有教育也是資產階級的教育，教人作奴隸作走狗的教育，這種教育不是我們所需要的。我們現在工人教育局成立，是要教給工友自身所需要的教育：教工人知道革命的理論，擁護自已的利益，努力奮鬥。我們的教育進行計畫分爲三個時期：第一期爲本年四月至六月，第二期七月至十二月，第三期十七年一月至五月。在第一期，武陽夏方面擴充至六十五校，（其中大冶七校應城三校宜興五校）合計一百五十九校。規定每校平均六班，每班學生三十人，則第一期應有九百五十四班，應有學生二萬八千二百六十人。（工人子弟班補習班的總數；惟補習班晚間上課，子弟班日間上課）。第二期增加第一期學生數目三分之一，第三期增加第二期人數三分之一，其分配以第一期之分配爲比例。此外對於工人教育教材之養成，擬即開辦勞工教育講習所。第一期招二百名，期限爲一個月。

次省總工會代表，省黨部代表，市黨部代表，總政治部代表，漢口特別市教育局，公安局代表；均有演說，不備錄。最後主席致答詞，高呼口號。餘興有工人子弟學校學生表演歌唱，革命空氣，異常緊張。（翰訊）

为了指导湖北全省工人学校的建设工作，湖北全省总工会成立工人教育局。图为 5 月 20 日《汉口民国日报》有关省总教育局成立盛况的报道

为了提高广大工人群众的政治觉悟和文化水平，使工会真正成为教育工人的学校，刘少奇在湖北全省总工会第一次代表大会后加强了对工人的教育工作。他多次与林育南等人召开工人教育会议，检查落实工人教育的实施情况，鼓励和支持各级工会组织建立工人夜校，让工人群众在夜校里既学政治又学文化。

工人教育的蓬勃发展，迫切需要一支有政治觉悟、乐于为工人服务的教师队伍。在刘少奇的过问下，省总工会教育委员会招聘了 20 多名教师，并将他们送到汉口市教育局举办的劳工补习学校教师讲习所培训，以期提高教师的政治觉悟和业务水平。

1927 年 3 月 6 日，省总工会利用周日在省总办公楼召集了武汉三镇工人学校教职员会议，请李立三、刘少奇、项英、许白昊、林育南作关于职工运动方面的报告。上午，李立三、刘少奇分别以“职工运动状况及中国政治状况”“中国职工运动过去现在及策略”为题作了报告。刘少奇在报告中反复强调：工人阶级在国民革命运动中的领导地位是确凿不移的，革命斗争的任务就是打倒帝国主义和封建军阀。任何动摇依靠工人阶级领导的思想，任何转移斗争目标的言行都是错误的。他特别指出：工人阶级对资产阶级应取既合作又斗争的办法，即它与帝国主义、封建势力冲突的时候应与之合作，它与敌人妥协转而压迫工人运动的时候应与之坚决斗争。他

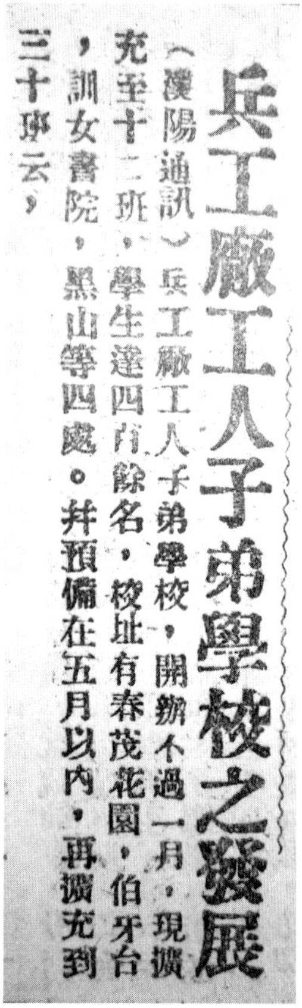

兵工廠工人子弟學校之發展

（漢陽通訊）兵工廠工人子弟學校，開辦不過一月，現擴充至十二班，學生達四百餘名，校址有春茂花園，伯牙台，訓女書院，黑山等四處。並預備在五月以內，再擴充到三十班云，

4月4日《汉口民国日报》关于汉阳兵工厂开办工人子弟学校的报道

特别提醒要防备资产阶级的欺骗和出卖。

为了工人教育事业的蓬勃发展，刘少奇不知疲倦地往返于武昌、汉阳、汉口，以其广博学识和出色才干，亲自到工人夜校和教师讲习所授课、作报告。截至 1927 年 5 月，工人学校发展到 53 所，入学的工人达到 7700 余人。

与此同时，工人补习学校、工人补习班和工人子弟学校也应运而生。汉口洋务工会、汉口既济水电工会、粤汉铁路徐家棚工会、汉阳兵工厂工会和武昌白沙洲地区工会，先后开办了工人子弟学校。拟定在工人补习学校和工人子弟学校中，高级班两年毕业，初级班 4 年毕业；在工人补习班中，每周授课 12 小时，高级班一年毕业，初级班二年毕业。子弟班每周授课 24 个小时。

为了让更多的工人能够上学，湖北全省总工会决定将原有的教育委员会扩充为工人教育局。其扩充的宗旨是：教给工友自身所需要的教育，教工人知道革命的理论，拥护自己的利益，努力奋斗。工人教育局拟定了 3 个时期的教育计划，即第一期为本年 4 月至 6 月，第二期 7 月至 12 月，第三期 1928 年 1 月至 5 月。在第一期，武昌、汉阳方面扩充至 94 校，各县方面扩充至 65 校（其中大冶 7 校、应城 3 校、宜兴 5 校）。规定每校平均 6 班，每班学生 30 人，则第一期应有 954 个班，学生 28260 人（工人子弟班补习班的总数，补习班晚间上课，子弟班日间上课）。这个计划反映了武汉工人要求受教育的强烈愿望和全省总工会对工人教育的高度重视。后来由于蒋介石、汪精卫相继叛变革命，这个计划的大部分内容未能实现。

在武汉工运史上，至今还流传着刘少奇支持既济水电工会创办工会职工夜校和子弟学校的故事——

那是 1926 年 11 月中旬汉口既济水电工会成立后，工会执委会在改善职工生活等方面拟定了十项要求，在正式递交资方前送给刘少奇审阅。刘少奇看后十分赞赏，他说：这几个条件提得很正当，要求并不过高。接着他又针对其中第四条说：办职工夜校是一个方面，更主要的还要让我们的后代也要有读书识字的机会，我们应该相应的要求办一所职工子弟学校。他还说：教育费 300 元太少了，资本家是爱讨价还价的，我看提 800 元怎么样？大家听了，都很赞同。刘少奇拿起钢笔，亲自作了修改。在刘少奇的指导下，省总工会派许白昊和汉口市特别党部代表直接参加同资方的谈判斗争，终于迫使既济水电公司经理在 10 条要求上签了字，其中教育费经讨价还价定为 600 元。工会很快办起了职工夜校和职工子弟小学，刘少奇还派来 3 位同志担任老师。接着又成立了工人纠察队和儿童团，许多群众很快学会了《工人歌》和《全世界劳工们联合起来》等歌曲。在厂区、宿舍里，人们经常情不自禁地哼着："我们工人创世界，人类食住衣，不做工的资产阶级死把我们欺；起来，起来，齐心协力巩固我团体，最后胜利就是我们的……"

这一时期，何宝珍受丈夫刘少奇创办工人夜校的启发，积极参与筹办汉口妇女平民学校，以救济"凡愿意读书不论识字与否"的失学妇女。汉口妇女平民学校开办后，她"近水楼台先得月"，首先邀请刘少奇在夜校讲了第一课。宋庆龄在汉口开办国民党中央妇女党务训练班时，何宝珍积极动员支持革命的有知性的妇女参加。遵照湖北省妇女协会的指示，何宝珍和她的同事们还在汉口泰安纱厂附近组织开办妇女补习学校。妇女学校在对妇女进行文化启蒙，宣传革命道理，引导她们参加革命活动和培养妇女干部等方面起到了重要作用。

第三章　掀起反帝风暴

1. 震惊国人的一三惨案

随着北伐战争的胜利进军和武汉的克复，革命势力从珠江流域发展到长江流域。1926 年 11 月 26 日国民党中央政治委员会召开会议，作出将国民政府由广州迁往武汉的决定。会议后，党政重要人员分批离粤赴鄂。第一批北迁武汉的人员有国民政府委员孙中山夫人宋庆龄、司法部部长徐谦、交通部部长孙科、财政部部长宋子文、外交部部长陈友仁等。此外，还有苏联顾问鲍罗廷和他的随员 60 余人。他们一路舟车劳顿，于 12 月 10 日到达武汉。

12 月 13 日，国民党中央执行委员、国民政府委员临时联席会议在武昌成立，代行国民党中央和国民政府最高职权。联席会议的成立，标志着国民政府由广州迁到武汉，历史进入国共合作的武汉国民政府时期。国民政府先设在武昌总司令行营，不久迁到汉口南洋兄弟烟草公司大楼。

1927 年新春元旦这天，国民党中央执行委员、国民政府委员临时联席会议宣布正式在汉办公，外交、财政、交通、司法四大部开始行使职权；将武昌、汉口和汉阳三镇合组为京兆区，定名武汉，作为革命的首都。

1927 年 1 月 1 日，武汉各界人民集会庆祝国民政府迁都武汉

1927年1月3日，英帝国主义水兵登陆逞凶，造成汉口一三惨案。图为英水兵与民众冲突情形

这是江城的节日，革命的庆典。一连几天，武汉各界民众纷纷举行集会、游行、演讲、舞狮子、玩龙灯等各种庆祝活动。到处是飘扬的旗帜、醒目的标语、革命口号和欢快的锣鼓声，人们为国民革命军的胜利和国民政府迁汉而兴高采烈、欢欣鼓舞。1月3日下午，武汉中央军事政治学校的宣传队员来到江汉关钟楼下的广场演讲。面对与现场毗邻的英租界边沿的沙包电网、往来巡逻的义勇队和长江江面上褪下炮衣的外国军舰，人们愤怒控诉帝国主义侵略中国、干涉中国革命的罪行，群情高昂，口号震天。

英租界当局如临大敌。下午3时许，先是租界的印度巡捕跑来进行干涉，妄图用警棍驱散听众，紧接着驻扎在汇丰银行的几十名英兵冲出大楼，停靠在江边英国军舰上的水兵也奉命持枪登岸，对中国民众形成半包围态势。

枪口，对准民众；刺刀，闪着寒光。

突然间，英兵蜂拥上前，对民众实行粗暴的威胁和驱逐。听众见其有意挑衅，均纷纷后退。英兵则持枪闯入华界，冲向手无寸铁的民众——

工人李大生的大肠被英水兵“随刀拖出，血流遍地，”方汉山、明宿廷亦惨遭毒手，腰部头部深受重伤，“均命危旦夕”。[①]其余工人、市民被英兵刺刀枪托刺中打伤手足、胸腹及面部者，30余人。其中后来弄清姓名者有张义贵、祝香山、伍宣山、夏兴发、韩奇生、萧中有、李海山、叶泽昆、许士希、朱太平等人，[②]几乎都是加入了各业工会组织的码头工人、人力车夫、缝包工人、锯业工人。

面对暴力，在场的武汉民众义愤填膺，不顾生死挺身抗暴。他们有的用手中旗

①《汉口民国日报》1927年1月8日。
②《谁践踏了谁》，《向导》(中共中央机关刊物)185期。

汉口英租界当局架设的路障和铁丝网

杆痛打英兵，有的徒手与英兵搏斗。混战中英兵仓皇退却，逃回租界。怒不可遏的人群冲倒了英租界设置的路障和铁丝网。

英兵退到租界防御工事后面，举枪对准广场上的群众，部分英兵在日清洋行等高层建筑上架起了机枪，停泊在江中的英舰起锚向汉口岸边移靠……

江边发生英兵屠杀武汉民众的消息迅速传到正在汉口南洋大楼开会的武汉临时联席会议。武汉国民政府立即派出武汉临时联席会议主席徐谦、国民政府委员蒋作宾及国民党汉口特别市党部代表李国暄、宛希俨来到现场。

刘少奇此刻正在湖北全省总工会第一次代表大会的会场，闻讯后和李立三等人也迅速赶赴现场。

此时，受伤者已被紧急送往医院救治。现场一边是麇集在广场上的愤怒的武汉民众，一边是已退到英租界防御工事后面但仍作射击姿态举枪待发的英兵。形势危急，一触即发。

一三惨案发生后，在汉口的英国水兵与武汉工人群众对峙

徐谦代表武汉国民政府向英方提出强烈抗议，要求英水兵放下武器，停止挑衅，以息事端。他背对英水兵的枪口，站在高处宣布：政府必当采取适当办法保护人民，防止此后再有此等事件发生，为人民报仇雪耻。在政府未决定办法前，望民众离开租界，以免危险。

刘少奇和李立三等工会干部一起，劝导民众冷静散去，以避免更大的伤亡。

天色暗下来了，情势也逐渐缓和下来。英水兵整队撤退，群众亦陆续离去。刘少奇离开时再次回头看了看惨案现场，地面仍可见斑斑血迹。

英帝国主义者野蛮的暴行和武汉工人淋漓的鲜血，如烈火引爆出武汉人民蕴积已久的革命风暴。中国人民心中的强大的爱国力量，便如火山一样地迸发出来了。一三惨案，成为武汉人民收回汉口英租界的导火索。

2. 站在反帝斗争前列

历史上溯到 19 世纪中叶。

1840—1842 年，第一次鸦片战争——英国的炮舰撞开了中国的国门。

1856—1860 年，第二次鸦片战争，深处内陆的汉口受到的影响更为直接——

1858 年 6 月，第二次鸦片战争中战败的清政府被迫签订《天津条约》，增辟 10 个通商口岸。其中在长江沿线的有镇江、南京、九江、汉口。同年 11 月 8 日，英国特使额尔金在上海同清政府代表桂良等人签订《中英通商章程善后条约：海关税约》。签字当天，额尔金率英国“狂怒号”“报应号”等舰船从上海启程，上闯长江，沿途勘察航道、水文、气象，于 12 月 6 日停泊在汉口江面，窥视三镇全貌，会见湖广总督官文。深处中国腹地的武汉第一次出现了多艘外国军舰。

1861 年 3 月，英国海军提督贺布和参赞巴夏礼率领由 4 艘兵舰三四百名士兵组成的远征队来到汉口。英国人在汉口江边勘定地基界址，与湖北、汉口当局签订了一份《英国汉口租地原约》，开始了与汉口通商并建立租界。不久，英国领事馆即在今汉口天津路口建成，共有房屋 3 幢，1.6 万平米。1862 年，为适应开埠和商务需要的江汉关建立。接着，美国人、法国人、德国人、俄国人、日本人等联翩并集，接踵而来，先后有 12 个国家在武汉建立了领事馆。

汉口旧租界位于今沿江大道以北，麻阳街太古下码头以南，中山大道东南，滨长江西北一带，沿江岸线共长 3600 米；按地理位置，由南向北分别为英、俄、法、德、日五国租界。一个个“国中之国”的租界，霸道地割裂了汉口的行政主权。

帝国主义列强中，英帝国主义者是最早侵略中国、强迫中国订立不平等条约，把中国引向半殖民地苦难深渊的罪魁祸首。英帝国主义者利用租界，掠夺中国人民的财富，趾高气扬，耀武扬威，行使种种特权。1925 年五卅运动中，英帝国主义者在汉口租界内肆行无忌地用机枪扫射无辜民众，死 10 人，伤 21 人，欠下了武汉人民

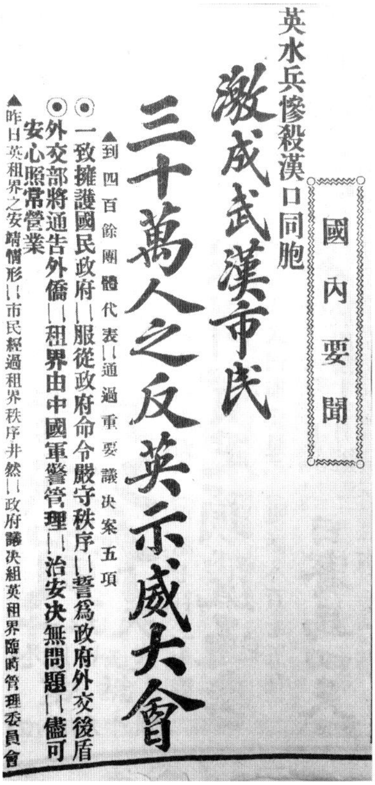
國內要聞

英水兵慘殺漢口同胞

激成武漢市民

三十萬人之反英示威大會

▲到四百餘團體代表——通過重要議決案五項

⊙一致擁護國民政府——服從政府命令嚴守秩序——誓爲政府外交後盾

⊙外交部將通告外僑——租界由中國軍警管理——治安決無問題——儘可安心照常營業

▲昨日英租界之安靖情形——市民經過租界秩序井然——政府議決組英租界臨時管理委員會

30万武汉市民举行反英示威大会。图为1月5日《汉口民国日报》有关示威游行的报道

的深重血债。长江流域是英帝国主义的垂涎之地，吴佩孚、孙传芳是英帝国主义庇护多年的走狗。北伐战争开始后，英帝国主义惴惴不安，不仅以钱财和军火援助北洋军阀，反对中国革命，还调遣多艘军舰来华，公然直接向中国人民进行武装挑衅。当北伐军逼近武昌时，英帝国主义极力煽动在华列强采取一致行动，妄图阻止北伐军前进。北伐军光复武汉后，英租界当局如临大敌，在租界四周遍布电网沙袋，令英水兵登陆与义勇队轮流布防。租界的宣传喉舌英文《楚报》载文诋毁工人运动，英水兵与武汉民众不断发生冲突，甚至拘捕在租界活动的工人纠察队员。1926年11月26日，在英帝国主义的策划下，驻武汉的各外国领事，正式向国民政府提出“抗议”，要求“取缔武汉工人运动”①。12月26日，英国一艘油轮又在黄冈团风江面撞沉一艘中国商轮，400余名中国人惨遭不测。中国人民与英帝国主义的矛盾更加突出，斗争也更加尖锐了。

一三惨案的发生，使武汉工人阶级和广大民众怒不可遏，旧恨新仇涌上心头，深感收回英租界刻不容缓，大有不共戴天、灭此朝食之气概。正是在这种激愤的民族心理推动下，武汉人民爆发出摧枯拉朽、一往无前的伟大力量。

一三惨案发生当晚，中国共产党及其工运领导人、武汉国民政府和武汉广大民众分别采取了紧急行动。

李立三、刘少奇等人在赶赴惨案现场了解情况疏散群众后，连夜召开了中华全国总工会和湖北全省总工会负责人紧急联席会议，商量反英斗争决策。

刘少奇向与会者介绍了当天下午在江边发生的惨案真相和现场情况，对怎样开展对英斗争发表了意见。

---

①《东方杂志》第23卷第21号。

会议以湖北全省总工会第一次代表大会的名义，通过了《为反对英兵惨杀同胞通电》，愤怒谴责英帝国主义的暴行，提出对英斗争的六项要求：

一、请国民政府收回英租界；

二、英租界当局立即拆除电网、沙包等军事设施；

三、立即撤退在华军舰，以后租界内永远不得有外国武装军警驻扎；

四、赔偿死伤损失；

五、英政府向我政府道歉；

六、将凶手移交我政府惩办①。

此时，由苏联驻华顾问鲍罗廷召集在汉的中共中央委员和湖北区委委员会议也在紧张进行。这次会议就事态的发展和英政府下步可能采取的行动作了深入分析和研究。会议决定：

进一步发展群众的游行示威，坚决抗击英政府的挑衅行动；

支持国民政府对英采取强硬态度，要求废除英政府强加于我国的不平等条约；派军队进租界保护我国居民；

由区委宣传部负责成立一研究国际法约的小组，收集中英关系和有关租约的历史资料，为扩大反英宣传批驳帝国主义的各种谰言做好准备；

通过鲍罗廷和中共代表对国民政府和国共两党联席会议施加影响，以贯彻中国共产党的主张②。

是日晚，武汉国民政府外交部长陈友仁在外交部召见英国驻汉领事葛福。

陈友仁，华侨后裔，生于英属西印度群岛特立尼达岛的圣费尔南多，是一个只懂英文而不会说汉语的中国人。1911 年他在伦敦与孙中山先生相识，便与中国民主革命结下了不解之缘。

陈友仁向英领事提出口头抗议。英领事倒打一耙地说：陈先生，如果你们的政府是文明的政府，就应该为在汉的英国人的生命财产提供保护。

陈友仁理直气壮地答道："我们的政府，当然是文明的政府。正如你所知道的，当中国人身穿丝绸时，恐怕英国人只不过身体涂着蓝色，头上插着羽毛，到处乱窜呢。"他要求英方将水兵于 24 小时内撤回舰上，同时肇事军舰不得擅自离汉，否则

---

①《汉口民国日报》1927 年 1 月 6 日。

② 李思慎：《李立三的红色传奇》（上卷），中国工人出版社 2004 年版，第 200 页。

在他处有危险,国民政府不负责任。

3 日晚,当武汉国民政府讨论应急办法和湖北全省总工会等团体召开武汉工商学界紧急会议时,英兵在汉口施暴的消息不胫而走。愤怒的群众自发地从四面八方涌向租界。“打倒英帝国主义”“收回英租界”的怒吼如雷霆震响,激昂万分的民众“大有进攻英界之势”。这种声势浩大、同仇敌忾的群众场面,使英帝国主义者不知所措。他们觉得这种大规模的行动是有计划有预谋的,因而不敢贸然再次动武,因为那样似乎会陷入一个圈套。英国海军长江分舰队司令卡梅伦事后说:“这场骚乱的整个行动,给我的印象是这不是一场寻常的苦力骚乱”,“我即下令不准开枪。”①汉口领事葛福与副领事胡阶森说,他们当时力所能及的事,就是尽可能争取足够的时间,将所有的英侨,特别是散居在租界外的英侨全部安全撤离。

英领事深感他们已处于中国人民强大的革命风暴包围之中,形势极其严重,遂于 4 日凌晨 2 时被迫将水兵和义勇队撤至江心军舰上,并请国民政府派军警进驻租界。

武汉民众排山倒海般的抗英风暴,使英国人就这样惊慌失措地“丢失”了租界。

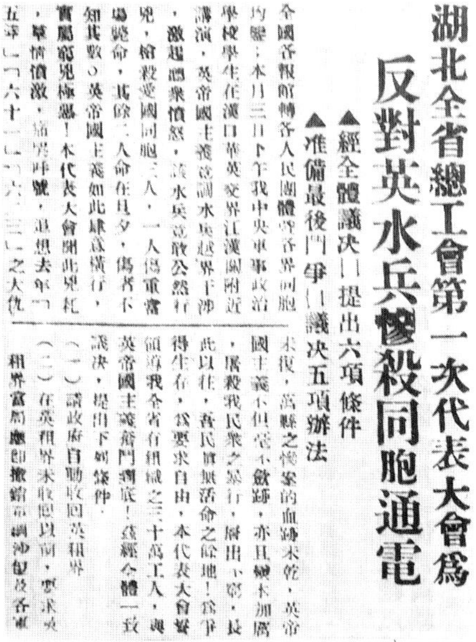
湖北全省總工會第一次代表大會爲
反對英水兵慘殺同胞通電
▲經全體議決——提出六項條件
▲准備最後鬥爭——議決五項辦法

湖北全省总工会第一次代表大会为一三惨案发出紧要通告

当时在汉的苏联顾问巴库林亲眼目睹了这一切。他在当天的日记里写道:“到了深夜,局势已明朗化,民众拆除电网沙包,砸碎江岸铁链,占领了租界,守卫租界的不是军队,而是工人纠察队——民众权力的象征”。至此,武汉工人阶级及广大民众完成了收回英租界的第一个实际步骤——占领英租界。

4 日,湖北全省总工会第一次代表大会在《汉口民国日报》发表《为反对英水兵惨杀同胞通电》,并将其印成传单在大街小巷张贴和散发。《通电》严正指出:“为争得生存,为要求自由,本代表大会誓领导我省有组织之 30 万工人,与英帝国主义奋斗到

① 丁宁:《英国放弃汉浔租界的历史背景》,人大复印资料《中国现代史》1986 年第 11 期,第 31 页。

武汉民众集会游行，强烈要求国民政府收回汉口英租界

底！”刘少奇、李立三分别代表湖北全省总工会、中华全国总工会，前往武汉国民政府，递交代表大会的决议，要求政府立即收回汉口英租界。

武汉政府即派军警进入租界，在出入口等处实行警戒。

同日上午11时，湖北全省总工会、省农民协会等200多个团体的500多名代表在汉口商会召开武汉工农商学各界联席会议，刘少奇代表省总工会出席会议。会议在省总工会提出的6项要求5项办法的基础上，提出解决一三惨案8项对英办法，请政府据此向英领事交涉。

(一)请政府立即向英国领事提出严重抗议；

(二)令英国领事赔偿死伤同胞损失；

(三)令英国领事将行凶水兵交中国政府惩办；

(四)撤走驻汉英舰及英界的沙袋、电网；

(五)撤销内河航运权；

(六)英国领事向中国政府道歉；

(七)英国巡捕缴械；

(八)由政府管理英租界。

会议推选代表向政府请愿，提出如72小时内英领事无圆满答复，即请政府封锁英界，收回英界，收回关税，通知英政府不负在华英人治安责任。会议还决定1月5日下午举行对英示威大会[①]。

武汉国民政府接受了各界提出的8项条件，即派中央党部代表陈群到英租界巡捕房主持一切，令卫戍司令部派3个连入驻英租界，省总工会也派出300余名工人纠察队员进入租界维持秩序。过去一直饱受英帝欺压的码头工人，当天在英汇丰

①《时事新报》1927年1月9日。

银行的大门口，挂出了“武汉码头总工会”这块特别引人注目的牌子。

晚 7 时，在汉口新市场大舞台，徐谦等人向武汉各团体代表宣布：“此次对英交涉，政府与人民完全一致，当取强硬办法，以慰人民之愿”。广大民众倍受鼓舞，各业工会迅即组织起自己的会员，高举火把向租界进发。成千上万的群众随即涌入租界。

火光照亮了夜空，群众拆除了所有电网，搬走了一个个沙包，租界内再也看不到一个洋人的影子。

1 月 5 日，扬眉吐气的武汉工人阶级及广大民众激流勇进，乘胜进击，进一步巩固了已取得的战果。

1 月 5 日，在李立三、刘少奇等人主持下，武汉 30 万群众在汉口济生三马路举行追悼一三死难同胞暨反英示威大会

当天下午 2 时，武汉 30 万市民不顾寒冷恶劣的天气，顶风冒雨从四面八方赶往汉口济生三马路空坪会场，“追悼一三惨案死难同胞暨反英示威大会”按时举行。刘少奇和李立三等大会的组织者和各界群众一起，挺立在阴冷的风雨中。

会后，这支庞大的反英示威游行队伍涌上中山大道，如一条巨龙在风雪中前行，“严惩英国佬”的怒吼响彻云天。会议主持人李立三当时虽然已宣布不进租界，但是愤怒的群众完全不理，浩浩荡荡直接向英租界进发。十余年后，李立三在回忆这件事时这样说道：几十万工人在跑马场集合准备游行，我站在台上正要发言的时候，突然接到了省委书记张国焘的便条，里面写道：“我们已作出今日游行不得经过英租界的决定，由你负责执行”。此时，群众已怒火熊熊，准备不顾一切冲进英租界示威。考虑到群众的情绪，我不能直接勒令游行队伍不准进入英租界，只好赶快指定绕过英租界的游行路线，并马上向各路队伍宣布；同时派出部分工人纠察队在前面引导队伍按指定路线前进，大部分纠察队员则奉命到中方管辖区与英租界的边界堵住所有入口处。我以为这样大概就能阻止群众进入英租界。然而，在大部分群众尚未走出跑马场的时候,我已得到消息说,游行队伍已经过一个小巷进入到英租界,已占领所有大道,把警察赶下岗哨困在警察局里,许多大楼已经挂上临时写出的牌子,某某工会大楼,某某纠察队办公室等等。警察总局和领事馆被成千上万的人群包围。

当天游行走在最前列的是武汉码头工会委员长张计储和海员工会负责人周何亮率领的码头、海员工人。队伍临近歆生路(今江汉路)时,高呼着"打倒英帝国主义!"等口号的工人们呐喊着,像一群被激怒的雄狮,冲进了英租界。

曾担任湖北全省总工会秘书处书记的老工人曾昭美,曾于1981年6月撰文回忆了刘少奇带领工人和纠察队队员冲入并占领英租界的情景——

1月5日,天下着细雨,下午两点钟,40万人举行了示威大会。会后,工人群众英勇地拆除了英租界的沙包墙。在少奇同志的带领下,人们潮水般地涌进了英租界,一边高呼口号"打倒英帝国主义!""还我同胞,惩办凶手!"一边往英国巡捕房和英国领事馆冲去。

同在这个时候,工人纠察队海员分队的部分队员在队长周何亮的带领下,从汉江分乘几条小船顺江而下,绕到濒临长江的江汉关旁,从江堤跃上租界,占领了租界内的海关大楼。纠察队员们联合租界内的工人群众与租界外的工人纠察队及游行大军里应外合,一起向巡捕房冲去……

见到工人纠察队和游行群众冲进了租界,英国巡捕慌忙出来用棍棒驱赶。工人纠察队与巡捕搏斗,把巡捕赶跑了。吓得失魂落魄的巡捕纷纷跑向巡捕楼。刘少奇带领工人纠察队员和工人大军一往无前,把巡捕楼紧紧包围起来。这时,英巡捕从里面拿出消防水枪,用强大的水流向人群愤射,阻止工人靠近巡捕楼。

在这紧急关头,只见少奇同志站在前排,和大家紧紧地手挽着手,顶住水枪冲击。那时正是冬天,冰冷刺骨的水把人们的棉衣打湿透了,嘴唇冻得发紫,但没有一个人退却。少奇同志穿一套旧蓝布的中山服,他的衣服全被水打湿透了,但仍到处指挥群众与英巡捕进行斗争[⑧]。

工人们在刘少奇的带领下步步紧逼巡捕房。英巡捕躲在里面再也不敢出来。工人纠察队一举占领了巡捕房,随后英租界工部局及海军俱乐部大楼也很快被工人占领了。整个英租界已完全掌握在工人手里。工人群众登上英工部局楼顶,大英帝

① 曾昭美:《他总是走在斗争的前列》,《工人日报》1981年6月23日。

愤怒的群众冲进汉口英租界

国的米字旗被扯了下来，往下一丢，如一片枯败的残叶摇摇摆摆飘落地面。取而代之的是迎风招展的中国国民党的青天白日旗。

英租界工部局公务人员及巡捕皆弃职逃避，英巡捕房的标志已改换成中央联席会议特派党代表办公处的招牌。

同日晚间，国民党中央执行委员会及国民政府委员临时联席会议开会，议决迅即组成汉口英租界临时管理委员会，主持租界内一切治安、卫生、市政事宜。声明对于所有界内居民生命财产，概由国民政府完全保护。当晚，外交部将此决定以布告形式告知全体民众，并且正式照会英国领事。

至此，武汉人民收回汉口英租界的斗争由占领发展到第二步——接管。

英国政府曾对国民革命对英国在华利益的影响有过预测并采取了相应举动。1926 年底，英国当局分析了中国南方的局势，决定加派军舰来华，认为此举既可“威慑暴民”，又可迫使国民政府管束民众的“轨外行为”。但是，英国的如意算盘被迅猛而来的反帝斗争浪潮冲得无影无踪。他们眼睁睁看着大英帝国在汉口的租界就这样在光天化日之下“丢失”了。英国的报纸评论说——这件事做得如此神速而彻底，以致英国公众都被惊得目瞪口呆。

收回英租界的斗争确实具有突发性、群众性。苏联顾问 A·B·巴库林在当年 1 月 6 日的日记中写道：“无论是共产党，还是国民党，或者是国民政府官方，都没有料到事情会这样发展。只有工会纠察队才比较积极地第一天就参加了这次事件，不过他们也是在事件发生的那一刻才参加进去的，并没有预作准备。”

从 1 月 5 日起，武汉国民政府及其外交部发布了多个布告和通电。这些文告指出：中国人民“所反对者为整个帝国主义，而非修怨于私人”，“各省英人之生命财产，均在政府保护之列，地方当局亦应保护”。要求民众“协助政府维持公共安宁秩序”，“避免一切危害外人生命财产之行动”。

领导民众运动的中国共产党制定了正确的斗争策略，要求“绝对制止对外国个人的暴行，以及侵害外人住宅、商店等。当使群众明了反对帝国主义是有计划的行动，须极力避免一切原始暴动的状况。”

漢口民國日報　民國十六年一月六號　星期四　陰歷丙寅年臘月

昨晚省市兩黨部招待全省工人代表

▲地點在普海春三樓
▲到會代表四百餘人
▲賓主雙方各有演說

（本報專訪）湖北省黨部，漢口特別市黨部，于昨晚九時，假普海春三樓大廳，招待全省工人代表，到會工人代表四百餘人，九時零十分開會，由漢口特別市黨部執行委員詹大悲主席，宣布招待意義、繼由省黨部代表萬益若、市黨部代表李國瑄等演說，李國瑄演說，大意略分三點，（一）在革命歷史過程上，工人建極優越功勳，如封鎖香港二七京漢路事件，普工人作先鋒隊，此次全省工人代表大會，我們知道已經有許多很良好的議決案，工友們仍繼續作先鋒隊，努力着去革命，這是我們極盼望而且歡迎的（二）工人向來是被帝國主義者及軍閥壓迫，此次雖然打倒幾個軍閥，但是其他軍閥還有存在的，帝國主義者仍然是壓偪我們，我們應該繼續在被壓迫的農工商學聯合戰線上，共同奮鬥，（三）本黨本着總理擁護農工政策，繼續做去，務期完成革命事業，

次總工會委員長向忠發演說，略謂工人向來是努力革命，在歷史的過程上，是看得出來的，但是生活問題，不得良好的解決，革命工作不免發生防礙，希望大家加以注意云云，

繼後碼頭總工會委員長爲張纖儲，及總工會代表劉少奇演說，以劉氏演說爲最切實，其大意略謂黨部同志及工人，同站在革命戰線上，所以我們要站住立腳點，立腳點是什麽就是解除一切束縛，完成革命，工人革命，有很光榮的歷史，適才已經有許多同志說過，現在雖然解除了一部分的束縛，但是還有帝國主義者及未打倒軍閥，仍然向我們進攻，我們還是準備我們的頭顱，我們的血，往前奮鬥，不過此次湖北工人運動，社會或許有一部分人不明瞭，致不滿意，我須當特別提出說明，大家要知道武漢工人約有三十萬工會三百餘，而總工會之成立，僅三月有奇，規模如此之大，時間如此短促，欲其盡善盡美，實有不逮，我們自己也知道，但是半年或一年以後，工人受有相當訓練，我必其能爲良好而忠實的革命者，到下節有違處，應要求社會原諒，切不要因此抑制工人運動，致阻革命力量，此外尚有三點，須就此申說（一）欲完全革命，必須先解除農民的束縛，農民的束縛是什麽，就是帝國主義反動派及一切封建勢力的基礎，打破這個基礎，農民就得解放，生產力及隨之增進，工商利益很可進步，到此，革命纔能成功，我們應當聯合力量，共謀此種共同利益（二）就是英租界英人屠殺同胞事件，現在英人自知理屈，英租界已讓我們接收，從這點觀察我們看得出來，英人已經無統治英租界能力，在先英恃其橫蠻，屠殺同胞，我們爲人道計爲利害計，對英不能不死力反抗，**現在英租界既已讓出，就是我國民政府統治下之地域了，我們同胞，特別是工人們，應當恪守秩序，幫助政府維持英租界治安**，由此可以表現我民衆運動，是有秩序的，有意義的了，（三）就是根據中央黨部國民政府聯席會議議決案，於一月內召集全省省民會議，要求能早完成，并要求工人代表參加，幫同政府解決一切困難問題云云。其餘演講尚多，至本報上版時，尚未散會，

1月5日晚，刘少奇在普海春饭店发表讲话，赞颂武汉人民的反帝斗争

1月5日傍晚，刘少奇在普海春饭店向全省工人代表大会的代表们发表讲话，号召广大人民群众，特别是工人阶级在目前“应当恪守秩序，帮助政府维持英租界治安”。他痛斥英帝国主义“恃其横蛮，屠杀同胞”的滔天罪行，指出“我们为人道计、为利害计，对英不能不死力反抗”。在会上，刘少奇还向人们指出：现在虽然解除了一部分束缚，但是还有帝国主义者及未打倒的军阀，仍然在向我们进攻。我们还是准备我们的头颅，我们的血，往前奋斗①。

帝国主义者极力把收回英租界的革命运动说成是“拳匪复兴”，说什么中国人杀人放火，租界的英人与外侨面临生命危险。可事实上，正是他们所诬蔑的这群“没有教养的野蛮人”“不服管教的一批苦力”，表现出相当程度的自制力，遵守了革命的纪律，维护了社会秩序的安定。据报道：“英租界并不曾出什么意外事，而以前英巡捕雄纠纠站在英租界，每天至少也要出点乱子”。“工人纠察队的木棒，比武装英巡捕英国水兵神通广大得多”。

英海军卡梅伦少将的一份报告也印证了这样的事实。他说，在撤至舰上后，“我手中掌握所有可投入战斗的分队，一旦我目睹或耳闻有任何英国侨民处于危险境地，即令迅速登陆。但是，除了一些外国人被追逐进大楼唾骂他们的几件事之外，没

①《汉口民国日报》1927年1月6日。

有发生任何真正危险的事。”

在民族怒火熊熊燃烧之时，武汉民众竟能严守秩序，行动一致，使帝国主义者不得不刮目相看，这表明中国民族运动已经进入了更有组织的状态。

从6日起，英租界内交通秩序恢复，邮局也开始办公。7日，租界内秩序完全恢复正常。武汉工人纠察队总队长朱菊和宣布省总工会的命令，带领300名纠察队员自动退出了租界，将维持治安管理的任务完全交给了中国军警。

此前，刘少奇就总工会纠察队退出租界一事，于1月5日专此致函党代表陈群——

陈群同志：

撤退纠察队系政府委员命令，故不能不撤，至撤退后如有再须纠察队维持之处，须有政府委员命令方可，奇并非一时感情用事也，望原谅……

弟刘少奇一月五日

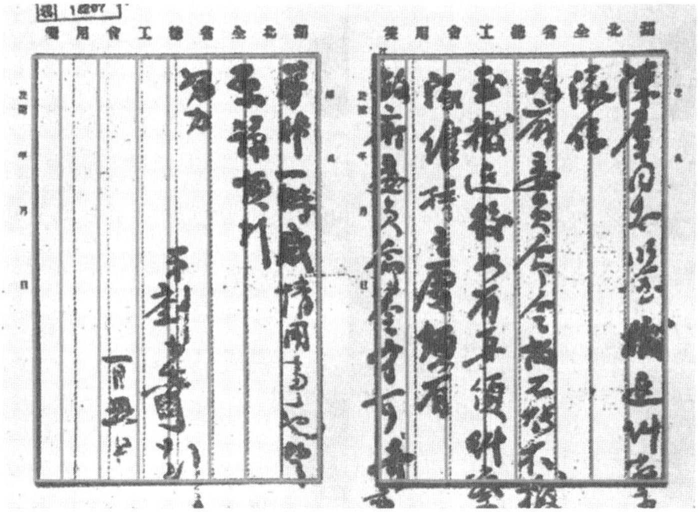

1月5日，刘少奇就一三惨案给国民党党代表陈群的信函

汉口的英国商会在一度宣布停业后，于24日起全部复业。英国记者兰姆逊亲自到汉口英租界实地考察后，发出这样的报道：“汉口的租界秩序井然，外人可以昼夜在街上行走，不受骚扰，街道与上海租界一样清洁”[①]。武汉工人阶级及广大民众用实际行动体现了拥护国民政府的真诚态度，“庶不致丧失国民政府信用，贻英

① [英]兰姆孙：《武汉革命外记》，北新书局发行，第37页。

帝国主义以口实”。

1 月 6 日，江西九江各界群众集会游行，声援武汉人民收回英租界的斗争，英国水兵登岸干涉，打死打伤工人数人。九江工人和市民在武汉民众斗争胜利的鼓舞下，继之而起，再壮国威，在北伐军的配合下奋起占领了九江英租界，并请武汉国民政府派员接收。

一三惨案发生后，英帝国主义的暴行引起了何宝珍内心极大的愤慨，她虽然已身怀有孕，仍带着几支妇女协会的宣传队，深入到汉口的大街小巷进行宣传，激起妇女们的反帝爱国热情，组织她们参加了 1 月 5 日下午举行的“追悼一三惨案同胞暨反英示威大会”。

3. 众志成城收回英租界

中国人民占领和武汉国民政府接管汉、浔租界后，中国和英国为各自的利益都有着谈判的意愿。

中国的目的是进一步从法律上彻底解决汉、浔租界问题，取得国际社会的合法承认，并以此提高国民政府的威望。英国则是想通过谈判尽可能减少损失，并维持其在上海公共租界和其他地区的统治，以及在中国进行经济掠夺的权益。

1 月 11 日，英方代表、北京英使馆参赞阿玛利乘军舰溯江而上，气势汹汹来到武汉。

12 日，中英两国外交人员开始第一次接触。阿玛利摆出一副老牌帝国主义外交家的架势，提出谈判要以一三事件前的状态为基础，即要中国向英方退还汉口、九江英租界，其外交辞令十分狡诈：“贵国维护租界，保护我国侨民，是在危险的动乱时期对租界采取的临时措施。现在危险期已经过去，本人代表英国政府对贵国表示感谢，并受权收回租界。”

陈友仁当即拒绝。他对阿玛利严正表示：如此办法，必致引起较现在更险恶之局势。现双方交涉，只可依照现在之状态，即中国人民接管租界的基础为前提，不能以此前状况为依据。

自知回天无力的英国政府训令阿玛利等同意以一三事件后的状态为基础进行谈判。

以上历史镜头清楚地向人们表明：武汉工人阶级及广大民众在突发的事件中万众一心，团结驱英，推动了历史前进，形成收回英租界的既定事实，为外交谈判及两国政府间正式履行移交手续创造了极为有利的前提条件,奠定了坚实的基础。

1 月 15 日,中英谈判正式开始。陈友仁要求从根本上解决英租界问题。阿玛利却只认陈友仁为“地方政府代表”,说这次谈判只能“由汉口总领事与陈协商临时的局部的办法”,至于租界的法律问题,“如修约及交还租界,要保留至将来有正式政府时办理。”

双方距离太大。阿玛利等在会谈后请示英国政府,英国政府再次指示按前次训令执行。阿玛利无可奈何,只好在此后的谈判中同意将英租界仿照前德、俄租界之先例,改为市政特别区,新市政局章程由国民政府颁布。中方则同意英人仍保留地权等部分权利。总之,经反复谈判,双方都作了某种程度的让步。1 月 20 日,谈判进入实质性的讨论,并协商具体条文。

就在阿玛利同陈友仁关于汉、浔租界谈判即将进入签署书面协议阶段的关键时刻,传来英国大举增兵上海的消息。

英国政府之所以在汉口租界问题上作了某些克制与让步, 乃因为此时的首要目标是全力“保卫”上海租界——因为上海是以长江流域为其势力范围的英国侵略者的权益命脉所在。英首相鲍尔温在议会上宣称:汉、浔英侨可以撤往上海,但上海英侨不能撤。于是英国以“护侨”为名,悍然宣布从英国本土与印度等地发兵三旅,向上海进发。其大兵压境剑拔弩张之势,为鸦片战争以来所未有。

面对大批英国舰队来华的武力高压,陈友仁提出,英国从上海撤兵为继续谈判的先决条件。国民政府于 1 月 22 日发表宣言,声明“国民政府为中国唯一之政府”,“代表豁然觉醒之中国”;宣言的主旨是强调独立自主、自由平等,表示为此目的“且不惜投艰赴险”;要求英国停止派兵来华。《宣言》义正辞严,痛快淋漓,维护了民族的尊严,充分表达了中国人民反帝爱国的浩然正气。

但英帝国主义仍置若罔闻,一意孤行。1 月 31 日,陈友仁向英国大使蓝浦森提出抗议,要求英国从速撤兵。2 月 1 日,又发表了中断谈判的宣言,阐明由于英国将强大的海陆军集中上海威胁国民政府,“故对于英租界问题之协定签约, 有延期至英国终止此威胁时之必要。”

英帝派兵来华的侵略行径,激起了中国人民反英运动的进一步高涨,各地民众纷纷表示坚决支持国民政府,誓做国民政府后盾。中国共产党在为汉口英水兵枪杀和平民众发表的宣言中亦公开号召:全国工人农民及一切被压迫的民众,在目前帝国主义者以英国为首直接危害中国革命这一危险的顷刻,赶紧站立起来,拥护国民政府,在群众会议中,在舆论中,在决议案中,公开表明对于国民政府的赞助。[①] 中国共产党在各地的组织广泛发动人民群众,开展大规模反英运动。全国各地各界民众和国民革命军各部队纷纷发表宣言、通电,举行集会、游行,谴责英帝国主义暴行,要求对英实行经济绝交。

从接管英租界那天起,武汉工人阶级及广大民众并没有仅仅依赖政府的交涉而中辍自己的抗争。1 月 7 日下午,20 万市民在阅马场举行对英大示威,“虽大雨滂沱,而群众露立会场,至数小时之久,最后并冒雨游行,毫不懈怠。”1 月中旬,湖北全省总工会为团风惨案后中国红十字会打捞溺毙尸身报告再发通电,再次敦促对英严重交涉,取消英在华内河航运权,“望全国同胞继续奋斗,非得最后胜利,死且而已!”在此前后,刘少奇等工运领袖领导武汉码头、店员等行业工会纷纷发表反英通电,汉口英美烟厂 3800 名工人开展了反对英资方藉口封闭烟厂断绝工友生机的斗争。为迫使英国政府接受谈判条件,湖北全省总工会等 14 个团体共同组成了武汉市对英委员会,召集民众请政府报告交涉经过,组织追悼一三、一六、团风、武穴等惨案的遇难同胞;后又组织对英经济绝交委员会,举行多次会议与活动,使武汉三镇始终充满浓烈的反帝氛围。在整个谈判过程中,武汉工人阶级及广大民众以持续高涨的斗争声势,成为支持武汉政府外交谈判取得胜利的坚强后盾。

国际无产阶级对中国人民的反帝斗争表示极大的同情与声援。第三国际执委会和苏联政府“为英国派兵来华”事件发表了宣言、通告和社论,“唤起世界工人对中国事件,予以深刻之注意,应以有组织的援助,”阻止英国出兵,并反对其本国派兵干涉中国。英国国内人民也强烈反对政府炫耀武力的对华政策,英国共产党号召全体劳工团体,与英中解放理事会联合一致,组织“勿侵略中国”委员会,要求撤回军队与军舰[②]。

与此同时,由于国民政府采取了分化美日以孤立英国的外交斗争策略,英国企图策动列强共同出兵中国的外交活动也处处碰了软钉子。

日本对英国的策动反应冷淡,答曰:日本与中国近在咫尺,有危险随时可出兵,无须在此刻立即发兵。

法国驻华大使表示:法国在华商业利益很小,并且“法国在欧洲的地理位置决

---

① 中共中央机关刊物《向导》第 183 期。
② 《向导》第 187 期。

定了其政策的一点，就是尽可能避免在欧洲以外的纠纷与在任何地方承担义务”。

美国总统柯立芝的代表发表声明，强调英美对华政策有所不同，美国在华没有任何租界，保护美侨无需大规模集结军队。

英国穷兵黩武的这一手在国际上相当孤立，谁也不愿为其火中取栗。

迫于国内外动荡不安的局势和全世界爱好和平进步力量的舆论抨击，英国政府于2月3日向中国表示，对过去的不平等条约中的一些条款可以修改，在原来的基础上退了一步。国民政府经过研究认为：英国的建议“仅能显示对于中国奴隶式条约之零星修改，国民政府不能认为满意与充足，但可以作为中英继续谈判的基础”。于是，陈友仁和阿玛利于2月7日继续开议。

谈判继续后，英帝国主义又耍新花招，说什么英兵从上海撤退未到时机，唯将原拟数量减少，逐渐撤退，并要求陈友仁先签临时协定。陈友仁针锋相对，仍坚持“英舰未撤前不便签字”；若行签字，“何异于因受压迫而屈从”。其态度之强硬，为鸦片战争以来，我国在外交舞台上所未有。

漢案昨晚七時簽字
外部宣言今日發表
湖南各團體之擴大反英運動會議
杭州已將不守
時在外交部會議室，雙方簽字協議

2月19日、20日，国民政府与英国政府签订了关于汉口、九江英租界之协定

英国鲍尔温政府在国内外一片反对声中权衡利弊，不得不作出一副“宽容让步”姿态。2月10日，英外交大臣张伯伦在下院发表演说，宣称“除自印度出发已赴上海途中之军队外，其他队伍之调自地中海及英国本土者，将仅在香港集中，除非另有重大之意外危险，将不复往上海矣。”

武汉国民政府认为，这一举动可视为一种让步，足以使汉口英租界区域之协定有趋于结束与签订之可能，除继续对英军在上海登陆驻扎提出抗议外，乃同意签订汉口、九江英租界之协定。

这样，经过16次会谈和反复斗争，2月19日下午7时，中英双方在汉口签订了《关于汉口英租界之协定》。

次日，又签订了《关于九江英租界之协定》，承认“关于汉口租界所订之协定，将即时同样适用于九江租界”。国民政府收回汉口、九江英租界的法律手续，得以完成。

由于国民政府外交部长陈友仁在近40天的交涉中不怕威胁，据理力争，表现出卓越的外交才能，一时有“铁腕外交”之称。但有历史学家认为，英帝国主义所碰到的，不是单纯的某一政党或某一个人的“铁腕”，而是国共合作的统一战线及广大中国人民的“铁腕”。是历史的合力，将这只巨大而有力的“铁腕”高高举起，迫使英帝在当时所处的特定历史背景下不得不承认自己的失败。

武汉人民载歌载舞欢庆收回汉口英租界

1927年3月15日，中英双方举行了移交手续，国民政府按照协定正式收回了汉口英租界，从而结束了英国对这块中国领土长达66年的殖民统治。

至此，在刘少奇等工会领袖的领导下，武汉、九江的工人阶级自动收回英租界的果决行动和胜利战果，通过政府间外交法律手续得到了确认。

这是中国人民反帝斗争史上的伟大壮举，是中国工人阶级在大革命高潮中写下的光辉篇章。

4. 在逆境中坚持抗争

1927年，日本帝国主义在长江流域的侵略势力已逐渐与英国并驾齐驱。它对中国革命的蓬勃发展，也同英国一样十分敌视。

4月3日下午4时，汉口人力车夫刘炳喜引空车至日租界燮昌小路，突有两名日本水兵，硬欲共乘其车。刘以违背警章不允。横蛮无理的一日水兵将其空车踢翻，另一水兵竟拔出刺刀猛刺车夫，车夫当即倒地，血流如注。路人大呼日兵杀人，有的连忙救助车夫，有的扭住行凶日兵。酒店里的一群日本兵气势汹汹冲出来助阵。越聚越多、义愤难遏的群众徒手冒死擒获行凶日兵六人及日商四人，扭送省总工会，由总工会解送武汉卫戍司令部。

日本水兵行凶后，即有其同伴前往江岸报告日兵舰，数百名水兵当即登陆，用步枪、机枪向武汉工人、市民群众扫射，一直追杀到租界外，计杀死中国人九人，重伤八人，轻伤数十，是为四三惨案。

惨案发生后，日本帝国主义恶人先告状，诬蔑武汉人民“狂烈排外”，一面关闭日人在汉工厂企业，对武汉实行经济封锁，一面调兵遣将，准备武装干涉，还挑动侨居武汉的外国人要求本国派兵到汉“保护”。

这时候，正值帝国主义列强联合武装干涉中国革命的紧张时期。3 月 24 日，正当北伐军第六军和第二军进攻南京的时候，军阀孙传芳的溃兵和一批地痞流氓趁火打劫，抢掠和袭击了英、美等国领事馆，造成了外国人若干伤亡和财产损失。于是英、美等国领事命令停泊在江中的两艘军舰一齐向南京城内轰击了一个多小时，打死打伤百余人，房屋财产损失严重。帝国主义炮轰南京城制造惨案后，又气焰嚣张地向武汉国民政府提交抗议，要求赔偿损失，同时关闭了设在武汉等地的企业，停驶自上海开往武汉的轮船，对武汉国民政府实行经济封锁。

日本方面虽然没有直接参与炮轰南京事件，但是借机从中挑拨离间，极力拉拢和催促国民革命军总司令蒋介石与国民党左派及广大工农革命力量决裂，对武汉国民政府施加压力。

帝国主义的暴行再一次激起武汉人民的极大愤怒，纷纷要求为死难同胞报仇。尽管形势对工农革命运动十分不利，但刘少奇等人仍顶着风浪和帝国主义的淫威，从整体和大局出发，领导湖北全省总工会同日本帝国主义进行了针锋相对的斗争。

駐漢日水兵昨日登岸大屠殺

▲水兵坐車不給資——故意向工人挑釁

◉日兵艦水兵全部登岸——三次用機關槍掃射

——槍殺民衆至五十人之多——

▲外交部嚴重抗議 ▲武漢民衆群情憤激

（本報特訊）昨日午後四時，日水兵乘坐人力車，不肯給資，故意與工人尋釁。停泊江面之日兵艦水兵，全部登岸，肆意屠殺，三次用機關槍掃射，死傷民衆五十餘人，帝國主義者在漢之屠殺，此為最慘。茲將前後情形，分誌於左：

肇事原因

屠殺經過

群情激昂

4 月 4 日，《汉口民国日报》刊载的四三惨案的报道

事件发生当晚，刘少奇便指挥湖北全省总工会工人纠察队即刻赶往现场救助工人和维持秩序，国民政府也调派武汉卫戍司令部军警开往日租界地段维持治安，避免冲突的扩大。在刘少奇等人的领导下，湖北全省总工会连续发出抗议日兵暴行的通电和根据中共中央指示精神稳定斗争阵

势的布告。省总工会的布告说:“日本帝国主义者用机关枪打死几十个同胞,大家一定激愤得不得了。现在政府已派兵前往维持秩序,请大家同胞万勿骚动。(1)不要打日本人的窗户;(2)不要打日本人,听候国民政府严重交涉及总工会办法,国民政府既为人民一致拥护,前次办理英租界交涉亦极得当,此次日租界屠杀事件,亦必能为民众雪耻也。”

发布这个布告,完全是根据当时武汉政府面临的困难形势和中共中央的决定,为妥善处置这一事件采取的应急措施。

4 月 4 日,刘少奇代表全国总工会,在省总工会发起召集的武汉各团体紧急联席会议上报告了惨案的情况,提出对四三惨案遇难人员的安置及对汉口日租界采取的办法。会议提出誓为死难同胞报仇雪恨,与日本帝国主义作坚决的斗争;议定由国民党湖北省党部、汉口特别市党部、中华全国总工会、湖北全省总工会等 17 个团体组成“武汉人民对日委员会”,并向政府公开提出下列 6 项要求:

(一)即刻撤退日本水兵;

(二)收回日租界;

(三)将凶手交由中国法庭审判;

(四)赔偿死伤者的损失,日本政府必须正式向国民政府谢罪;

(五)日本不得因此次事变封锁工厂、辞退工人;

(六)日本须担保以后不得再有惨杀中国人民的事件发生。①

当晚,全国总工会和湖北全省总工会在汉口血花世界召开武汉各工会处理四三惨案的紧急会议,到会代表 700 余人。刘少奇向与会代表报告了各团体紧急联席会议的经过及所通过的各项决议案。代表们通过决议:

(一)要求工人阶级应及时与各界革命民众一致起来,拥护武汉各团体联席会议所提出之 6 项要求,反对日本帝国主义所加予中国同胞之惨杀,誓为取消中日间一切不平等条约而奋斗。

(二)同时要求工人阶级“服从总工会命令,严守革命纪律,决不上帝国主义所收买之反动派的圈套”。

(三)拥护国民政府的外交政策,信赖国民政府办理“四三”惨案的一切交涉,我们一致作外交的后盾。

---

①《汉口民国日报》1927 年 4 月 5 日。

为了讲究斗争策略，省总工会随即发出布告，号召群众把矛头对准屠杀中国人民的日本帝国主义者，在反日斗争中遵守革命纪律，万勿骚动，不要伤害一般的日本侨民，不要打日本人。一切"听候国民政府严重交涉及总工会办法"。

湖北全省总工会的决议和布告，既体现了中国工人阶级坚决反帝的革命意志，也反映了中国工人阶级的高度组织纪律性和斗争水平，有利于击败日本帝国主义者挑动各国对华武装干涉的阴谋，有利于团结和动员人民群众有组织有领导地进行反帝斗争。

在中华全国总工会和湖北全省总工会的领导下，武汉人民开展了多种形式的反日斗争。

4 月 6 日，湖北全省总工会联合商界学界开展罢工、罢课、罢市，强烈抗议日本帝国主义在汉口的大屠杀，并向国民政府提出收回汉口日租界。

4 月 7 日，在刘少奇等领导下，中华全国总工会与湖北全省总工会发动武汉各界人民分别在汉口、武昌两处举行隆重的追悼大会。大会根据国民革命中遭到帝国主义干涉和军阀破坏的严峻局势，一致通过如下要求：

(1)整个取消中日不平等条约；

(2)对帝国主义绝不妥协，要求政府照办；

(3)立即继续北伐，铲除与日本帝国主义相勾结的封建军阀。

4 月 8 日，中华全国总工会在汉口血花世界召集工人代表大会，刘少奇在会上作了报告，号召大家坚决与日本帝国主义作斗争。大会提出:(一)对日本严重抗议，要求撤退水兵；(二)救济失业工人；(三)拍卖日本工厂及商店现存之货物；(四)请政府接管日本工厂，继续生产。

同日，刘少奇应邀出席国民党中央执行委员会常务委员会第六次扩大会议，在会上报告四三惨案以来的斗争状况。他强调指出:"日本所有工厂皆停闭，计工厂工人、码头工人、洋务工人失业有 14941 人。此问题甚大。"他代表总工会向武汉国民政府提出四条建议和要求：(一)中央对日提出抗议；(二)拨款救济工人；(三)日人已走，将所有存货物暂时保留，如不解决实行扣货；(四)日人工厂虽是停工，但原料机器皆有，中央及各团体令其继续开工①。

4 月 9 日下午，刘少奇在中华全国总工会召集的代表大会上，向 1000 位代表

① 中国国民党常委会速记录，1927 年 4 月 8 日。

作了“语句激昂，发挥尽致”[1]的报告，号召大家反对日本帝国主义的屠杀，反对妥协。

刘少奇等人领导的湖北全省总工会及各界群众的奋力抗争，打击了日本帝国主义的猖狂气焰。在刘少奇等人和广大工人的推动下，武汉国民政府在极其困难的条件下，与日本当局开展了外交谈判和斗争，同时成立了以苏兆征等为首的失业工人救济委员会，着手解决失业工人的生活和就业问题。

几天后，蒋介石在上海发动四一二反革命政变，公开背叛革命，革命形势急转直下。国内外反动派经济封锁下的武汉国民政府内外交困，经济和政治上都出现了危机，处境日益窘迫，难以用三个月前那样强硬的态度处理四三惨案。4 月 25 日，国民政府与日本达成关于四三惨案的非正式解决的六项条件：(一)日本撤兵，并撤各种防御武器；(二)日商复业，发还华人工资；(三)国民政府撤退驻防的军警和工人纠察队；(四)工人绝对服从政府命令，决不仇视日人；(五)国民政府负责保护日人生命财产；(六)“四三”案保留，俟至适当时期再开谈判。

这个谈判结果，与湖北全省总工会领导武汉工人阶级及各界群众斗争的目标，以及武汉各团体联席会议提出的七条要求相距是很远的。被工人群众当场扭送的日方肇事水兵等十余人，先后由政府交还日方。“惩凶”“谢罪”等项要求仅以“保留”的托词予以推诿拖延。至于“收回日租界”则是已无提上外交讨论的可能了。比起汉口一三惨案后收回汉口英租界时的情形，武汉国民政府无疑显得怯弱和退让得多。这是在帝国主义武装干涉和蒋介石镇压工农革命力量的严峻形势下，国民政府对日本帝国主义实行“战略退却”的结果，苏联顾问鲍罗廷亦极力主张实行分离英、日、拉住日本的政策。尽管如此，但终因有刘少奇等人领导下的武汉工人阶级的坚决斗争，还是迫使日本帝国主义答应撤退水兵，“并撤各种防御武器”，发给华人工资。这是在当时极端困难的形势下，取得的部分胜利。

在这场反对日本帝国主义屠杀中国人民的斗争中，刘少奇的态度是坚决的，同时他能从实际出发，审时度势、因势利导，使工人阶级既未遭到更大的损失，又达到部分要求，获得可能得到的斗争成果，表现了他大无畏的革命精神和卓越的领导才能。

四三惨案非正式解决后，最让刘少奇放心不下的是惨案中遇难的九位烈士遗骸安葬问题久拖不决，这成为了他的一块心病。

---

①《汉口民国日报》1927 年 4 月 10 日。

在台湾国民党保存的历史档案中，至今还可找到刘少奇于1927年7月10日写给时任中国国民党中央执行委员会工人部秘书薛修的一封信——

薛修同志：

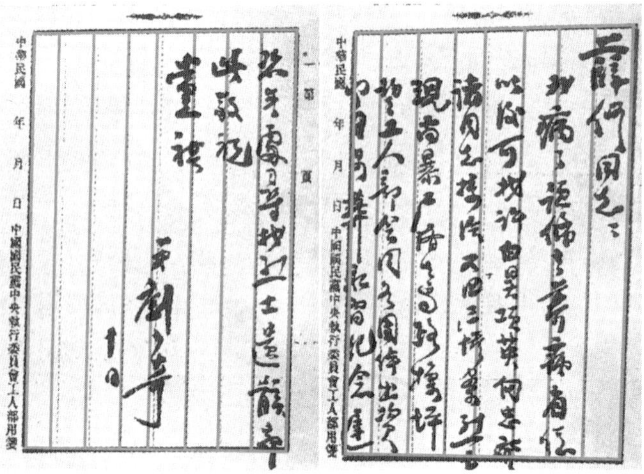

7月10日，刘少奇在离开武汉之前就四三惨案处理未尽事宜给国民党中央工人部秘书薛修的信函

我病了，预备去养病[①]。省总以后可找许白昊、项英、向忠发诸同志接洽。又，“四三”惨案烈士现尚暴尸济生马路操坪，望工人部会同各团体出资即日安葬，永留纪念。迟恐无处寻找烈士遗骸。

专此，敬祝

党祺

弟刘少奇十日

据史料披露，薛修将刘少奇的信函迅速转交给了工人部长陈公博。陈公博于7月14日就关于安葬“四三”惨案烈士致函国民党中央执行委员会——

为呈请事：现据湖北全省总工会刘少奇同志函称，查“四三”惨案烈士遗骸现尚暴露于济生马路操坪上，希望从速收殓，觅地安葬，永留纪念，迟恐无处可觅烈士遗骸等情前来。查烈士等愤帝国主义者之侵凌，不畏强御而思抵抗，横遭杀戮，遗骸未收，殊深悯恻。为此转呈钧会近赐发资收殓，可日安葬，俾安窀穸[②]而慰英魂。是否有

---

① 当时刘少奇肺病复发，经中共中央批准，离开武汉去庐山养病。

② 窀穸，墓穴。

当，理合呈请察核施行。[①]

四三惨案死难者的棺木

①《海外保存的毛泽东、周恩来、刘少奇大革命时期的几封信》，《党的文献》2011 年第 1 期。

第四章　殚精竭虑指导工人运动

1. 早年结缘湖北工运

刘少奇对湖北工人运动的指导，可追溯到 1922 年 11 月汉冶萍总工会创立阶段。

19 世纪 60 年代，随着洋务运动的兴起，以李鸿章、张之洞等为代表的洋务派开始兴办近代军工企业和民用企业。1890 年张之洞在汉阳大别山（今龟山）北麓开始兴办汉阳铁厂。同年 5 月，张之洞致电李鸿章，决定开办大冶铁矿。1893 年初，大冶铁矿基建工程完竣，同年 9 月汉阳铁厂亦竣工投产，标志着中国近代钢铁企业的诞生。1908 年，时任经理的盛宣怀奏请清政府批准，合并汉阳铁厂、大冶铁矿和萍乡路矿（株萍铁路和萍乡煤矿的合称），正式成立"汉冶萍煤铁厂矿有限公司"，同时由官督商办转为完全商办，使其成为 20 世纪初中国的第一个新式钢铁企业，也是当时亚洲最大的钢铁托拉斯。到辛亥革命前夕，该公司员工 7000 余人，年产钢近 7 万吨、铁矿 50 万吨、煤 60 万吨，几乎占到全国钢铁量的 90%以上。20 年代初，汉冶萍工人达到了 3 万余人。

20 世纪 20 年代初期的汉阳铁厂

安源产煤，大冶产矿，水陆两路运到汉阳，高炉一炼就成铁。一个企业拉动采掘、运输、冶炼，环环相扣。这种近代工业生产方式，有利于锻造工人阶级的团结精神和战斗性。因此中共湖北、湖南区委高度重视在汉冶萍公司各企业工人中开展活动，工人组织也在三地相继成立，并谋求实现跨区域的工会组织联合。

1922 年 5 月，安源路矿工人俱乐部成立。在汉冶萍范围内，这个俱乐部成立得最早。9 月初，中共湖南区委书记毛泽东到安源，决定发动大罢工。在安源路矿工人俱乐部主任李立三和窿外主任刘少奇的指挥下，万余名路矿工人取得了大罢工的胜利。此时，大冶铁矿、下陆钢铁厂的工人俱乐部在林育南的指导下也得以建立。同年 7 月 16 日，汉阳铁厂工人俱乐部在中国劳动组合书记部武汉分部林育南、许白昊的指导下正式成立。不久，林育南结识了轮驳工人向忠发，在林育南、向忠发等人的努力下，汉冶萍轮驳工会也很快建立起来。

由于汉阳铁厂地处工业和交通中心，安源路矿大罢工胜利以后，李立三和刘少奇便将目光投向萍乡煤矿以北的汉阳铁厂和大冶铁矿，而大冶方面也向安源提议在武汉成立汉冶萍总工会，以实现全公司 3 万余工人的大联合。

11 月 12 日，汉冶萍总工会筹备处开始工作，并在汉阳铁厂工会内召开第一次筹备会议，就组织大纲、总工会的权力、办公地址等问题进行广泛协商并达成一致，决定全体与会代表组成参观团赴黄石地区参观大冶铁矿、大冶钢铁厂，联络感情，交流意见，促进大冶钢铁厂工会召开成立大会。20 日，参观团返回汉阳继续召开筹备会议，会议决定汉冶萍总工会会址设在汉阳，讨论通过了总工会的组织细则，并决定由汉阳铁厂工会许白昊起草总工会章程。

12 月 10 日下午 1 时，汉阳铁厂工会、汉冶萍轮驳工会、大冶钢铁厂工会、大冶下陆铁矿工人俱乐部、安源路矿工人俱乐部等五个工团的代表及观光团约 2000 人聚集在汉阳三码头老街举行汉冶萍总工会成立大会。武汉各团体均派代表参加，并向大会赠送楹联匾额。李立三在大会开幕辞中郑重宣布汉冶萍总工会当前应为之奋斗的三项目标，即(1)求政治法律之保障，努力争得集会结社、言论出版

1922 年 12 月 10 日，汉冶萍总工会成立大会代表合影

的自由权和罢工权，争得政治上的平等对待；（2）求经济之改善，要增加工资，减少劳动时间，改良工厂设备，有受教育的机会；（3）求人格及地位之提高。他说："以上3项，是最低限度的要求。我们现在的力量，虽是薄弱，但我们要奋斗努力，勇猛前进，不稍懈怠。"李立三的讲话，说出了全体代表和广大工友的心声，一时掌声如雷。接着中国劳动组合书记部武汉分部的代表及湖北全省工团联合会等14个团体的代表上台宣读贺词，施洋、李求实等7人发表演说。大会通过了汉冶萍总工会章程，选举李立三为总工会委员长，向忠发为副委员长，刘少奇等为执行委员。

汉冶萍总工会的成立，加强了这一大型联合企业工人的团结。它的成立对推动汉冶萍工人运动和武汉乃至湖北工人运动的发展起到了积极的作用。过去分处鄂、赣两省三地的汉冶萍公司五大工团，就像一只手掌的五根手指。现在这五根手指已紧紧攥成一只工人阶级的铁拳。

1923年1月13日，下陆铁厂工人举行罢工。这一震惊全国的罢工始终得到以李立三、刘少奇为首的汉冶萍总工会和湖北全省工团联合会、粤汉铁路总工会等工人组织的全力支持。汉冶萍总工会调派富有斗争经验的安源路矿工人俱乐部窿内主任余江涛来到黄石，直接指导下陆铁厂的罢工，并致函汉冶萍公司，要求公司撤换运务股长，增加工人工资。为了揭穿资方拖延谈判的阴谋，1月30日，汉冶萍总工会联合各厂矿工会向汉冶萍公司和大冶铁矿当局发出最后通牒，限令立即答复工人要求，否则总工会所属各工团将采取一致行动。2月4日，持续了22天的下陆铁厂罢工，终以资方完全答应工人的罢工条件而胜利结束。

汉冶萍煤铁厂矿有限公司汉阳铁厂工会徽章

1924年5月底至6月初，李立三、刘少奇在赴上海的途中来到黄石大冶，住在大冶西塞山区叶家塘山上的普安寺内（原大冶铁矿工人俱乐部常委的办事处）。在黄石停留期间，他们听取了中共黄石地方组织有关情况的汇报，明确指示要尽快恢复和发展工会、共青团等组织，团结广大工人与资本家、封建把头斗争，切实维护工人阶级的切身利益。在工矿区调查工人生活和工运情况时，正逢大冶厂矿(大冶钢铁厂与大冶铁矿合称)工人罢工，要求资方补发欠饷，刘少奇等积极支持和亲自指导了这次罢工斗争，并派许之桢出面和工人代表一起与资方谈判，迫使资方代表签字同意补发所有积欠薪资。

1924年初，汉冶萍公司因经营不善，借贷无门，面临破产停工的危险。随着萍矿的生产越来越艰难，资方连续几个月发不出拖欠工人的薪饷，因而工人的索饷斗争也绵延不绝，于是刘少奇便开始从总体上思索和探寻汉冶萍公司走向危困的原因和解救方法。这年的6月和9月，刘少奇接连撰写了《救护汉冶萍公司》和《整顿萍矿建议书》两篇文章，分别在上海《新建设》期刊和长沙《大公报》上公开发表。这两篇文章详细分析了汉冶萍公司的悲哀状况和陷入困境的深层次原因，提出了救护公司和整顿萍矿的具体措施，即：第一，不能使它停工，要汉冶萍宣布公司内情，让国民设法救济；第二，竭力改变过去办理不善的地方；第三，利用日本和美国对汉冶萍的争夺，使汉冶萍存在，并逐渐脱离日本之羁绊而独立；第四，扩充萍矿收入。如以上几个办法都不能奏效，补救办法就是使萍矿脱离汉冶萍公司而独立。

同年9月，汉冶萍总工会在安源举行第二次代表大会，刘少奇被选为汉冶萍总工会委员长。在中国工人运动的历史上，汉冶萍总工会不仅是20世纪初期中国大地上成立较早的规模最大的产业总工会，而且以其组织严密、工人战斗力强而著称于全国。刘少奇因领导汉冶萍总工会，与武汉方面保持着密切的联系。

1925年3月，刘少奇以汉冶萍总工会代表的身份到达广州参加第二次劳动代表大会的筹备工作。这是刘少奇从地区工运领导人进而成为全国工运领袖的起点。由于在领导安源工会、汉冶萍总工会和筹备全国“劳大”的过程中成绩卓著，表现出不凡的领导才干，刘少奇在这年5月上旬召开的全国第二次劳动代表大会上被推选为首届中华全国总工会副委员长。

2. 考察应城膏盐矿区

湖北应城位于湖北省中部偏东，地处江汉平原与鄂中丘陵过渡地带，江汉平原北部，东以漳水和涢水与云梦为界，东北与安陆毗邻，西与天门、京山接壤，南与汉川相接，东距武汉80余公里。应城自然资源丰富，素有“膏都盐海”之称。石膏、岩盐、温泉并称“应城三宝”，名扬四海。石膏储量达13亿万吨，占全国储量的82%以上，被誉为“亚洲纤维石膏王国”，已有400多年的历史。岩盐储量280亿吨，品位高，埋藏浅，易开采。

应城膏盐矿区，位于城西北，绵延20余华里，聚集着3万多名矿工。1926年7

月，中共湖北组织不断派人到应城发展党、团员，开展工农运动，使得应城膏盐矿区的工人运动迅速兴起。驮运工会、码头工会在共产党员金泽霖、陈梧轩的领导下率先在湾上成立。不久，矿区机工工会、棚工工会、锤工工会等行业工会和矿区的北山、中山、西山工会先后建立，各工会负责人大多数由工人出身的党员担任，党派到矿区工作的党员则任工会党代表，继而又成立了应城矿区工人联合会。初秋，中共应城县支部委员会在城关马坊街附近的“儒学”(亦称学宫，后改为孔庙)内秘密建立。10月北伐军进入应城，应城的工会组织由半秘密状态转向完全公开，封建军阀逃之夭夭，人民群众喜气洋洋，一时间“打倒军阀，打倒军阀，要斗争，要斗争……”的歌声响遍方圆几十里的膏盐矿区。

这年11月底，正当应城工人运动日益高涨之时，全国总工会秘书长兼汉口办事处秘书长刘少奇身穿蓝棉布长袍，背着包裹，夹着竹骨油布雨伞，在张秘书的随行下来到应城，考察膏盐矿区，指导工人运动。

应城潘家集膏峒全景

在棚工工会委员长、矿工党员邓先柱[①]的陪同下，刘少奇换上短棉袄、旧棉裤下到膏峒，了解工人劳动情况。膏峒内阴暗、潮湿，昏暗的油灯像点点鬼火；膏峒里巷道很窄、很小，一些地方只能匍匐前行。所有的下峒矿工在峒里作工，经常在坚硬的石膏、栏板及巷道上磕碰，身上伤痕累累。有的工人长期在峒里歪着身子，导致身体变形，从峒里出来仍扭着身子走路。刘少奇从一个膏峒走到另

① 邓先柱(1900—1946)，湖北省应山县(今广水市)人。1923年参加革命，同年加入中国共产党，任应城矿区棚工会委员长，应城县总工会执行委员，应城县委委员。抗战时期，先后任中共鄂中特委委员、中共应城矿区区委书记、应城县工会主席兼膏盐矿区工会主席，坚守在矿区，组织和领导膏盐矿工向日军开展反经济封锁、反食盐封锁的殊死斗争，为边区军民送去一批又一批食盐。抗战胜利后，又组织工人多次举行罢工斗争，直至积劳成疾、久治不愈而病逝。

一个膏峒,从一个盐棚走进另一个盐棚,先后考察了十余个膏峒、盐棚,目睹了上千名工人日夜劳作的十分恶劣的工作环境和超常的劳动强度。

傍晚,刘少奇又深入到矿工的家庭访贫问苦,走家串户,开展社会调查,在与工人们的促膝谈心中,深入细致地了解他们工作艰辛、工资微薄、生活极其痛苦的现状。刘少奇向工人们介绍了世界及中国各大城市工人运动的情况,激励矿工们要紧紧团结起来,与资本家、封建把头作坚决的斗争,不当牛做马,争取做人的权利,点燃了工人心头的革命火焰。

夜深了,矿区已是一片漆黑。可是刘少奇的心里久久不能平静。躺在邓先柱家中的稻草铺上,他们两人就如何引导矿工们同封建把头和资本家斗争的谈话一直持续到第二天凌晨……

刘少奇从应城返回武汉后,推荐时任中共应城县党支部书记的李本琈作为应城矿工联合会选派的代表参加湖北全省总工会第一次代表大会。李本琈在全省总工会第一次代表大会上作了《应城驻军蹂躏工会》的报告,向代表们介绍了矿区工人运动的现状和反动势力蹂躏工会、破坏工人运动的罪行。

1927 年 5 月,刘少奇又在汉口召开的太平洋劳动大会上,向各国代表介绍了 1926 年冬考察应城矿区的情况和所见所闻。他说:

中国应城的矿工,他们的工作二十四小时一班,所得工钱不过一千三百文,一下矿坑十天至五六个月,不得出洞口。我去年曾经看见他们四百多人,从矿洞里爬出来,头发差不多有二寸长,行路时跛着,他们有好几个月没有出矿洞的。从这里看来,可知中国工人的生活是如何的痛苦!”他严正指出:“我们中国工人的这种生活状况、这种痛苦是帝国主义给的。帝国主义勾结中国军阀,造成中国的内乱,并屠杀工人,资本家如此加重对工人的剥削,我们为谋改良我们的生活,为谋解除我们的痛苦,唯有向帝国主义进攻,唯有打倒帝国主义!”①

刘少奇的矿区之行,极大地鼓舞了应城工人的革命斗志,推动了应城工人运动的迅猛发展。1927 年 1 月 1 日,应城举行万人大会,欢庆北伐革命的节节胜利,会后举行了声势浩大的游行示威。愤怒的民众捣毁了名曰“卖烟”、实则敲骨吸髓剥削民众的征税机关——县禁烟局。不久,为声援武汉人民的反英斗争,应城又举行了 2000 多人的反英大会,控诉声讨英帝国主义屠杀中国无辜民众的一三惨案,进行

---

①《汉口民国日报》1927 年 5 月 24 日。

了浩浩荡荡的游行示威。仅仅两三个月，在应城长江埠、杨家河、巡检司、盛家滩、黄家滩、陈家河、杨王岭、龙王集、潘家集等集镇，陆续建立了理发、泥木、熟食店员等基层工会，应城县总工会也于3月正式成立，总工会下辖12个分工会，会员达8800多人。与此同时，在刘少奇的关照下，应城县总工会选派金秉衡、樊作、张绍芝、余青山等8人到湖北全省总工会举办的工人纠察队训练班学习。他们结业后回到应城即组建了拥有20多支枪的县总工会工人纠察队。在中国共产党的领导下，在刘少奇等人的指导下，党组织在应城有了相当大的发展。这年5月，膏盐矿区已有党员300名[①]。应城工农革命运动出现了前所未有的新局面。

3. 组织召开湖北全省总工会首届代表大会

1926年12月13日，国民党中央执行委员会和国民政府委员临时联席会议在武昌宣布正式成立，在国民党中央政治会议未在武汉开会之前执行最高职权。徐谦为临时联席会议主席，鲍罗廷继续担任顾问。国民党中央党部暂设武昌阅马场红楼内，国民政府和北伐军总司令部行营同设于武昌旧督署，外交部、财政部、司法部机关，分设汉口和武昌。临时联席会议将武汉三镇划为京兆区，正式定名为武汉，并宣布国民政府于1927年元旦正式对外办公。

1927年1月1日，武汉工人阶级和各界群众是在喜气洋洋的气氛中度过的。这一天，国民党中央执行委员会和国民政府委员临时联席会议宣布国民政府正式在汉对外办公，国民党湖北省党部第四次代表大会胜利召开，湖北全省总工会第一次代表大会也在这喜庆的日子隆重开幕了。武汉三镇，一片欢腾。

武汉上升为首都的地位了，"赤都"之誉由此而来。这是近代以来，继辛亥武昌首义以后，武汉的社会地位又攀新高。一连三天，各种庆祝活动同时在武汉三镇举办，摩肩接踵，万人空巷。人们在尽情地欢呼北伐胜利和国民政府迁都武汉的同时，欢呼国民党湖北省党部第四次代表大会胜利召开，欢呼湖北全省总工会第一次代表大会胜利召开。

湖北全省总工会第一次代表大会的会场，设在汉口模范区华商街华商总会礼堂(今江岸区江汉二路157号，武汉市民族宗教事务委员会办公地)。会场的布置，堪称"庄严灿烂，革命空气非常强烈"。出席这次大会的代表588人，代表全省正式

---

① 宋文林:《刘少奇考察应城矿区》。

成立的工会组织 341 个,有组织的工人 293500 人。

湖北全省总工会第一次代表大会的预备会议,是在 1926 年 12 月 31 日下午召开的。在林育南报告大会的筹备经过后,李立三着重宣讲了召开此次大会的意义,他指出:“这次大会要继续‘二七’以来湖北工人的奋斗精神——从前的奋斗精神,许多烈士的血,凝聚成了本次大会;要总结过去斗争的经验——工会譬如学校一般,经验就是先生,要把单一的经验集合成一个总经验,再照着做下去;要检阅工人阶级自己的力量——工人阶级是革命的主力军,能否担起这个责任,则要看看我们自己有多大的力量;要巩固全省总工会。”李立三说:“各级工会大力发展起来了,但对全省总工会还没有正确的认识,不知道总工会是大家的团体,要让工人群众都明白总工会如同自己的家庭一样。不然,总工会好像是衙门,工友连去也怕去得,那还成什么样子。”

预备会成立了由向忠发、许白昊、朱菊和、周兆秋、李立三、刘少奇、顾修、周天元、董锄平、匡超然、吴茂骧、杨文启、张计储、叶云卿、仇桂平、金德昌、叶弼臣、朱宝廷、邓寿元、王天秀、周竹轩 21 人组成的大会主席团。决定由林育南任大会秘书厅秘书长,许白昊、李立三等 5 人组成提案审查委员会,制定了会议规则,通过了议事日程。按照全国劳动大会的办法,各代表以其所代表的产业、职业或地方,分别组成车工、饮食、纺织、文化、制造、铁路、海员、码头、店员、外县、衣着卫生、五金燃料、邮电市政、机关旅栈、土木建筑等代表团。

1 月 1 日下午,湖北全省总工会第一次代表大会举行开幕式。值日主席向忠发宣布大会开幕。国民党中央委员徐谦、蒋作宾,国民政府委员孙科,中共湖北区委张国焘,国民党湖北省党部李汉俊,汉口特别市党部丁觉群,中华全国总工会项英以及各军政机关、各人民团体代表 40 余人,以来宾身份到会祝贺。

来宾致词之后,李立三报告了大会召开的意义,强调此次大会要继承“二七”以来湖北工人的奋斗精神,接受过去斗争的经验,审查工人阶级自己的力量,巩固总工会的群众基础。[①]他着重强调了本次代表大会的责任:第一,要讨论整顿总工会组织和方法;第二,要决定斗争的策略;第三,要排除工会中的反动分子。

大会期间,李立三作了政治报告,项英代表全国总工会作题为中国职工运动的报告,刘少奇作组织问题和修改工会章程的报告,林育南作宣传教育和童工及女工

① 《汉口民国日报》1927 年 1 月 5 日。

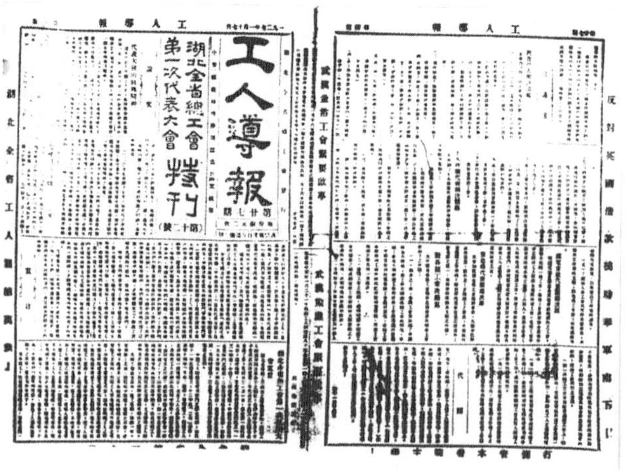
工人導報

湖北全省總工會第一次代表大會特刊

《工人导报》刊发的湖北全省总工会第一次代表大会特刊

问题的报告，许白昊作经济斗争问题报告，向忠发作会务问题的报告，袁大时作纠察队工作的报告，周天元作“二七”纪念问题的报告。各代表以饱满的政治热情，认真听取各种报告，积极参与讨论。

刘少奇在组织报告中指出：自国民革命军到武汉、军阀政治崩溃之后，武汉工人阶级得到了集会、结社的自由，工人群众很自然的勃起组织工会。全省总工会在此群众自然勃起组织之中，是尽了相当的指导的责任，使武汉各工会的组织没有陷入十分纷乱的状态中。武汉工人群众虽已大部分集中在工会里面，并已经过一次经济的斗争，但就一般的现象上观察，各工会的组织还没有在群众中建筑稳固的基础。武汉各工会及总工会目前最重要的工作，是如何使工会在群众中建立稳固的基础。尽快地将武汉工人组织完全统一起来，赶快组织各产业工会（如纺织总工会、五金业总工会、烟厂总工会、车工总工会、市政总工会、饮食业总工会、印刷总工会、邮电总工会等）。武汉工人运动的勃发，一般流氓讼棍及反动分子，常欲混迹其中，或把持工会，或借名敲诈，或煽起斗殴，武汉工人群众受其蹂躏者实有其人。工人群众应一致起来，纯洁自己的组织，铲除流氓讼棍！拒绝一切反动分子！对于全省各县的工会关系，全省总工会应改进关系，告知各县，工人组织工会须按照中华全国总工会所颁布的《各县或独立市工会组织法大纲》组织之。总工会并应加派特派员到各县指导工作，尤应注意大冶、宜昌、沙市、武穴、广水、咸宁、应城、蒲圻等县的工作。

1 月 5 日晚 9 时许，刘少奇出席了由国民党湖北省党部、汉口特别市党部在江汉路普海春饭店（今扬子江饭店）三楼举行的有 400 余人参加的出席全省总工会第一次代表大会代表的招待会。会上，不少代表即兴发言，刘少奇也发表了热烈赞扬工人阶级革命行动的演讲。他斩钉截铁地说道：

党部同志及工人同站在革命战线上，所以我们要站住立脚点。立脚点是什么？

就是解除一切束缚,完成革命。

工人革命有很光荣的历史,适才已经有许多同志说过,现在虽然解除了一部分的束缚,但是还有帝国主义者及未打倒的军阀,仍然向我们进攻。我们还是准备我们的头颅、我们的血,往前奋斗。

此外尚有三点,须就此申说:(一)欲完成革命,必须先解除农民的束缚。农民的束缚是什么?就是帝国主义反动派及一切封建势力的基础。打破这个基础,农民就得解放,生产力即随之增进,工商利益俱可进步。到此,革命就能成功。我们应当联合力量,共谋此种共同利益。(二)就是英租界英人屠杀同胞事件,现在英人自知理屈,英租界就让我们接收,从这个观察,我们看得出来,英人已经无统治英租界能力。在先英恃其横蛮,屠杀同胞,我们为人道计,对英不能不死力反抗。现在英租界既已让出,就是我国民政府统治下之地域了。我们同胞,特别是工人们,应当恪守秩序,帮助政府维持英租界治安,由此可以表现我民众运动,是有秩序的有意义的了。(三)就是根据中央党部、国民政府联席会议决议案,于一月内召集全省省民会议,要求克期完成,并要求工人代表参加,帮助政府解决一切困难问题云云。……

在谈及社会上一些人，包括国民党的一些右派势力人物对工人运动的种种责难时,刘少奇说道:

不过此次湖北工人运动,社会或许有一部分人不明了,致不满意,我当特别提出说明。大家要知道,武汉工人共有30万,工会300余个,而总工会之成立仅有三月有余,规模如此之大,时间如此短促,欲其尽善尽美,我们自己也知道难以做到。但是半年或一年之后,工人受有相当训练,其能为良好而忠实的革命者。刻下即有差处,应要求社会原谅,切不要抑制工人运动,致阻革命力量。

《汉口民国日报》于1月9日刊登刘少奇的演说并加评论说:“刘氏演说最为切实。”

在夺回汉口英租界的胜利捷报声中，湖北全省总工会第一次代表大会顺利进行。1月9日,刘少奇向大会作关于修改工会章程的报告。报告明确规定工会的主要任务是:发展全省工人的组织,统一工会运动,并整理工会之组织。

10日上午,大会通过了关于总工会委员会、会务问题、组织问题、宣传及教育问题、经济斗争、纠察队、工农联合等27项决议案,其中一部分决议案是由刘少奇起草的。大会根据报告作出的《组织问题决议案》指出:工人运动的蓬勃发展,要求各级工会给以正确的指导。武汉各工会及省总工会目前最重要的工作,是如何使工会在群众中建立稳固的基础。为此，每个工会要有一个真正的经常的工人代表会，要有很严密的基本组织。决议还指出，今后，要使武汉工会的组织完全统一起来，需赶快组织各产业总工会；在产业及职业上性质相近之工会应合并组织，并使每个工会都加入其性质相近的总工会；改组各不合组织法的工会；集中工会的经济，各支部及分会不可单独支配工会经济。《决议案》对建立工会代表会、组织工会支部、成立产业工会、改组不合组织法的工会、帮助各县组织工会等，均作出具体规定。对流氓讼棍控制的工会，要采取坚决措施进行改良或改组。大会通过的《全省总工会章程》规定："全省总工会以团结全省工人，图谋全省工人福利为宗旨。本会之职任是发展全省工人的组织，保障工人利益，为增进工人之知识技能而组织职业教育、通俗教育、劳工教育、讲演班、图书馆、俱乐部等。"大会通过的《经济斗争决议案》《女工童工问题决议案》《为停业及歇业工人问题决议案》，确定工会应为工人争得最低工资 13 元，工作时间不超过 10 小时，特别工作时间最高不超过 12 小时，每星期应休息 1 日，按劳动成绩分配红利奖金。在对工人辞就的问题上，对停业歇业而失业的工人，要求资方视情况付给相应的救济金。在女工童工的保护问题上，明确提出争取女工、童工每周工作时间不超过 48 小时，禁止使用 12 岁以下的童工，不得使用女工、童工做夜工及危害身体的工作；女工每月应有连续 3 日的休假，分娩前后得休息 8 个星期，均应照付工资。大会通过的《工会经济问题决议案》，对工会会费标准、征收办法、会费使用、财务手续等均有明确规定。

下午 3 时，湖北全省总工会第一次代表大会在华商总会礼堂举行闭幕式，到会代表 300 余人，来宾数十人。李立三报告选举结果，并致闭幕词。向忠发、刘少奇、李立三、林育南、项英、许白昊等 35 人当选为执行委员，9 人当选为候补委员。

时任湖北全省总工会秘书处书记的曾昭美，曾这样回忆全省第一次代表大会闭幕式的情景："代表大会开了 10 余天，我们在少奇同志的领导下作了很多工作，在选举会的这一天，我又被选为唱票员，记得少奇同志的票数最多，其次是李立三，再其次是向忠发。选举毕，在华商总会(今汉口江汉二路 157 号)大门，代表们与少奇、立三等领导同志一起拍照留影。在大会闭幕这一天，我们由饮食代表团招待伙食，在进餐前，少奇同志又要我到老圃集体照转像留影。当时少奇同志非常高兴，来回细致地安排了位置后，他与立三同志蹲在前列正中才开始拍照。"[①]

---

① 曾昭美 1958 年采访录(内部资料，未刊稿)，现存武汉工人运动博物馆(筹)。

1月11日，刘少奇出席全省总工会执行委员会第一次会议。会议选举向忠发为总工会委员长，李立三、刘少奇、许白昊、林育南、周兆秋、项英、朱菊和、张计储为常务委员，刘少奇为秘书长，项英为组织主任，林育南为宣传主任，李立三为交际主任，许白昊为财政主任兼经济争议委员会主任，向忠发为裁判委员会主任，秦怡君为女工运动委员会主任，徐如为童工运动委员会主任，朱菊和为纠察队总队长。刘少奇同时担任总工会党团书记。

湖北全省总工会第一次代表大会纪念章

大会闭幕时发表了《湖北全省总工会第一次代表大会宣言》(以下简称《宣言》)。《宣言》回顾了湖北工人运动的光荣历史，特别针对当前社会上质疑工人运动的议论，旗帜鲜明地表明了立场和态度。《宣言》指出：

自省总工会成立以来，罢工运动澎湃一时，少数厂主、店东因之不安，帝国主义者及反革命派更乘机挑拨离间，而罢工之目的，都是工人要求减轻不可忍耐的痛苦，少数厂主、店东不安，是由于轻视工人之固有观念所误，帝国主义者与反革命派行挑拨阴谋，乃欲引起社会对于工人运动的厌恶，其目的不只破坏工人运动，尤在于分离革命势力。事实是，罢工之发生，不但不是出于工人领袖的故意鼓动而成，更无人能强迫其停止罢工；因工人的要求，实在是关系到工人的生存而迫不及待。

《宣言》阐明了工人阶级的历史责任，指出工人阶级深知在目前对帝国主义、军阀及反动势力的紧迫争斗中，客观上自身痛苦的减轻只能达到最低限度，而工人阶级欲达到较多的解放，亦必须工人阶级组织日渐巩固，而组织的巩固又须获得充分自由；自由尤须有保障，故须先打倒摧毁自由的敌人，摧毁自由的敌人即为帝国主义者、军阀及一切反动势力，亦即全体民众的公敌。在此打倒全体民众公敌的奋斗中，工人阶级准备与农民、中下商人、革命军人、知识分子等共同进行；因奋斗而即便牺牲生命，亦在所不惜。

湖北全省总工会第一次代表大会的胜利召开，是民众力量蓬勃生长的表现和结果。大会总结、部署了新阶段全省工会的各项工作，揭开了湖北工人运动新篇章，标志着湖北省工人运动发展的高潮已经到来。工人运动及与此紧密相联系的农民运动的蓬勃发展,成为北伐战争和国民革命取得更大胜利的重要支柱和基础。如果说,这次大会之前,湖北工人阶级的斗争是以经济斗争为主的话,那么,以这次会议为转折,则由经济斗争为主转入以政治斗争为主了。

4. 指导各级工会重要会议

1927 年的汉口血花世界(即民众乐园),是武汉各界举行政治活动的重要场所

1927 年 2 月 11 日,中华全国总工会从广州迁往武汉办公。身兼全国总工会秘书长、湖北全省总工会秘书长两职于一身的刘少奇工作更加繁忙。他要召集和出席各种会议,发表演讲,指导一些基层工会组织的罢工和复工,还要起草工会的各种文件等,夙兴夜寐,日理万机。

——指导成立中华全国邮务总工会。1927 年初,在刘少奇的直接领导下,在全国总工会驻汉口办事处内设立了由广东、湖南、湖北派代表组成的中华全国邮务总工会筹备处,具体工作是组织筹备成立全国邮务总工会,为收回邮政管理权、改善邮政工人生活而斗争。1 月 18 日,南宁邮务工会发起成立了广西邮务总工会筹备处;1 月 30 日,江西邮务总工会成立;2 月 2 日,陕西邮务总工会成立;2 月 8 日,西川邮务总工会成立;3 月 6 日,浙江邮务总工会成立;3 月 7 日,武汉国民政府交通部下令解除饶略(法国人)的邮务长职务,派中国人施忠存接任。

各地邮务总工会的成立和举行的各项活动,让刘少奇看到了成立中华全国邮务总工会的时机已经成熟,于是倡议召开中华全国邮务总工会第一次代表大会。3 月 6 日,李立三、刘少奇出席了中华全国总工会和湖北全省总工会为欢迎全国邮务总工会代表及全国电报工人代表而举行的宴会,并分别致欢迎词。

3 月 7 日至 18 日,中华全国邮务总工会第一次代表大会在汉口举行。出席大会的有广东、湖南、湖北等 10 个邮区的代表 54 人。全总副委员长项英,全总党团书记、组织部长李立三和全总秘书长刘少奇分别作了报告。刘少奇作为中华全国总工会特派驻会指导员，一直参加并指导了这次大会。大会通过了《工作计划决议案》，选出中华全国邮务总工会执行委员 19 人，广东的伍天德当选为主席。这次会议标志着中国邮政工人运动开始脱离以往那种自发、分散的状态，步入了有工人阶级先进政党领导、有明确政治目标的新的历史阶段。

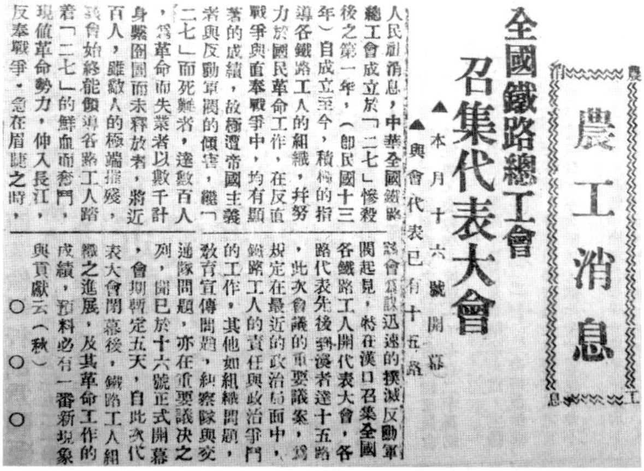
農工消息

全國鐵路總工會召集代表大會

▲本月十六號開幕

▲與會代表已有十五路

人民社消息，中華全國鐵路總工會成立於「二七」慘殺後之第一年，（即民國十三年）自成立至今，積極的指導各鐵路工人的組織，并努力於國民革命工作，在反直戰爭與直奉戰爭中，均有顯著的成績，故極遭帝國主義者與反動軍閥的傾害，繼「二七」而死難者，達數百人，爲革命而失業者以數千計，身繫囹圄而未釋放者，將近百人，雖敵人的極端摧殘，我會始終能領導各路工人踏着「二七」的鮮血而奮鬥，現值革命勢力，伸入長江，反奉戰爭，急在眉睫之時，路會爲謀迅速的撲滅反動軍閥起見，特在漢口召集全國各鐵路工人開代表大會，各路代表先後到漢者達十五路，此次會議的重要議案，爲規定在最近的政治局面中，鐵路工人的責任與政治爭鬥的工作，其他如組織問題，教育宣傳問題，糾察隊與交通隊問題，亦在重要議決之列，聞已於十六號正式開幕，會期暫定五天，自此次代表大會閉幕後，鐵路工人組織之進展，及其革命工作的成績，預料必有一番新現象與貢獻云（秋）

○○○

2 月 14 日，刘少奇出席全国铁路总工会代表会筹备会议的报道

在中华全国邮务总工会的领导下，1927 年 3 月，杭州邮务总工会揭露邮务长杜达（英籍印度人）布置各邮局收集北伐军活动的情况，发动了一次驱逐杜达、收回邮权的斗争。四一二反革命政变后，他们顶住压力，坚持斗争，迫使交通部裁退了杜达。不久，西川邮区总工会邀请成都许多单位的代表召开仲裁会议，裁定将对邮工收回邮权斗争极为仇视的代邮务长儒福立（法国人）职务交给副邮务长马文志。不久，邮政总局任命马文志为邮务长①。

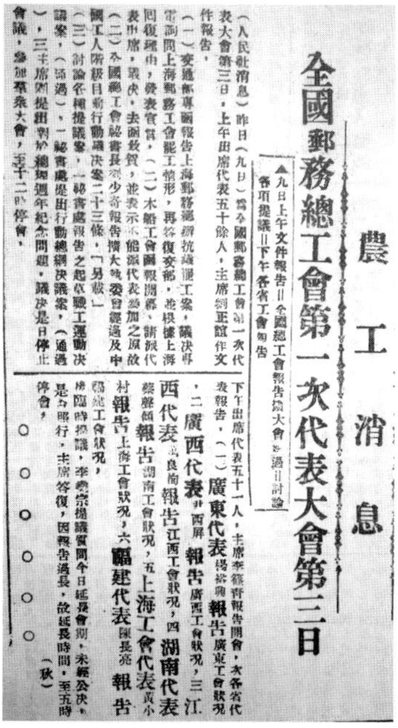
農工消息

全國郵務總工會第一次代表大會第三日

▲九日上午文件報告＝全國總工會報告擴大會議經過＝討論各項提議＝下午各省工會報告

（人民社消息）昨日（九日）爲全國郵務總工會第一次代表大會第三日，上午出席代表五十餘人，主席劉正誼作文件報告，（一）交通部專函報告上海郵務總罷工案，議決專電詢問上海郵務工會罷工情形，再答復交部，並根據上海回復理由，發表宣言，（二）木船工會函報開幕，請派代表出席，議決，去函致賀，並表示不能派代表參加之原故，（二）全國總工會秘書長劉少奇報告擴大執委會經過及中國工人階級目前行動議決案二十三條，「另載」（三）討論各種提議案，一秘書處報告之起草職工運動決議案，（通過），一秘書處提出行動總綱決議案，（通過），三主席團提出對於總理週年紀念問題，議決是日停止會議，參加羣衆大會，至十二時停會，

下午出席代表五十一人，主席李德齊報告開會，次各省代表報告，（一）廣東代表楊殷興報告廣東工會狀況，二廣西代表廿西屏報告廣西工會狀況，三江西代表張良甸報告江西工會狀況，四湖南代表蔡聲儀報告湖南工會狀況，五上海工會代表黃小村報告上海工會狀況，六福建代表陳長亮報告福建工會狀況，席臨時提議，李德宗提議質問今日延長會期，未經公決，是否照行，主席答復，因報告過長，故延長時間，至五時停會，（秋）

○○○○○○

在 3 月 9 日召开的全国邮务总工会第一次代表会议上，刘少奇代表全总报告执委扩大会议经过及中国工人阶级目前行动决议案

——代表全总和省总主持会议发表演说。1 月 22 日，刘少奇代表湖北全省总工会出席武汉市总工会第二次代表大会，报告了湖北全省总工会第一次代表大会的经过及决议案。他指出：这次大会取得了很好的成绩，讨论了许多重要议题，纠正了以往的错误。他对下一步武汉市总工会的工作提出了四点意见：(1)要组织产业总工会；(2)性质相近的工会要合并；(3)各工会经

① 引自《中国邮政工人斗争大事记》。

济要集中;(4)不合法的工会要改良或改组。

2月23日,刘少奇主持湖北全省总工会召开的有1500余人参加的大会,声援上海工人为反对英军派兵来华及反对军阀孙传芳的压迫而举行的罢工。刘少奇首先报告了开会的意义,李立三通报了上海工人总罢工的经过。会议议决:(1)各工会一致拍电援助;(2)代表大会拍电援助;(3)各工会各工友一致服从总工会命令,准备最后行动。

28日上午10时,在刘少奇等人的指挥下,中华全国总工会一声号令,各地工会一致响应举行一小时的全国总罢工,抗议和反对英帝国主义派兵干涉中国革命。

省總工會通令
各工會舉行反英罷工
●奉全國總工會令轉知全省各工會
於二十八日罷工一小時

（人民社消息）全國總工會擴大執委會，二十日在老圃開第一次會議，當議決於二十八日全國總罷工一小時，表示一致反英，並通令各省總會，充分準備，屆時舉行，消息已誌本報，茲湖北省總工會執委長向忠發接奉前令後，於二十二日分命所屬各工會遵行照辦，原文如下：

湖北全省總工會命令第一號，頃奉中華全國總工會擴大執行委員會命令第一號內開，本擴大執行委員會議議決，二月二十八日上午十時，全國總罷工一小時，反對英兵來華等語，自應轉飭所屬各工會，領導所有工人，到時全體一致行動，並須廣為宣傳，將命令製成標語登報，幷印貼各工廠店鋪街市，幷將辦理情形，參加罷工人數，電復，此令等因奉此，自應遵令執行，仰各工會事先充分預備，妥為佈置，無任電燈，自來水，交通，工廠，店鋪，碼頭等各工人，到二月二十八日上午十時，均須一致總罷工一小時，全體停止工作，各工人於罷工後，均在工作地點，集合講演，唱革命歌，并高呼，「反對英兵來華」「打倒英帝國主義」「服從全國總工會命令」等口號，到二十八日上午十一時，一律散會，回復工作，前後不得差誤分刻，各工會並須多製標語，分貼各處，每工廠每店鋪門首，務必貼全國總工會命令一張，並須派遣糾察隊維持秩序，罷工完畢，即將情形及參加人數具報本會，此舉關係我工人階級的革命的紀律甚大，仰各工會一體遵行，毋得違誤，切切此令，（秋）

2月24日《汉口民国日报》关于湖北全省总工会关于响应全总2月28日举行全国反英总罢工的报道

参加这次全国总罢工的有7个省,200多万工人。其中以湖北、湖南、广东等工人运动基础最好的省份罢工人数最多,队伍最整齐。武汉30万工人接到全国总工会和湖北全省总工会命令后一致行动。该日上午10时,火车、轮渡上的汽笛及工厂的汽笛一齐鸣放。听到汽笛声,各工厂、商店、码头一律停工,车辆船舶停驶,电闸关闭,自来水断流,行人立于街市,农夫挑物进城者停于道旁。全国其他城市也是同样情景,充分体现了中国工人阶级团结一致和坚决反帝的爱国主义热情。

3月10日,刘少奇在武昌中山大学主持由中华全国总工会和湖北省全省总工会为欢迎湖北全省农民代表大会代表和河南武装农民代表大会代表而举行的欢宴会。刘少奇在致词中满怀深情地说:

我们工农的痛苦是一样的,这次代表大会讨论出具体计划,打倒你们的敌人,即我们的敌人。我们今天特来预祝你们的胜利。你们是受地主的压迫,我们也受厂主的压迫,所以你们的要求,是耕地农有,我们的要求是工厂工有,我们应该联合起来,以达到此目的(大鼓掌)。我们联合的方式:第一,你们在乡村努力打你们的敌人,我们在城市努力打我们的敌人,如果你们的敌人跑到城里来,我们的敌人敢下乡村去,我们应该视这些人为共同的敌人,不分彼此的打倒他。第二,军队是我们农工养活的军队，要拥护我们的利益，如果军队拥护我们的利益，我们可做运输，做侦探，尽可能的去帮助它；不能这样，我们工友农友要极力的破坏它，并准备力量将它打倒。第三，我们都是一家，都是兄弟，如果发生误会，或相互间有不相融的地方，应报告上级机关好好的解决，不可生出意见。在此谨代表全国总工会及湖北三十万有组织工友敬各位代表一杯酒①。

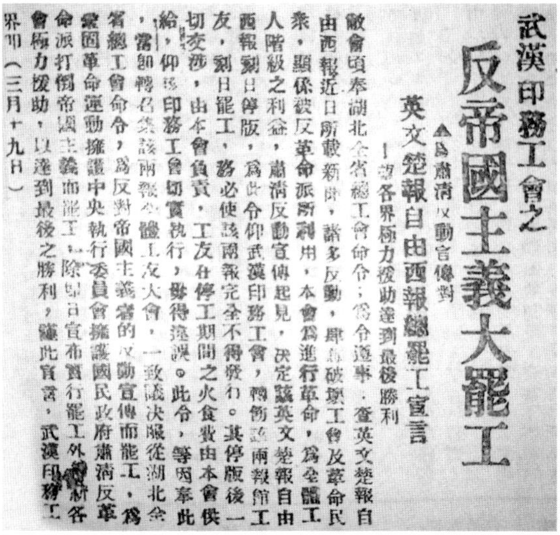
武漢印務工會之
反帝國主義大罷工
為肅清反動宣傳對
英文楚報自由西報總罷工宣言
—望各界極力援助達到最後勝利

敝會頃奉湖北全省總工會命令；爲令遵事．查英文楚報自由西報近日所載新聞，諸多反動，肆意破壞工會及革命民衆，顯係被反革命派所利用，本會爲進行革命，爲全體工人階級之利益，肅清反動宣傳起見，決定該英文楚報自由西報剋日停版，爲此令仰武漢印務工會，轉飭該兩報館工友，剋日罷工，務必使該兩報完全不得發行。其停版後一切交涉，由本會負責，工友在停工期間之火食費由本會供給，仰該印務工會切實執行，毋得違誤。此令，等因奉此，當即轉召集該兩報全體工友大會，一致議決服從湖北全省總工會命令，爲反對帝國主義者的反動宣傳而罷工，爲黨國革命運動擁護中央執行委員會擁護國民政府肅清反革命派打倒帝國主義而罷工，除即日宣布實行罷工外，特懇各會極力援助，以達到最後之勝利，謹此宣言，武漢印務工界叩（三月十九日）

在刘少奇的支持下，武汉印务工会于 3 月 20 日举行反帝罢工。图为罢工报道

3 月 19 日，英帝国主义指使汉口出版的英文《楚报》和《自由西报》明目张胆地刊登大量攻击中国革命的文章，进行反革命宣传，污蔑武汉的工人运动。为了对帝国主义的新进攻进行反击，在刘少奇的直接领导下，武汉印务工会组织工人举行反帝大罢工。自罢工之日起，两报一概停止印刷和出版。罢工很快取得成功，迫使资方撤换了报纸的主编，表示不再登载反革命言论。25 日，刘少奇在出席武汉印务工会举行的各机关团体代表招待会上，代表湖北全省总工会发表演说，表示支持武汉印刷工人举行的反帝罢工，认为这次罢工与上海政治罢工有同样的意义和价值。他指出：工人阶级是实际奋斗之领导者，站在一切知识阶级之前。帝国主义侵略和压迫中国的方法，分硬软两种。硬即炮舰政策，软即教堂、学校、报纸宣传等等来麻痹离间中国人。英文《楚报》《自由西报》极力奖励赣州、九江反动派的行为，挑拨革命战线之分歧，实较炮舰政策为尤凶，当国民问用何法对待，该两报工友即举行罢工，使两报无形停版。总工会对诸工友的奋斗牺牲精神非常敬佩，敬祝工友们取得最后胜利。

5 月 15 日下午，刘少奇代表湖北全省总工会、王荷波代表中华全国铁路总工会出席有 250 人参加的京汉铁路江岸工会改选大会，并发表演说。刘少奇在演讲中指出：京汉铁路江岸工会第二次改选大会的召开，意义非常重大。这次选举，必须选

---

①《汉口民国日报》1927 年 3 月 11 日。

出很忠实而颇有才干的同志来担当重大责任，才能为工人谋利益，除痛苦。现在旧军阀尚未打倒，新军阀蒋介石又产生，我们更应当继续“二七”精神起来奋斗，巩固革命新根据地。

5月31日上午，汉阳兵工厂工会为民二罢工①中梁汉生、黄士显二烈士牺牲14周年举行纪念会，刘少奇和李立三专程从汉口赶到汉阳厂区参加。纪念会推举黄五一、周宝璜、胡锡泰等15人组成主席团。首先由黄五一报告开会的意义：1.检阅过去工作的优点以鼓励前进，缺点以纠正改善；2.报告梁、黄二烈士死难略历，希望各工友继续烈士的精神奋斗；3.庆祝北伐胜利，用我们的革命精神，勉励前方将士；4.庆祝劳工部长苏兆征就职。李立三代表全国总工会、刘少奇代表湖北全省总工会先后发表演说。他们在演说中说道：梁、黄二烈士是革命的先驱，在民国初年革命空气沉闷、反动势力弥漫的环境中，烈士能奋不顾身，将自己的头颅，换阶级的利益，这种伟大的牺牲奋斗的精神，打破以往沉闷的社会，提醒被压迫阶级的觉悟，跟着烈士奋斗精神的还有安源罢工、二七流血、五卅运动、省港罢工，以至最近武汉的克复，二次北伐的胜利，这样伟大的成功。我们饮水思源，都是在先烈的影响之下造成的，都是先烈的精神，都是先烈的头颅换来的，我们要谋被压迫阶级最后的解放，还要继承烈士的精神，踏着烈士的血迹，向前奋斗。在现在军事发展中，需要军械子弹很多，希望各工友努力增加生产，尽量供给械弹，促成北伐成功。会议最后决议5项：(1)为梁、黄二烈士建筑纪念碑，以垂永久。(2)搜集二烈士死难略历，编印成册，以广流传。(3)抚恤烈士家属。(4)从6月起，工会会员每人纳会费每月一元。(5)会员须尽量捐助衣被救护前敌战事。

……

在刘少奇、林育南等人领导下，湖北全省总工会的宣传工作做得非常出色。在各级工会组织中一共建立了300多个工人宣传队，有1300多名宣传队员向广大民众进行各种宣传和政治鼓动。另外，省总工会定期出版《工人导报》《工人画报》和印发各种标语、传单达200多万份，其中许多重要文章都经过刘少奇亲自审阅、定稿。

① 1913年（民国二年）初，汉阳兵工厂厂长刘庆恩用跌价的纸币发工资，剥削工人。工厂推选5名代表，向厂方交涉，要求按照市价折发工资。刘不但不满足工人的要求，反将工人代表扣押，激起了全体工人公愤。2月4日，全场工人罢工，数千工人乘船前往武昌，向湖北都督黎元洪请愿，黎元洪拒绝接见工人，还给工人扣上“结党暴动，殴辱长官”的罪名，派兵镇压，将工人代表梁汉生、黄士显二人杀害，把人头挂在门口威吓工人。这次罢工斗争，对全国早期工人运动具有很大影响。因为该罢工发生在民国二年，因而也被称之为民二罢工。

由于工人群众的阶级觉悟得到提高，促进了工人运动高潮的到来，同时也为在工人群众中发展党的组织创造了十分有利的条件。

在湖北全省总工会党团书记刘少奇的领导下，各级工会普遍建立了党的组织，使之成为工人运动中的领导核心。在这期间，刘少奇通过武装骨干、教育群众和加强工会组织中党的建设，进一步发展和壮大了湖北工人阶级队伍。

刘少奇在担任全总、省总秘书长期间的主要工作之一，就是主持和出席工会的和其他方面的重要会议，其中全总、省总工会及其党团的许多重要会议又多是晚上召开。有时开会到深夜，他就和工会干部一起就地而眠。特别是汉口一三惨案、四三惨案、夏斗寅叛乱等事件发生时，他总在省总工会通夜值班，随时听取汇报和处理问题，刘少奇就是这样不知疲倦地工作着。

工作中的刘少奇，平易近人，团结同志。有时他在省总工会正伏案办公，有人找他请示汇报和研究工作，他便放下手中的笔纸，和来人亲切交谈。这不仅是因为刘少奇为人谦逊，还因为他长期注重党性修养，形成了民主作风。他在《工会代表会》中写道："工会的权力不是集中在个人身上"，"各会员在一事未决议以前，均可自由的发表意见"。无论是个别交谈还是召集会议，他总是耐心地倾听对方意见，让别人把话说完，自己再发表意见，循循善诱、集思广益的处理问题，并且注意从实际出发，实事求是，善于抓住主要问题分析和解决矛盾。他对同志们既诚恳相待，又坚持原则。当时向警予也在武汉工作，每有文牍往还，他必称向为"予姐"，自称"奇弟"。他注意在斗争实践中培养教育青年党员，委以重任，例如将青年党员黄五一从省总工会派往汉阳兵工厂工会当指导员。黄五一在刘少奇的教育和影响下，很快成为党的得力干部，后来在省总工会转入地下斗争时期担负领导工作，为革命英勇献身。

刘少奇生活简朴，严格要求自己。他是中国工运最早领导人之一，但他不因职位高和对革命贡献大而有丝毫的特殊。正如他在《工会经济问题》一文中指出的："领袖是为群众谋利益牺牲自己的"，"作事比一切人多，拿钱比一切人少，这才是工人的真正领袖。"刘少奇是这样说的，也是这样做的。在武汉工作时，他穿着简朴，或是青蓝色布的中山服，或是灰布长衫，或是蓝色的工人装，戴一顶普通的鸭舌帽，踏一双旧了的牛皮鞋，衣着整洁大方。他居住的尚德里那栋二层楼房里，还住着省工会的其他领导同志，几个人在一个锅里吃饭。刘少奇办公也是和秘书处的工作人员在一个房间里。1926 年武汉的冬天有时冷得出奇，他的办公室内有壁炉，但他不让烧，说"花费大，不要浪费工人同志的钱，就烧火盆"。当年生活在他身边的工作人员曾这样回忆说："少奇同志可会生火了，而广州来的几位同志却不大会生，老是生不着。少奇同志说：'火炭要放在上面嘛！'他把板炭一条条架好，把烧红的火炭往下一放，吹几吹就着了，他笑着说'这也得学习呀。'就着这盆火，他起草文件，接待工人代表，大家在这房里又温暖，又热乎，又亲切。……有时他忙得连饭也顾不上吃，同志们就给他买来他喜欢吃的豆皮，装在饭盒里，烤在火盆上，有一次烤焦了，他才停下笔来。"①"他为了工作总是弄得废寝忘食，不顾自己。收回英租界时，少奇同志和工人冒着大雨游行，回来全身都湿透了，他的内衣都扭得出水来，于是就和工人同志一起围着火盆烤湿了的衣衫……可是还没烤几分钟，连袖口还未烤干他就忙工作去了，大家劝都劝不住。"②刘少奇在武汉时期的衣、食、住、行是这样的简单、普通，而他工作起来总是不顾个人的一切。

对曾经战斗工作过的汉口友益街湖北全省总工会的那幢楼房，刘少奇怀有特殊的感情。1958 年 4 月上旬，他来湖北视察工作，下榻汉口江汉饭店。4 月 12 日，他在临回北京之前的那天下午抽空寻访旧踪。在 31 年前战斗工作过的那幢楼房里，他从一楼看到三楼，又回到二楼，仔细看了他当年办公的地方，并向身边的同志愉快地回忆起那段紧张的生活。他还走进了卫生间，笑着说："武汉离不开两盆：火盆、澡盆。我来时不久每天烤火，走的时候就得每天洗澡了。"陪同的人说："当年在您领导下工作的老同志还记得和您一块儿烤火的情景。"刘少奇说："是啊，我们永远不要忘了过去，没有当年的奋斗，没有烈士的牺牲，哪有今天的好生活啊。"

5. 迎接中华全国总工会迁汉

1926 年 10 月中华全国总工会汉口办事处成立后，苏兆征、邓中夏、李森等仍留在广东，主持全国总工会的工作。1927 年 1 月 3 日，苏兆征在广州主持全总第四次执委会议，邓中夏等人认为：鉴于武汉地区成了新的革命中心，全国总工会继续驻在广州，不能适应北伐后国民革命形势发展的需要。于是经过全体执委研究，会议决定全总机关北迁武汉，以更好地指导全国工人运动。1 月 9 日，中华全国总工会通知湖北全省总工会：全总准备由广州迁到汉口。刘少奇等领导的湖北全省总工会立即回电表示欢迎，并积极准备全总的迁汉工作。

---

① 钟静：《心中屹立的大厦》，《长江日报》1980 年 5 月 18 日。
② 曾昭美 1958 年采访录（未刊稿），现存武汉工人运动博物馆（筹）。

2月11日，中华全国总工会从广州迁至武汉，办公地点设在汉口歆生路（今江汉路）义成里原华扬旅馆内，原驻汉口办事处随即撤销。为此，中华全国总工会郑重发表《迁鄂通电》，阐明迁鄂原因。《通电》说：“现在，革命重心转至武汉。长江各省工人之一切奋斗，影响中国革命前途至为巨大。本会为欲指挥灵便，使工人阶级更勇敢参加革命而表现其更伟大的势力，特由广州迁到武汉，自后更当领导全国工人与全国各界同胞，努力奋斗，以求革命之速成与民族的阶级的永远解放。”

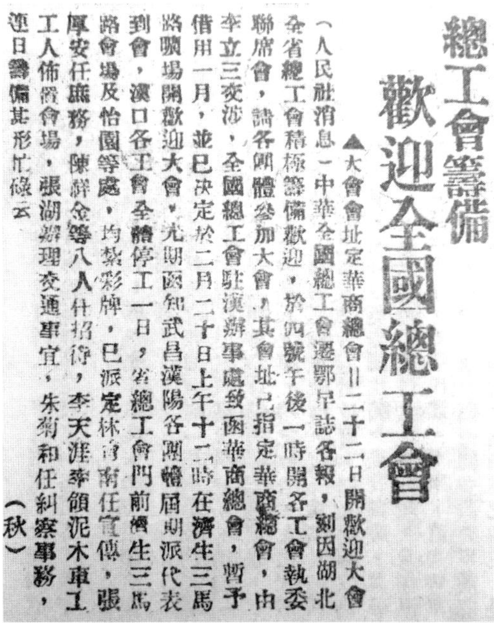

總工會籌備
歡迎全國總工會

▲大會會址定華商總會＝二十二日開歡迎大會

（人民社消息）中華全國總工會遷鄂早誌各報，茲因湖北全省總工會精極籌備歡迎，於四號午後一時開各工會執委聯席會，請各團體參加大會，其會址已指定華商總會，由李立三交涉，全國總工會駐漢辦事處致函華商總會，暫予借用一月，並已決定於二月二十日上午十二時在濟生三馬路跑場開歡迎大會，先期函知武昌漢陽各團體屆期派代表到會，漢口各工會全體停工一日，省總工會門前濟生三馬路會場及怡園等處，均紮彩牌，已派定林育南任宣傳，張厚安任庶務，陳群金等八人任招待，李天涯率領泥木車工工人佈置會場，張湖辦理交通事宜，朱菊和任糾察事務，連日籌備甚形忙碌云（秋）

2月上旬，湖北全省总工会积极筹备欢迎全国总工会迁鄂的报道

为迎接中华全国总工会迁汉，在刘少奇的主持下，湖北全省总工会发布了《告全体工人书》。文中指出：“全国总工会随革命环境的需要而迁到湖北，这是与国民政府迁鄂的意义一样，表示革命的势力，已到中国的中心，革命势力已成为全国的中心势力了。全国总工会既迁到全国的中心地，自然，此后更能用力的领导全国工人运动，尤其亲切的指导我们湖北工人运动。”

汉口中华全国总工会旧址

2月19日，湖北全省总工会召开第四次执委会，会议议题之一是决定2月24日召开欢迎全国总工会由粤迁鄂的群众大会。

2月20日，中华全国总工会在汉口老圃西舞台召开迁鄂后的首次执行委员扩大会议。刘少奇和全总执委及各地代表50余人出席会议。会议确定:在全总常委会委员未到齐之前,由朱少连、项英、刘少奇、李立三和新选举的委员申耀、邓少山组成临时常委会,负责日常工作。因委员长苏兆征一时尚不能离开广州,大会选举李立三代理委员长,刘少奇为秘书长,袁大时为组织部长,邓中夏为宣传部长。会议历时一周,通过了《全国工人阶级目前行动总纲》等30多个决议案。《全国工人阶级目前行动纲领》明确提出了16条行动纲领,主要内容是:反对一切帝国主义向中国武装进攻;反对一切与帝国主义及军阀等妥协之倾向,彻底完成国民革命;反对代表封建势力之个人专政及军事独裁,拥护一切民主革命势力之斗争;拥护国民政府继续北伐,肃清一切军阀;拥护农民一切反封建势力及获得土地权之斗争等。《总纲》虽有过高过急的革命要求,但它的制定和公布非常及时,对统一武汉工人运动的步伐,加强各地工运的宏观指导具有积极意义。会议还决定:第四次全国劳动大会、太平洋劳动会议于5月1日在汉口举行。届时将邀请赤色职工国际、美国职工联合会以及澳洲、爪哇(今印度尼西亚)、菲律宾、印度、南洋群岛各地工会派代表来华参加。会议还确定,全国总工会在广州设办事处,由李启汉任主任。此时,在中华全国总工会的领导下,全国工会已经拥有会员约289万人。中国工人运动的发展,不仅有了全国的总组织,而且在赤色职工国际组织中发挥了积极的作用。

中华全国总工会委员长、武汉国民政府劳工部部长苏兆征

3月10日,国民党二届三中全会在武汉召开。会议通过了《统一革命势力决议案》,决定:国共两党共同指导工农运动,由共产党派出一些负责人,参加国民政府。3月13日,中共中央发表《对时局的宣言》,表示“完全赞助武汉的国民党中央”,决定派自己的党员加入国民政府。不日,即确定派谭平山任国民政府农政部长、苏兆征任劳工部长。

3月30日晚,中华全国总工会委员长苏兆征和他陪同的由11人组成的国际工人代表团在考察华南工人运动后,乘船到达汉口码头,受到了李立三、刘少奇率领的全国总工会及武汉各团体代表400多人的热烈欢迎。

4月3日,在湖北全省总工会领导下,武汉

工农商学兵各界 50 万人在汉口济生三马路(今汉口自治街民意三路)宽阔的空坪上举行盛大的群众集会，欢迎全总委员长苏兆征从广州抵达武汉就任国民政府劳工部长。担任大会总主席的刘少奇在大会上发表欢迎词。刘少奇说：

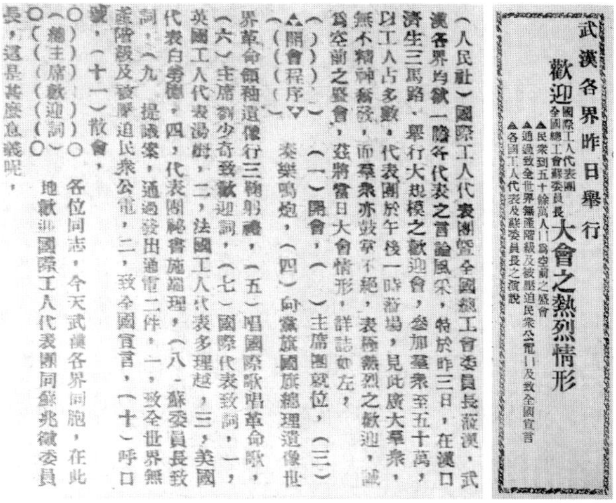
武漢各界昨日舉行
歡迎國際工人代表團全國總工會蘇委員長大會之熱烈情形
▲民衆到五十餘萬人▲為空前之盛會
▲通過致全世界無產階級及被壓迫民衆公電二及致全國宣言
▲各國工人代表及蘇委員長之演說

（人民社）國際工人代表團暨全國總工會委員長蒞漢，武漢各界均欲一瞻各代表之言論風采，特於昨三日，在漢口濟生三馬路，舉行大規模之歡迎會，參加羣衆至五十萬，以工人占多數，代表團於午後一時蒞場，見此廣大羣衆，無不精神振發，而羣衆亦鼓掌不絕，表極熱烈之歡迎，誠為空前之盛會，茲將當日大會情形，詳誌如左，

▲開會程序▽

（一）開會，（二）主席團就位，（三）奏樂鳴炮，（四）向黨旗國旗總理遺像世界革命領袖遺像行三鞠躬禮，（五）唱國際歌唱革命歌，（六）主席劉少奇致歡迎詞，（七）國際代表致詞，一，英國工人代表湯姆，二，法國工人代表多理越，三，美國代表白勞德，四，代表團秘書施溺理，（八）蘇委員長致詞，（九）提議案，通過發出通電二件，一，致全世界無產階級及被壓迫民衆公電，二，致全國宣言，（十）呼口號，（十一）散會，

○（總）（主）（席）（歡）（迎）（詞）○

各位同志，今天武漢各界同胞，在此地歡迎國際工人代表團同蘇兆徵委員長，這是甚麼意義呢，

4 月 3 日，武汉各界举行大会，欢迎国际工人代表团和全国总工会委员长苏兆征，大会总主席刘少奇发表激情洋溢的致辞

苏兆征同志是一个海员工人，有着很长的革命的历史和丰富的经验。他指导了伟大的省港罢工，坚持了 10 余月之久，与帝国主义直接奋斗，并且指导全国工人运动，与帝国主义、军阀及一切反革命斗争。这次到武汉来，指导全国的工人运动，特别是指导武汉的工人运动，所以我们武汉的工人，应该特别热烈地欢迎他。同时，他是国民政府的劳工部长，是代表无产阶级利益去参加政府的，我们要欢迎我们的领袖，代表我们的利益去奋斗。

全总迁汉后，在苏兆征、李立三、刘少奇等人的领导下，武汉地区乃至湖北全省的工会组织发展更加迅猛。截至 5 月份，湖北全省产业、行业和市县工会组织发展达到 376 个(包括 77 个总工会、229 个工会、70 个分会)，工会会员发展到 51 万多人，占全省 80 万工人总数的 63%，占全国 289 万工会会员总数的 1/6，成为全国工会会员人数最多的地区之一。工人俱乐部、工人补习学校、子弟班、妇女班、工运讲习所，均有较大发展。到 6 月底，仅工人俱乐部和工人学校全省就有二三百个。

这一时期，中华全国铁路总工会等全国产业工会也迁到武汉或在汉开展工作，武汉再次成为全国工人运动的中心。

第五章　发动武汉人民开展反蒋斗争

1. 撰文悼念陈赞贤

1926年底北伐战争在长江流域取得的胜利，给帝国主义及其走狗北洋军阀以沉重打击。为了维护在中国的反动统治，受到革命威胁而并不甘心失败的帝国主义列强，一方面不断使用武力干涉中国革命，纷纷增兵中国，造成武力威胁中国革命的严重局势；一方面极力分化革命阵营，扶植以蒋介石为代表的国民党新军阀作为其在华利益的新代理人。南方革命阵营内部的矛盾冲突进一步凸显。

1927年初，国民革命中的一股逆流由隐蔽走向公开。蒋介石擅自改变国民政府迁都武汉的既定方针，声称首都应该建在前线，建在总司令部的所在地，自行决定改都南昌，并且将部分中央委员及国民政府委员滞留南昌。在这一企图因武汉方面的坚决反对而未能得逞后，蒋介石又在江西、安徽、江苏等北伐军占领的地区制造了一连串限制、镇压工农革命运动的事件，公开走向了与工农革命力量为敌的反共道路。这一系列的镇压事件中，最先发生的是触目惊心的江西省赣州总工会委员长陈赞贤[①]惨遭杀害事件。

3月的赣南，天空乌云翻滚，恶风怒号。国民党右派的屠刀在共产党人和工农大众的头上寒光闪闪。3月6日晚，全国总工会特派员、江西省总工会副委员长、赣州总工会委员长陈赞贤正在赣州总工会召集全县基层工会负责人开会。突然，国民革命军新编一师政治部秘书胡启儒来到会场，自称"奉倪党代表令，请陈委员长去县公署开会。"胡启儒拉住陈赞贤的手，将其带出会议室。埋伏在外的士兵一拥而

---

① 陈赞贤(1896–1927)，江西南康人。1925年加入中国共产党。在家乡领导人民进行反帝反军阀的斗争。1926年被党组织派往国民革命军第二军第五师政治部任宣传科长。1926年7月北伐战争开始时，奉命到江西赣州领导工农运动，任中共赣州特别支部书记。11月，当选为赣州总工会委员长，发动全县工人开展以增加工资、改善待遇、实行八小时工作制为中心内容的斗争。1927年2月，参加江西省第一次工人代表大会，被选为省总工会副委员长。1927年3月6日，惨遭国民党反动军队的杀害。

上，将陈押解到县公署。

在县公署大厅，蒋介石的亲信、国民革命军新编第一师党代表兼政治部主任倪弼，以及赣州县县长郭巩、新任国民党江西省党部特派员贺其桑等早已等在那里。

倪弼厉声质问：“你是奉谁的命令到赣州办工会的？知不知罪？”

陈赞贤理直气壮地回答：“我是奉中华全国总工会的委派，来赣州办工会的。我从事工人运动，为工人大众谋利益，我做的一切事情，都是为了国民革命事业，根本没有什么错。你们欺压民众，破坏革命，才是犯了滔天大罪。”

倪弼限令陈赞贤三分钟之内，在“解散赣州总工会”的布告上签字，陈断然拒绝。

倪弼拿出蒋介石“解散赣州总工会，严惩委员长”的手令，厉声说道：“蒋总司令有命令，不签字，今晚就枪毙你。”

陈赞贤想借机脱身，就说：“既然蒋总司令有令，那我也得回去同工人商量才行……”正当陈转身时，胡启儒和倪弼的副官陆剑鸣就开枪了。

陈赞贤中弹不倒，向倪弼猛扑过去。倪弼、郭巩、贺其桑等一齐向陈开枪射击，陈赞贤身中18弹，壮烈牺牲。

全國總工會反對
贛州駐軍槍殺工人
江西政局反動之具體表現
（本報特訊）
師，槍斃贛州總工會執行委員長陳贊賢
黨代表倪弼摧殘工人
贛州工人
所摧殘之贛州總工會執行委員長陳贊賢，
檢查郵電，禁止工人一切行動
之摧殘工人運動
閥明軍閥所不恐為
國民革命軍中
中華全國總工會叩元。

1927年3月6日，《汉口民国日报》关于江西赣州总工会委员长陈赞贤被残酷杀害的报道

陈赞贤是被蒋介石亲自派到赣州的倪弼杀害的，而倪弼又是奉蒋介石亲手写的“解散赣州总工会，严惩委员长”的密令杀人的。蒋介石首先拿陈赞贤开刀，是因为陈所领导的赣州工人运动非常出色，令平日欺压工人的不法资本家和大商人闻风丧胆，纷纷向蒋介石告状求助，蒋介石既已公开倒向大地主大资产阶级一边，他也就无须掩饰其反对工农革命的本来面目了。

陈赞贤是由中华全国总工会秘书长刘少奇亲自派到赣州办工会的。刘少奇对这件事印象十分深刻。

1926 年 7 月，国民革命誓师北伐，中华全国总工会动员和组织省港罢工工人支援北伐，同时对在北伐军即将到达之地大力发展工人运动也作了部署。这时，正在广东南雄县担任总工会委员长和国民党县党部常务委员的陈赞贤特地赶到广州，找到全总秘书长刘少奇，自告奋勇要求到江西去开展工人运动，为北伐进军江西准备。

陈赞贤说："现在国民政府北伐，江西的工人没有工会组织，请全国总工会派我回江西，先到赣州去秘密组织工会。将来一方面在战争上可以帮助国民革命军，一方面在工会组织公开时就已有了基础。"

刘少奇见这位青年工会骨干如此热情积极，而且能舍去现任委员长职务去江西做秘密工作，十分敬佩。他知道陈赞贤是江西南康人，曾在家乡办教育多年，1925 年加入中国共产党并投身到广东这个革命运动的中心从事工会工作。现在，国民革命运动正在由南向北发展，对赣州情况比较熟悉的陈赞贤的要求正符合形势发展的迫切需要。

于是，刘少奇委派他到江西赣州工作。

陈赞贤回到江西后，于 10 月正式领导赣州工运工作，被选为赣州总工会筹备主任。赣州位于江西南部，现代工业很少，大部分为手工业工人。他首先发动织袜、缝纫、泥木工、铁工、金银首饰业、钱庄业、洋货业等手工业工人和店员组织基层工会，一个多月便成立了 56 个基层工会，拥有会员 2 万多人。

11 月，北伐军攻占南昌、九江，江西战场胜局已定。陈赞贤首先在赣州响应北伐军的进军，工人运动由秘密走向公开。11 月初，赣州总工会成立，陈赞贤被选为委员长。在陈的领导下，赣州钱庄业、洋货业等各系统的工会罢工和各行业公会的联合罢工一个接一个爆发了。赣州农民协会也领导农民积极开展减租减息等反封建的斗争。

平日贪赃枉法的地主豪绅、不法资本家惶惶如丧家之犬。正当他们无计可施的时候，蒋介石把倪弼派到赣州，地主资产阶级如同盼到救星一样高兴。资本家投其所好，一下便给了倪弼数万元贿赂款，作为见面礼。

倪弼上有尚方宝剑，下有地主、资本家支持，于是心领神会。1927 年 1 月 26 日夜，倪弼派兵包围赣州总工会，当晚没有抓到陈赞贤，于是下了一道通缉令，继续追捕。

陈赞贤脱险后，赶赴南昌参加江西省第一次工人代表大会，在会上报告了倪弼镇压赣州工人运动的情况，全体代表对此十分气愤。

鉴于倪弼在赣州公然围捕通缉工运领袖的不法行为，国民革命军新编一师二团党代表、共产党人段洁等200余名军官联名向蒋介石告状，要求查办。赣州多个基层工会推举11名代表组成请愿团，向蒋请愿，要求惩办倪弼。国民革命军总政治部副主任郭沫若在南昌接见请愿团，下令倪弼不得干涉赣州工人运动，同时提议将倪弼调离一师。中华全国总工会得悉赣州情况后，也多次致电南昌总司令部，敦促总司令查办倪弼。

江西省第一次工人代表大会发出通电说："驻赣国民革命军新编第一师党代表倪弼压迫工人，摧毁工会，拘捕并通缉工会负责人，派兵驻守邮局电报局，情况甚为严重。国民党及国民政府以保护工农为职志，今竟有此种违背总理主义政策之行为，实属非法，本会代表全省工友，敦请政府从速接受赣州工人之正当要求……"

但就在这次江西省工人代表大会期间和请愿团在南昌请愿时，蒋介石却一面应允将倪弼调离；一面却暗中接见他，下达了解散赣州总工会、严惩委员长陈赞贤的密令。

江西省工人代表大会结束以后，陈赞贤不顾个人安危，毅然回到赣州。3月1日，为迎接这位工会委员长重返赣州，3万多工人、学生和农民举行隆重欢迎大会和游行示威活动。

仅仅五天以后，陈赞贤便血洒国民政府统辖下的赣州县公署堂堂皇皇的议事大厅。

惨案发生后，赣州工人立即赴南昌上告，要求严惩凶手，恢复赣州总工会；江西省总工会、省农协、学联纷纷发表宣言，要求惩办倪弼。

3月7日，赣州总工会领导全市人民实行总同盟罢工3天。赣州工人组织了200多人的"请愿代表团"，分赴南昌、武汉两地请愿。陈赞贤的被害，激起了全国人民的无比愤慨。全国各地的工农大众、革命团体掀起了声讨国民党右派的浪潮。

但是，身在南昌的蒋介石并没有收手。从杀害陈赞贤的枪声响起，在蒋介石指使和纵容下，一连串的反革命事件发生了。3月14日，国民党江西省党部组织一批暴徒解散了由左派掌握的国民党南昌市党部。3月16日，蒋介石到达九江，次日九江惨案发生，国民党右派势力搜罗一批打手捣毁了国民党九江市党部、市总工会和农民协会，打死 6 人。3 月 20 日，蒋介石从九江抵达安庆。23 日，一伙暴徒捣毁了国民党安徽省临时省党部、省总工会、省农协、省妇女协会等组织。

刘少奇在武汉得到陈赞贤被惨杀的噩耗，立即以全国总工会的名义，于 3 月 13 日向国民党中央执行委员会、国民政府、各省党部、各省政府和各民众团体转全国同胞，发出《为赣州驻军枪杀赣州总工会委员长陈赞贤事件通电》。《通电》指出："江西赣州等地，压迫工人事实，已屡次发现。昨更有国民革命军暂编第一师，枪毙赣州总工会执行委员长陈赞贤之骇人听闻事发生。敝会经于本日致电南昌蒋总司令文曰：前据赣州各工会代表团呈报，赣州暂编第一师党代表倪弼摧残工人一案，敝会业经函请贵部及江西政务委员会查办此案。但事隔数月，未篆复示，正深疑虑，复以当此革命军事紧张时期，为顾全革命利益起见，曾经一度严令赣州工人，忍辱含痛，静候解决。不仅一波未平，一波继起。顷据赣州工人请愿团来会面称，自倪党代表无故摧残工人事件发生后，我赣州工人，怒不可遏，本拟与摧残工人之反动分子，反抗到底。然体敝会之指示，忍辱含痛，未曾稍有表示。但该反动分子倪弼，又复纵使商民，惨杀工人 10 余人，并拘捕童长馨等 4 人于警厅，迄今未放。更复出其骇人听闻之手段，将我赣州数万工人所拥戴之赣州总工会执行委员长陈赞贤，逮捕枪毙，并检查邮电，禁止工人一切活动，赣州数万革命民众，顿陷入白色恐怖之境。敝会闻之，不胜惊骇。窃以贵部为革命最高指挥机关，而赣州又近在咫尺，此种开明军阀所不忍为之摧残工人运动情事，竟至再至三，前后一贯的发生于贵部所辖且近在咫尺之赣州，此真令敝会百思而不得其解者。敝会为革命前途利益计，特电请贵部严行查办。""望全国同胞，一致愤起力争，以救革命危机，不胜待命之至！"①

中华全国总工会发出通电后，江西省总工会成立了陈赞贤惨案委员会，中共中央机关刊物《向导》及全国进步报刊都发表了陈赞贤被害真相的文章；武汉三镇举行了 40 万人的追悼陈赞贤烈士的大会；南昌市数万工人、农民、学生和赣州工人"请愿代表团"一起，高举陈赞贤烈士的血衣，举行了追悼大会和游行示威，"为烈士报仇""严惩杀人凶手"等口号声，响彻南昌城。江西的吉安、九江、遂川和湖北阳新等地的工农民众都举行了追悼大会。

3 月 26 日，在武汉国民党中央举办的中央农民运动讲习所，举行了追悼阳新、

---

①《全国总工会为赣州驻军枪杀赣州总工会委员长陈赞贤事件通电》，《汉口民国日报》1927 年 3 月 14 日。

赣州死难烈士大会，毛泽东在会上痛斥了蒋介石反革命的行径，指出：“在革命势力的范围内，竟不断地演出惨杀农工的事实，由此可证明封建的残余势力，正准备着秣马厉兵，向我们作最后的挣扎啊！从今日起，我们要下一决心，向那些反动分子势力进攻，务期达到真正目的。”①

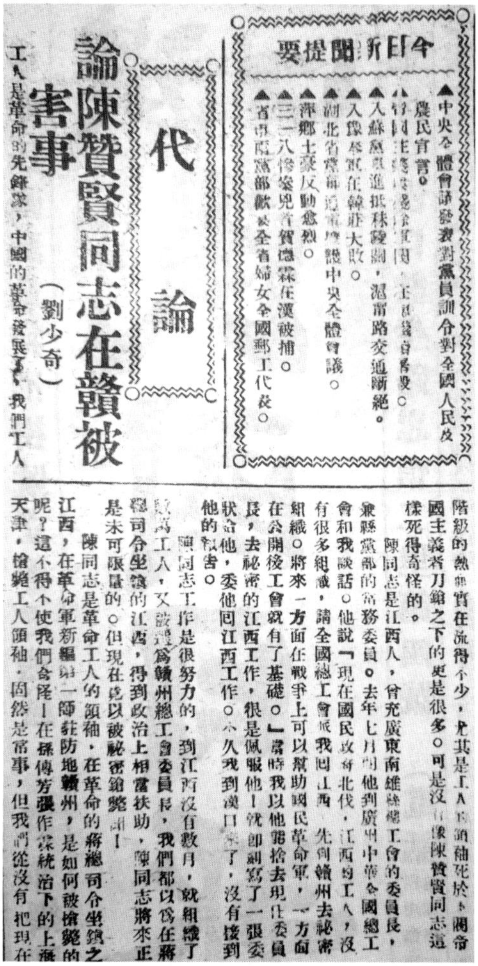
今日新聞提要
▲中央全體會議發表對黨員訓令對全國人民及農民宣言。
▲入蘇[illegible]進抵秣陵關，滬甯路交通斷絕。
▲入豫奉軍在韓莊大敗。
▲萍鄉土豪反動愈烈。
▲三一八慘案兇首賀德霖在漢被捕。

代論
論陳贊賢同志在贛被害事
（劉少奇）

工人是革命的先鋒隊，中國的革命發展了，我們工人階級的熱血實在流得不少，尤其是工人的領袖死於帝國主義者刀鎗之下的更是很多。可是沒有像陳贊賢同志這樣死得奇怪的。

陳同志是江西人，曾充廣東南雄縣總工會的委員長，兼縣黨部的常務委員。去年七月間他到廣州中華全國總工會和我談話。他說「現在國民政府北伐，江西的工人沒有很多組織，請全國總工會派我回江西先到贛州去秘密組織。將來一方面在戰爭上可以幫助國民革命軍，一方面在公開後工會就有了基礎。」當時我以他能捨去現任委員長，去秘密的江西工作，很是佩服他！就即刻寫了一張委狀給他，委他回江西工作。不久我到漢口來了，沒有接到他的報告。

陳同志工作是很努力的，到江西沒有數月，就組織了數萬工人，又被選為贛州總工會委員長，我們都以為在蔣總司令坐鎮的江西，得到政治上相當扶助，陳同志將來正是未可限量的。但現在竟以被秘密鎗斃聞！

陳同志是革命工人的領袖，在革命的蔣總司令坐鎮之江西，在革命軍新編第一師駐防地贛州，是如何被鎗斃的呢？這不得不使我們奇怪！在孫傳芳張作霖統治下的上海天津，鎗斃工人領袖，固然是常事，但我們從沒有把現在

3 月 17 日，《汉口民国日报》刊载的刘少奇《论陈赞贤同志在赣被害事》

针对蒋介石发出的反共信号，刘少奇撰写了《论陈赞贤同志在赣被害事》一文，愤怒谴责蒋介石对反动派惨杀工农的指使纵容和倒行逆施，交《汉口民国日报》于 3 月 17 日发表。

刘少奇在文中写道：

中国革命发展了，我们工人阶级的血实在流得不少，尤其是工人的领袖死于军阀帝国主义的刀枪之下的更是很多，可是没有像陈赞贤同志这样死得奇怪的……

陈同志是革命工人的领袖，在革命的蒋总司令坐镇之江西，在革命军新编第一师驻防地赣州，是如何被枪毙的呢？这不得不使我们奇怪！在孙传芳、张作霖统治下的上海、天津，枪毙工人领袖，固然是常事，但我们从来没有把现在的江西放在上海、天津同一感觉之下，如今事实上的表现，去不得不改变我们对于江西前此的观念了。

他一针见血地指出：

查陈同志完全是死于反革命封建军官之手。这些反革命的军官，在江西拼命分裂工人的组织，勾结旧封建势力，压迫真正工人的运动，枪毙陈赞贤就是反动派最

---

①《中央农民运动讲习所追悼阳新、赣州死难烈士的详情》，《汉口民国日报》1927 年 3 月 31 日。

猛烈的进攻。

现在江西反动派十分猖獗,已经在总司令的面前有军官枪毙工会委员长,这件事的发生,值得国民政府及全国革命民众严重注意。蒋总司令如果没有改变他此前拥护工农拥护民众利益的主张,断不能纵容一班反动派如此凶横残杀工人领袖。应该采取断然的手段,枪毙凶手,肃清一切反动派,保护真正工人的工会,并从优抚恤死者。如其不然,那我们不能不怀疑现在的总司令所坐镇的江西了。

刘少奇最后又指明了对于这一严重事件必须采取的果断措施和坚决态度。他说:

建筑在革命民众上面的国民政府,对于这件事实的发生,应实行其最高威权,严令江西当局肃清一切反动派。同时并应用政府自行解决的办法。

全国所有革命团体及革命民众应该认为江西这事件的发生,是摧残革命,是革命战线内反革命的开始,大家应一致起来奋斗,督促政府及党部肃清一切反动派,并竭力援助江西的革命民众,务必达到国民革命之完全成功。

刘少奇《论陈赞贤同志在赣被害事》一文,是当时国内较早谴责蒋介石,提醒共产党人和工农群众擦亮眼睛,警惕蒋介石更大阴谋的文章,体现了其坚定鲜明的立场、大无畏的勇气和洞察时事的先见之明。

在全国人民的怒吼声中,蒋介石为了欺骗社会舆论,同意赣州工人"请愿代表团"提出的条件,用登报的方式下了个将倪弼"免职查办"的命令,倪弼得此"命令",立即闻风而逃。

3 月 29 日,赣州各界民众,开始在明伦堂公祭陈赞贤烈士。4 月 2 日,赣州 5 万多工人、农民、学生和其他劳动者在体育场举行了盛大的追悼大会。会上宣读了《追悼陈赞贤烈士宣言》,会后举行了声势浩大的送殡仪式,将烈士的灵柩送回南康安葬。

3 月 31 日,目睹蒋介石一手制造九江惨案和安庆惨案的国民革命军总政治部副主任郭沫若,发表了《请看今日之蒋介石》的著名檄文。文章说:"蒋介石已经不是我们国民革命军的总司令。蒋介石是流氓地痞、土豪劣绅、贪官污吏、卖国军阀所有一切反动派——反革命势力的中心力量了。他的总司令部,就是反革命的大本营,就是惨杀民众的大屠场。他自己已经变成了一个比吴佩孚、孙传芳、张作霖、张宗昌等还要凶顽,还要狠毒,还要狡狯的刽子手。"他一针见血地指出:"蒋介石就是背叛国家、背叛民众、背叛革命的罪魁祸首。"号召革命的人民起来"打倒他,消灭他,宣布他的死罪。”①

刘少奇的一篇悼文，揭露蒋介石发出反共第一枪的赣州事件之实质；郭沫若的一篇檄文，声讨蒋介石接连镇压工农运动的反革命罪行。两文异曲同工，振聋发聩，引导和推动了全国广大民众的反蒋斗争。

2. 领导武汉工人声讨蒋介石

4月12日凌晨，在蒋介石的指使下，进驻上海的国民革命军第二十六军在一伙青红帮流氓分子的配合下，以突然袭击的方式，分割包围了上海工人纠察队，收缴了全部武装。

13日上午，上海总工会在闸北青云路广场召开群众大会抗议蒋介石镇压工人运动，要求释放被捕工人，还发所收缴工人纠察队枪支。到会工人和市民达10万人。当会后举行游行示威的队伍行进至宝山路时，早已埋伏在这里的第二十六军士兵接到上级命令，突然用机枪扫射，当场打死百余人，伤者不计其数。

上海工人的鲜血染红了黄浦滩头。

蒋介石在镇压上海工人革命运动以后，于4月18日在南京另行成立国民政府，与武汉国民政府分庭抗礼。在此前后，江苏、浙江、安徽、福建、广东、广西等省连续发生大规模搜捕和屠杀共产党员和革命群众的事件。4月15日凌晨，留守在广东的国民革命军总参谋长兼第四军军长李济深，调动大批军队，突然包围中华全国总工会驻广州办事处、省港罢工委员会、工人纠察队总部，以及各系统行业总工会等200余个单位，大肆逮捕和枪杀工人领袖和革命骨干，制造了四一五惨案，一周内即有百余名革命志士被杀害。与刘少奇并肩战斗多年的著名工运领袖李启汉、刘尔崧等优秀共产党员壮烈牺牲。4月16日，国民党军队在汕头实行屠杀，逮捕共产党员和工会干部100余人，工农群众团体全部被封闭。中共广东区委领导的总工会及革命群众团体被迫转入秘密斗争。阎锡山在山西、刘湘在四川也纷纷进行“清党”。北方的奉系军阀也捕杀大批共产党员和革命群众。张作霖命令军警在北京逮捕了中国共产党的创始人、中国最早的马克思主义者李大钊。4月28日，李大钊等20名共产党人和进步人士从容走上绞刑台，英勇就义。

---

① 郭沫若:《请看今日之蒋介石》，引自中国人民大学:《第一次国内革命战争时期的统一战线》，中国人民大学出版社1956年版。

大革命风云突变，革命者血沃中华。蒋介石等新旧军阀对共产党人和革命群众的血腥屠杀，激起了武汉工人阶级和全国人民的无比愤慨，武汉地区掀起了声势浩大的讨蒋运动。

由苏兆征、李立三、刘少奇、林育南、项英等人领导的中华全国总工会和湖北全省总工会，站在了反蒋斗争的最前列。

4 月 17 日，刘少奇等人领导的湖北全省总工会即发出《讨蒋通电》，列举了蒋介石镇压工人运动、强行解散工人武装纠察队、破坏孙中山三大政策等六大罪状，指出“蒋介石之反叛行为，在革命观点上为反革命，全国革命民众人人皆得而诛之；在党的纪律下为叛党，应即请中央开除其党籍，撤职惩办”。湖北全省总工会“谨率湖北全省 40 余万有组织工人，誓死为诸同志后盾。打倒帝国主义军阀，打倒反革命派，打倒新军阀蒋介石！”[1]武汉店员总工会、武汉泥木总工会、武汉木船总工会、汉口华界人力车工会及大冶总工会，也纷纷通电斥责蒋介石。

中央軍政學校各期學生
昨日舉行討蔣大會
▲在武昌閱馬廠舉行——到會羣衆三十餘萬——一致高呼打倒叛黨的蔣介石及其工具——將蔣逆工具楊引之陳紹平遊行示衆——不啻宣布蔣逆死刑
（本報特訊）中央軍政校各期學生討蔣大會，昨日上午在閱馬場舉行，九句鐘後各界羣衆及團體代表即紛紛湧到會場，軍校學生全體參加，各軍兵士到者亦不少，計團體四十餘，羣衆三十餘萬人，十一時蔣逆工具楊引之陳紹平解至會場，羣衆擁前聚觀，並衝奪欲擊，乃將其押至台上，置於台後，以衛士看守之，十二時宣布開會，行禮如儀後，由主席蔣先雲報告開會理由，略謂蔣介石自去年三月二十以後，叛逆日著，民衆已經認得很清楚，我們以前是他認為很親愛的學生，兄弟從前曾担任他的秘書，所以他的罪狀，我們都能切實的證明，他的手段，比張作霖吳佩孚還厲害，他是封建勢力的領袖，他的革，是假革命，是反革

4 月 17 日，武汉各界数十万群众在武昌阅马场 举行讨蒋大会。图为会议报道

4 月下旬，劳动童子团举行了一次声讨蒋介石四一二反革命政变的示威大会，到会的有近万名童子团员。他们穿着一色的草绿上装，脖子上系着红布巾，右手将一根漆成红色的木棍托在肩上，左手整齐地摆动着，步调一致，歌声嘹亮，讨伐蒋介石的口号激愤有力，直冲苍穹。湖北全省总工会秘书长刘少奇、共青团湖北省委书记贺昌均在大会上讲了话。大会通过了讨伐蒋介石的通电，显示了武汉地区少年儿童在大革命浪潮中的进步与成长。

5 月 15 日，湖北全省总工会发表巩固北伐武装工友宣传大纲。大纲指出：“敌人用枪炮毫不客气的打杀我们，我们自应用革命的武装势力去回答敌人。革命的武装是什么？就是我们全体工友武装起来。”

---

① 《汉口民国日报》1927 年 4 月 17 日。

是年 4 月，何宝珍生下了她与刘少奇的第二个孩子，起名为爱琴[①]，夫妻俩唤她为爱儿。爱儿的呱呱落地给父母带来的是欢乐，也是忧愁和无奈。这一时期革命形势的逆转，使他们的工作更加紧张。爱儿刚刚满月，何宝珍就坚决要求出来工作。党组织考虑到何宝珍刚生孩子，做机关工作较适宜，加之她机警灵活，未暴露身份，便经吴玉章介绍，将她安排到武汉国民党中央组织部收发管理文件，兼做联络工作[②]。她利用工作岗位之便，将得到的国民党的内部信息及时向中央党组织报告。何宝珍的这条消息渠道，也使刘少奇能够及时掌握国民党中央的最新动态，洞悉武汉的政治局势，更好地领导湖北全省工人运动。

---

① 刘爱琴(1926—2020)，女，原籍湖南宁乡，1927 年 4 月生于武汉。七一五反革命政变后，何宝珍为了转移，将其交给汉口一工人家庭抚养。1938 年由中共组织在汉口找到后送回延安。1939 年和哥哥刘允斌一起赴苏联，入莫斯科莫尼诺国际儿童院学习。1941 年苏联卫国战争爆发后参加红军后备军。1946 年考入莫斯科通讯技术学校。1949 年回国后在北京师范大学附属女子中学工作。后考入中国人民大学计划系。1953 年分配到国家计委综合局工作。1966 年加入中国共产党。“文化大革命”中受到迫害，1979 年得以平反。先后在河北师范大学、北京中国人民警官大学担任俄语教师、副教授。

② 李琳琳：《何宝珍传》，江苏人民出版社 2016 年版，第 116 页。

第六章　当选中共中央委员

1. 出席中共第五次全国代表大会

武汉因其重要的地理位置和区位优势，多次成为中国近代历史上的风云际会之地。在国民政府从广州迁到武汉前后，中共中央也决定将中央机关由上海迁移武汉。

1927 年的武汉又一次成为世人瞩目的全国革命中心。

从 1926 年 9 月开始，中共中央就陆续抽调干部加强武汉工作，委派第四届中央委员、中央局成员张国焘为驻汉代表，将毛泽东、项英、恽代英、李立三、刘少奇、张太雷、瞿秋白等重要干部先后派往武汉。他们与在汉的董必武、陈潭秋等共产党人会合在一起，领导湖北武汉及周边省区的革命斗争，使北伐军占领的湘、鄂、赣地区的工农运动及反帝斗争持续高涨。1927 年 4 月初，第四届中央委员蔡和森、谭平山、彭述之亦陆续到达武汉。留在上海的中共中央委员只剩下陈独秀一人。

在此前后，原在上海的中共中央秘书厅、中央组织部、中央宣传部、中央工委、中央军委等部门陆续迁往武汉。

中共中央机关设在汉口四民街 61 号（今胜利街 163 号、165 号），中共中央政治局常委在此开会、办公，中共中央秘书厅所属的文书、发行等部门亦设在此地。

紧邻中央机关的一幢三层灰色洋楼，是国民革命军第八军军长唐生智的公馆。

在大革命运动中，中国共产党扩大了在全国人民中的影响。北伐战争后期，党的队伍如雨后春笋般蓬勃发展，成为“群众性的党”。1927 年 4 月，党员已由党的四大召开时不足 1000 人发展到近 5.8 万人。与此同时，工会会员发展到 280 万人，农会会员 972 万人，共青团员 3.5 万人。

中国共产党领导力量在武汉的集中，有利于更好地领导蓬勃兴起的革命运动，同时也便于在武汉召开党的第五次全国代表大会。

筹备召开中共五大一事，从 1926 年即开始进行了。1927 年 4 月 4 日至 20 日，为迅速推进中共五大的筹备工作，在汉的中共中央执行委员会委员、中共湖北区委委员、共产国际代表举行联席会议，决定以联席会议作为党的临时领导机构，选举瞿秋白、谭平山、张国焘任常务委员会委员；同时决定由瞿秋白和毛泽东主持的农民运动委员会、由李立三负责的职工运动委员会和由张国焘负责的组织委员会，为中共五大准备会议材料。联席会议还决定致电上海催促陈独秀速来武汉，以中央名义发电报通知各地区派代表来武汉开会。

4 月 16 日或 17 日，中共中央总书记陈独秀来到武汉，主持召开了 18 日和 20 日的联席会议。4 月 22 日至 26 日期间，中央全会在汉召开，讨论确定了五次大会的议事日程、中央委员会向大会的报告以及大会各委员会、秘书处的名单。相关工作部门也完成了会议文件起草、印制和会址选定、会场布置等一系列工作。至此，中共五大筹备工作基本就绪。

北方、广东、湖南、湖北、江西、安徽、江浙（上海区委）、河南、山东、山西、四川 11 个省区的代表团成员在 4 月中下旬陆续到达武汉。

中共五大是在共产国际的帮助指导下召开的。从确定召开五大，到何时何地召开、参加人数、议事日程，再到大会纲领的起草、各项决议原则的确定，无一不是在共产国际参与指导下完成的。

1927 年 1 月 19 日，共产国际执委会政治书记处正式任命罗易、维经斯基和多里奥为共产国际执委会出席中共五大代表团成员，并给他们发出指示，正式确定了代表大会的日程、遵循的原则和需要讨论的问题。不久，联共（布）中央政治局会议决定拨款 9000 卢布，作为代表团活动经费。此后直至中共五大召开，共产国际执委会和联共（布）书记处又多次召开会议研究召开中共五大相关事宜。会前，共产国际又发来指示，要求中共五大的一切政治决议“都完全应以共产国际执委会第七次扩大全会关于中国问题的决议为依据”。

罗易一行于 2 月初启程，取道海参崴抵达广州，随后经长沙等地于 4 月 2 日到达武汉。同行的有谭平山、蔡和森等中共中央委员。

1927 年 4 月的武汉，春意盎然，和风惠畅。但党的五大召开时的政治形势却因蒋介石的背叛而显得十分严峻。

四一二反革命政变使中国政治风云突变，造成革命联合战线内部的巨大变动与分化，大革命遭到局部失败。国内局势迅速逆转，出现武汉、南京、北京三个政权对峙局面。这时的武汉政府虽然还是革命政府，但已发生动摇，其内部情况日趋复杂,各种矛盾和危机相互交织,分化瓦解开始加剧。年幼的中国共产党正面临着极为复杂险恶的形势和前所未有的考验。就在这种革命处于严重危机的紧急形势下,中国共产党于 1927 年 4 月 27 日至 5 月 9 日在武汉召开了第五次全国代表大会。

这无疑是中国共产党历史上的一次重要会议，是中国共产党探索中国革命道路艰难历程中的一个重要环节。

中共五大会址位于武昌都府堤 20 号，原为 1918 年建成的一座新式学堂——国立武昌高等师范附属小学。1926 年北伐军攻克武汉不久后,国立武昌高等师范附小改名武昌第一小学。

国立武昌高等师范附小是中共湖北组织的早期活动据点。从 1922 年起,武汉共产主义运动的先驱陈潭秋即在此居住,并与董必武等人常在这里召开会议,从事秘密活动。它对面的一栋典型的晚清风格民居——都府堤 41 号,是 1927 年毛泽东一家居住的地方。东面不远是 1905 年张之洞创办的武昌北路高等小学堂,1927 年初湖北省政务委员会将其拨作国民党中央农民运动讲习所的校舍。

在都府堤这条今天看似宁静的普通小街上,20 世纪 20 年代中期却弥漫着风雷激荡的历史烟云。

1927 年 4 月 27 日,100 多名中国共产党的高层领导人和各地代表聚集一堂,中国共产党第五次全国代表大会开幕式在这里举行。

这天上午,武昌第一小学显得比平日热闹得多。共产党员、新任校长王觉新西装革履,满面笑容,站在学校西洋牌楼式样的大门口迎接四方宾朋。

今天走进这所学校里的并非学生或家长，而是在中国现代历史上名声显赫的中共要人——陈独秀、瞿秋白、张国焘、蔡和森、谭平山等中共第四届中央委员和毛泽东、彭湃、李维汉、李立三、邓中夏、张太雷、恽代英、方志敏、王荷波、杨匏安、向警予等各方代表云集于此,为这所普通的小学增添了耀眼的历史光彩。

刘少奇是从汉口坐轮渡过江,在武昌汉阳门码头上岸的。他沿着中华路左拐进都府堤,来到五大会场,看到了那么多他熟悉的同志和朋友。

中共五大开幕式会场设在武昌第一小学的风雨操场。两三百平方米左右的面积,可容纳 200 余人。刘少奇走进会场,一种庄严神圣感油然而生。

会场主席台正中从上到下依次悬挂着马克思、列宁和孙中山的画像,既表明中国共产党人是马克思主义的忠实信徒,也体现了国共合作的时代特征。那时,中共党内还没有产生自己的深孚众望、能够挂“标准像”的领袖。两边墙上张贴着很长的红标语，大都是“资产阶级背叛革命后一切革命势力团结在无产阶级周围”，“坚决的领导农民斗争”一类的口号。

中共五大时全党党员人数与1925年1月四大时相比，增加了57倍多。参加大会的82位代表，代表全国57967名党员。这是建党6年以来规模最大的一次党代会。

中共五大代表中，由上海、湖南、湖北、广东等各省区选举的代表占了较大比例。

中国共产党第五次全国代表大会主席台

另有19名是第四届中央委员会成员和中央各机构领导人。

其中还有12名是各部门和各系统负责人。身为中华全国总工会秘书长的刘少奇就是其中的一位。中共中央秘书部主任王若飞、全国铁路总工会宣传部主任李涤生、中央军委秘书长王一飞等人应该都是以各主要部门和工作系统代表这样的身份而出席会议的。

除了共产党人以外，出席五大开幕式的有苏联驻中国高等政治顾问鲍罗廷、受斯大林指派刚来中国不久的共产国际驻中国首席代表罗易、曾来华帮助中国共产党建党的共产国际远东局代表魏金斯基、共产国际代表团成员多里奥，赤色职工总书记洛佐夫斯基、联共(布)宣传工作者代表团成员米夫以及来自英、法、美等国共产党的代表。他们当中的几位成员，由当时在中共中央宣传部工作的郑超麟陪同，从汉口乘船在武昌汉阳门码头上岸后，坐上有中国特色的黄包车直驱会场。

国民党要人谭延闿、徐谦、宋子文应邀到会，这是第一次有国民党人参加中国共产党的代表大会。

由于有世界多国共产党代表和中国国民党代表的参加，因而有学者认为，五大是迄今为止中共历史上开放程度最高的一次全国代表大会。

10时许，中国共产党第五次代表大会开幕式正式举行。开幕式由陈独秀主持。

他身穿浅咖西装走上主席台，宣布中国共产党第五次代表大会开幕。全场顿时掌声雷动。

武昌第一小学响起雄壮的国际歌声。

大会嘉宾云集，盛况空前，开幕式隆重而热烈。陈独秀代表中共中央致开幕词后，共产国际代表罗易、国民党代表徐谦以及英、法、美、苏等国共产党的代表，中华全国总工会、全国农民协会、共产主义青年团的代表等先后致贺词。

大会致辞完毕后，全国总工会副委员长、湖北全总工会组织主任项英率领数十名威武的工人武装纠察队员进入会场，向代表们行礼。

刘少奇望着这支队伍，心情激动，他和省总工会的其他负责人为这支队伍的诞生和成长付出了多少心血啊。工人武装纠察队员列队走向主席台，将工人纠察队制服送给被授予工人纠察队荣誉队员的罗易和陈独秀。罗易即席讲话，强调了建立工人纠察队的意义，认为这支队伍一定是未来红军的第一个基层单位。全场对罗易充满激情的讲话报以热烈的掌声。

这次党的代表会，可以说是中国共产党第一次以半公开的身份亮相于中国政治舞台。因此，当时在武汉的苏联驻华顾问团译员达林认为：此前在上海召开的一大、二大、四大这三次代表大会和在广州召开的三大，都没有像中共五大这样隆重和带有公开性。

从 4 月 29 日起，会议由武昌第一小学移至汉口济生三马路（一说自治街 31 号）黄陂同乡会馆举行，直至 5 月 9 日闭幕。也许是大多数代表居住在汉口，乘轮渡过江不太方便；也许武昌的开幕式只是释放一种烟幕，因为共产党开大会当时毕竟还是相对“秘密”，报纸上都没有进行报道。据说这种“保密”，一方面是为了免得加重武汉国民政府“赤化”的色彩，一方面是为了防备反动派袭击。黄陂会馆在中华人民共和国成立前已毁，几十年间该处街道房屋几经变迁，如今中共五大汉口会场的会址已荡然无存，但先驱者们的革命业绩永远留在了江城的土地上。

五大会期共 13 天。其中 4 月 28 日、5 月 1 日休会。据记载，4 月 29 日，陈独秀代表第四届中央执行委员向大会作《政治与组织的报告》。此后几天，大会进行分组讨论和大会发言。其中 5 月 2 日、3 日，彭述之、蔡和森、林钧、张国焘、魏金斯基、李维汉、张太雷、罗章龙、陈乔年、彭湃等 13 位代表发言。5 月 3 日，武汉国民党中央主席汪精卫到会，发表演说。5 月 4 日，陈独秀、谭平山等人发言。5 月 5 日，李立三、李维汉、张太雷等 7 位代表发言。共产国际代表罗易在大会先后 5 次讲话，对大会

中国共产党第五次全国代表大会会场

具有绝对的指导权威。

尽管处在四一二反革命政变后的紧急时期，由于武汉方面还是一派齐心反蒋的模样，蒋介石盘踞的江浙一带离武汉有数百至上千公里之遥，因而中共五大开得还是比较从容。

2. 当选中央委员

中共五大的一项重要议程，是陈独秀代表第四届中央执行委员会作《政治与组织的报告》。该报告长达 6 小时，共分 11 个部分。第一部分是过去两年来的策略，将党的四大以来的主要工作分为 4 个时期加以概括。报告的第二部分至第十一部分，分别讲述了资产阶级在革命中的作用、无产阶级同小资产阶级的关系、土地问题、无产阶级的领导权、军事因素和中国革命的社会基础、共产党同国民党的关系、重新组织军队、建立民主权力、财政经济状况等 10 个问题。

陈独秀在中共五大的报告中，报告了党领导下的职工运动、农民运动和青年运动。关于职工运动，陈独秀指出：我们的同志早在党成立以前就做过职工运动的工作。我们的职工运动已经有 5 年了……虽然中央职工委员会并不强大，但某些地方对这项工作却很注意。成绩最好的是省港大罢工；其次，在上海、湖北和湖南也取得很大成绩。

他简略回顾了党领导的工人组织发展的历史:1922 年 5 月召开第一次全国劳动大会时,我们有 29 万有组织的工人。到第二次大会时,有 54 万人。到 1926 年五一劳动节第三次大会时,有 120 万有组织的工人。到 1927 年 4 月召开党的五大时,有组织的工人达到 283 万人。这个数字比一年前增加了一倍。可见,职工运动在逐渐开展和壮大起来。这是各地党组织加强工作的结果。

听着陈独秀的报告,刘少奇自己亲历过的那一次次难以忘怀的斗争情形在他脑海中不时回闪。

从 1922 年回国到 1927 年,刘少奇在领导工人运动的实践中展露出较强的组织领导能力和较高的理论水平。他是安源路矿工人大罢工的主要领导者之一。在他和李立三等人的领导下,安源路矿工人连续取得两次罢工的胜利,工会的各项事业取得较大发展。在京汉铁路工人大罢工失败后的低潮中,小小的安源被各界誉为中国的“小小莫斯科”,安源工会也成为当时中共领导下的全国建设最好的工会。

1925 年,他又与李立三等人一起领导了声势浩大的五卅运动。1926 年他来到广州,与邓中夏、苏兆征等人一起领导了影响深远的省港大罢工。

他参与组建中华全国总工会,在全国第三次劳动大会作了《一年来中国职工运动的发展》《全国总工会的会务》两个报告,提出工人运动的正确方针,为建立巩固的富有战斗力的工人组织,做了大量卓有成效的工作。

从 1926 年底到 1927 年春,刘少奇集中华全国总工会秘书长、湖北全省总工会秘书长两职于一身,成为瞩目的工人运动领袖。他参与领导了武汉人民收回英租界的斗争,召集和出席各种重要会议,指导多个工会组织的罢工和复工,还要起草工会的许多重要文件,工作十分繁忙。

在参与领导中国工人运动的几年间,刘少奇运筹策划,奔走呼号,呕心沥血,日夜操劳,积劳成疾,其间还曾被捕入狱。他的艰辛付出有力地推动了全国反帝反封建革命斗争,为中国工人运动的健康发展作出了卓越贡献。

正因为如此,曾担任中华全国总工会第一任秘书长的邓中夏曾经评价刘少奇“是我们工人阶级最奋发、最勇敢的一位战士”。也正因为如此,刘少奇才成为中华全国总工会推举的出席中共五大的会议代表。

中共五大详细讨论了过去的错误和革命的发展前途。通过了《中国共产党接受共产国际第七次执委会扩大会议关于中国问题决议案之决议》《政治形势与党的任务议决案》《组织问题议决案》《土地问题决议案》《职工运动决议案》《对于共产主义青年团决议案》共六个议决案和《中国共产党第五次全国代表大会宣言》。其中《组织问题议决案》决定“必须改正并补充旧时党章”，并将实际修改党章工作交由中央政治局在大会后进行。5月9日，中国共产党第五次代表大会完成预定的各项议程，落下帷幕。

对于中共五大的历史贡献，有以下几个方面：

第一，中共五大通过的决议及宣言，在有关争夺革命领导权、实行土地革命和建立革命民主政权方面，提出了一些指导中国革命的正确原则，为党的思想理论建设作出了积极贡献。

第二，中共五大在党的组织建设上前进了一大步。大会委托中央政治局随后修正并通过的《中国共产党第三次修正章程议决案》，在党的组织系统方面，作出了比较完备的规定。

——明确党的最高机关为全国代表大会。将中共中央领导机构改为中国共产党中央委员会，中央委员会设政治局，政治局中设常务委员会；规定中央政治局负责指导全国一切政治工作，中央常务委员会负责处理党的日常事务。在五届一中全会上第一次选举产生中共中央政治局和政治局常务委员会。

——强调党的各级组织“强毅地实行集体领导，从中央、省委以至支部。”第一次明确规定民主集中制为党的组织指导原则，第一次规定了各级党组织的统一设置与划分，初步完善了延用至今的党的领导体制和组织系统。

第三，在党的历史上第一次决定设立并在五届一中全会上选举产生中央监察委员会；在修改的党章中专列一章，作出有关监察委员会的责权、与中央及省委的关系等明确规定。

中共五大是在四一二反革命政变发生仅半个月后这样一个非常时刻召开的。全党上下最焦虑最关切的问题是如何正确认识严峻复杂的局势，如何从危难中挽救革命。但大会对无产阶级如何争取革命领导权、如何领导农民实行土地革命、如何对待武汉国民政府和国民党，特别是如何建立党领导的革命武装等问题，都没能提出有效的具体措施，这样自然难以承担起挽救革命的任务。

不过在几十年后，不少研究者认为，中共五大后大革命失败有着多方面的复杂原因。1927年的中国共产党还是一个处于幼年时期的党，是在统一战线、武装斗争和党的建设三个基本问题上都没有经验的党，还没有具备独立地妥善解决一系列错综复杂问题的能力，还不善于识别和对待以各种面目出现的敌人和同盟者。而帝国主义、军阀以及大地主大资产阶级的联合力量则比刚刚兴起的革命联合力量强大得多,并且有更多的政治经验。因此不能因为五大后不久大革命即遭失败而全盘否定五大的意义。认为中共五大应该挽救中国大革命的失败,实际上是赋予了这次会议以“历史不能承受之重”。

大会选举产生了第五届中央委员会。陈独秀、李维汉、瞿秋白、蔡和森、李立三、邓中夏、苏兆征、项英、向忠发、张国焘、罗亦农、陈乔年、赵世炎、张太雷、陈延年、谭平山、周恩来、刘少奇、任弼时、恽代英、彭湃、夏曦、贺昌、易礼容、彭述之、杨之华、罗珠、罗章龙、李涤生、顾顺章、杨其珊 31 人当选为中央委员。毛泽东、郭亮、黄平、吴雨铭、陆沉、刘伯庄、袁达时、毛科文、陈潭秋、薛六、林育南、庄文恭、李震瀛、王亚璋 14 人当选为候补中央委员。当选为第五届中央委员或候补中央委员的多是中央、中央各部门和全国各地党组织的负责人,是中国共产党的优秀代表,他们长期工作在斗争的最前沿,具有较高的理论水平和较强的组织领导能力,在党内和群众中有较高的威望。其中不少人后来成为中国革命史上功勋卓著的无产阶级革命家。

特别值得一提的是,后来中共七大选出五位书记中,除朱德以外,毛泽东、刘少奇、周恩来、任弼时同是第五届中央委员或中央候补委员。其中,刘少奇、周恩来、任弼时是首次当选中央委员进入中央, 周恩来不久还成为中央政治局委员进入中央领导核心层。毛泽东是第二次进入中央,虽然只当选为中央候补委员,但在三个月后,他便在八七会议上当选为中央临时政治局候补委员。

除毛泽东、刘少奇、周恩来、任弼时以外,中共五大选举的中央领导机构中还有瞿秋白、蔡和森、李立三、邓中夏、苏兆征、张太雷、王荷波、项英、陈潭秋、林育南等一大批如雷贯耳的名字。这个群星璀璨、藏龙卧虎的阵容表明,罗易说的“第五次代表大会选出了目前情况下尽可能好的领导”,的确不是溢美之词。

中共五大为什么会成为一次集中选拔全党精英的群英会呢?这似乎可以从陈独秀在中共五大的报告中找到答案。陈独秀在大会中代表第四届中央委员会所作的长达 6 个小时的报告中,有《关于党内情况的报告》一节。该部分 3000 余字,总结了四大以来党的发展状况,也指出了中央机关工作存在的问题,他说:“我们的工作仍然在开展着,9 个中央委员是不够的,中央工作更感困难的是,甚至 9 个委员也不能经常在一起工作,在中央一起工作的只有两三个委员,有时只有一个委员。这样一来,中央自然而然就产生了独裁”。陈独秀分析了中央机关各部门工作情况后指出:

“中央工作做得最好的是宣传工作,做得最差的是组织工作。”他对自己主管的组织工作进行了自我批评。在讲完上述问题后,陈独秀认为“党中央很不健全。我们党目前还不是一个有完善组织的党。”他强调“在这次代表大会上,我们必须决定,应当加强中央。”“在组织工作方面最重要的是使党中央成为强有力的中央。……我们必须指派更多的同志到中央工作,否则我们就会面临危险。”

经过轰轰烈烈大革命的洗礼，中国共产党已经从一个只有几十人到数百人的秘密组织,迅猛发展成为拥有 57967 名党员的全国第二大政党。此时,如果还没有严密健全的政治上强有力的中央领导机构,确实无法担负起领导中国革命的重任。

正是在这样的历史背景下，刘少奇和在革命斗争中脱颖而出的一批优秀的无产阶级革命战士进入中共中央领导层,经受腥风血雨和惊涛骇浪的考验,成为全党的领导核心和中流砥柱,对中国革命的发展和胜利产生了深远的影响。

当选为中共中央委员的刘少奇在会后的一两个月中，多次列席中央政治局常委会议。

5 月 14 日,中共中央召开政治局常委会议。会议在讨论太平洋劳动会议工作问题时,认为刘少奇担任全国总工会秘书长和湖北全省总工会秘书长两项工作,任务太重,决定全国总工会秘书长职务由林育南接任,刘少奇着重做湖北全省总工会和汉口市总工会的工作。

5 月 16 日,中华全国总工会常委会议决定:秘书长刘少奇因湖北全省总工会职务重大,改为林育南担任;宣传部长由刘义担任;组织部长由李立三担任;太平洋劳动大会秘书长由林育南担任。

5 月 20 日下午,中共中央政治局召开常委会议。到会者有陈独秀、蔡和森、陈乔年、刘少奇等人。

会议在研究了陕西问题、组织部工作计划、军人部工作等议题后,刘少奇在会上汇报了关于工人纠察队、省总工会的干部人事安排等问题。陈独秀一一作了答复。就在这次会议上,中央确定刘少奇为经济斗争问题负责人。

5 月 30 日,中共中央常委会决定成立中央工人运动委员会,由李立三、林育南、苏兆征、项英、刘少奇、王荷波、许白昊 7 人组成。

6 月 6 日,中共中央政治局召开常委会议,讨论湖北工作问题。到会者有陈独秀、蔡和森、周恩来、陈乔年、张太雷、刘少奇、蔡以忱、罗章龙、李国暄。在张太雷、蔡以忱、罗章龙谈了各方面情况后,刘少奇发言汇报了湖北省工会工作情况。刘少奇说，工会现有 28 人，每星期开会一次，有 5 人为干事会，此 5 人处理临时情况及执行议案。目前事变后，有的手工业及产业工人被吓跑，做秘密工作的则躲起来不会面。失业问题日益紧迫，硚口 4 万工人，仅 1000 人有工做。其他尚有很多工厂，有 2/3 停工，因汇票不通，码头工人失业。失业问题为大问题。关于工商联合问题，双方确定的议案可以执行；问题是在工商俱乐部中商民协会方面无人能解决问题，很多时候都是我们解决，但有些情况我们不熟悉。工商联合议案颁布后，店员不大满意，商家也有一部分反攻，但此次反攻不普遍。除此之外，有的同志工作情形不太好，过一日了一日，消极不努力，同时有些谣言也多。总之工作不敏捷，很困难。鉴于当时已较紧张的局势，刘少奇最后建议：我们党内的同志，下一步应有 200 人或 300 人做秘密工作。

第七章　维护国共合作统一战线

1. 调解武汉劳资纠纷

北伐军光复武汉后,武汉的社会氛围既是革命的、热烈的,也是躁动的、不安的。一方面是罢工潮波澜壮阔、风起云涌,另一方面则是商人的普遍怨恨和不满。

工会的成立与发展促成了罢工风潮。许多工会在宣布成立的同时或成立不久,就向雇主方面提出增加工资、改善待遇的要求,并且要求在两三天内答复,如果答复不能令工人满意,就举行同盟罢工。

管辖全省工会组织、统一组织全省工会行动的湖北全省总工会,以它的力量维护工人的利益和自由,在当时是最活跃的。11 月,省总工会设立了一个经济争议委员会。

据日本支那事情社编纂、1927 年 4 月 23 日出版的《长江流域之劳力运动》中《北伐战争中的武汉工人运动》一文记载:

> 到 11 月中旬,在总工会内部组织了一个劳资争议委员会,对外称经济委员会,目的是为了更便于进行经济斗争。这个委员会的组织及任务大体是这样的:
>
> 组织:
>
> 主任　刘少奇
>
> 秘书　高冠岳　饶静国
>
> 指导员 9 人。

——另有回忆录说,劳资争议委员会由刘少奇、李立三、向忠发、项英、许白昊、林育南、丁觉群、董锄平、张继渠等共产党人组成。

湖北全省总工会明确要求:各工会向雇主提出改善有关工人生活待遇条件时,其条件首先由劳资争议委员会审议研究作出评判指导;罢工须得该委员会同意,解决办法由该委员会讨论决定。其目的在于发挥组织、协调和引导作用,既支持工人的合理经济斗争,维护工人群众的基本利益,又纠正某些基层工会的一些过高要求和盲目行动,以使工人运动健康发展。

劳资争议委员会设立后,产业工会多数在本厂展开谈判,店员工会没有这种条件,往往直接请资方到省总工会洽商。社会上便有人放出话来,说什么到省总工会这样的部门去谈判,必然是资方受压迫,劳资不平等。在这样的情势下,建立跨部门权威性的机构,介入并解决劳资纠纷,就显得十分必要了。

当时,国民革命军总政治部社会股主管全部社会问题,特别是担任劳动问题的调查研究,指导工会组织和工人的活动。省政务委员会工商股担任保护工商业、奖励改良工商业、保护工商团体的劳动者,以及处理一切有关工商业的问题。国民党省、市党部设有专门的工人部。国民革命军总司令部鉴于这种情形,遂于11月下旬单独发起,由各机关组织一个湖北解决劳资问题临时委员会,专责处理劳资纠纷。

湖北全省总工会财经委员会主任、劳资争议委员会委员许白昊

11月29日,负责全省劳资仲裁事宜的湖北解决劳资问题临时委员会成立,由湖北全省总工会的许白昊,省党部罗贡华、周延墉,市党部丁觉群,汉口总商会的贺衡夫、周允斋,武昌总商会刘季五、左仁卿,省政务委员会胡志民,总政治部盖镇寰,卫戍司令部徐名鸿等组成。会址设在武昌国民党湖北省党部。分别作为省总工会及国民党省、市党部的代表参加其中工作的许白昊与周延墉、丁觉群都是中共建党时期或大革命时期领导工运的中共党员。

该委员会通告全市各工商企业:

1.今后一切劳资问题,由双方提交本委员会解决。

2.过去所有未解决的事件,由本委员会商定办法,对劳资双方争议问题以公平解决。

3.政府维持公共秩序的机关,在解决工潮问题上,不论在何种情形下,都必须得到本委员会的同意后,采取行动。

该会第一次会议决定该会负有解决与仲裁湖北劳资问题的责任,指定省总工会许白昊、省政务委员会胡志民、武昌总商会刘季五共同起草该会办事细则，决定凡手工业者与店员的生活待遇，由省总工会与总商会各拟具体方案，交该会审查，作为解决问题的标准。嗣后，凡劳资问题不能解决时，皆由该会负责仲裁。

湖北解决劳资问题临时委员会原以省党部为主导，设在武昌。后因实际需要，改设汉口，由市党部工人部部长丁觉群主持会务。

当时武汉劳资冲突中工人的所有要求可概括为以下几点：

一、提高工资；二、缩短工时；三、改善对工人的态度及劳动条件；四、招工必须经过工会介绍，辞退工人必须预先通知工会，并说明理由[①]。

为应对工人的罢工及其要求，汉口总商会先是召开了全体干部会，选出周允斋、贺衡夫为解决劳资问题委员会的代表。但由于解决劳资争议是关系汉口商民的重大问题，因而同年 12 月 3 日，武汉各业商人万余人以“征集劳资问题意见”为名举行集会，首由解决劳资问题临时委员会代表周允斋报告该委员会的工作，接着参加会议的商民针对劳资争议中工人们的要求提出“仲裁意见”，最后由周允斋代表综合大家意见，归纳为以下四项：

一、工资必须逐步增加；二、工作日长度不应改变；三、对工人的态度应当根本改善；四、厂主店东有自行招收和辞退工人的权利[②]。

他们还声称为维护以上意见准备采取最后手段，即全市罢市。这一提议获得全体赞同。

武汉地区几乎所有的报社和上海、天津、广州乃至国外的媒体都报道了这一消息。

实际情况表明，在改善态度、禁止体罚这一问题上，资方比较容易地对工人作出了让步。因此，湖北解决劳资问题临时委员会主要就其余 3 个问题提出了如下意见：

工作时间，一般是在原工作时间内减去一二小时，而在工人的要求上延长一二小时。初步确定工厂的工作日应当限制为 10 小时，手工业作坊和商店的工作日不得超过 12 小时。

招工和辞退工人的权利问题，这是引起激烈争论的极其尖锐的问题，是厂主店

---

① [苏]A·B 巴库林《中国大革命·武汉时期见闻录》，中国社会科学出版社 1985 年版，第 188 页。
②《向导》第 181 期。

东最不愿意接受的。他们把工人们对这种权利的要求看作是使整个企业垮台的一种威胁。省解决劳资问题临时委员会最后决定工人有权通过工会同雇主达成某种协议,以维护劳动者的利益。

提高工资问题，省解决劳资问题临时委员会认为首先应当规定一个标准的工资水平,在这个基础上逐步提高。在这一点上劳资双方并无异议,但在确定最低工资额的问题上引起了很大的争议。

省总工会方面认为解决这一问题需要提出一个标准。刘少奇等人接受了这一任务。他们调查了解了武汉的生活物价和一般工人普遍的工资水平,考虑了资方的承受能力,提出了一个便于理解、操作的草案。

湖北全省总工会根据刘少奇等人拟定的草案经过充分讨论议定了一个工人待遇基本条件,提交国民党湖北省、汉口特别市两党部转呈省政务委员会。在征求劳资双方代表意见后,省政务委员会于 1926 年 12 月 5 日公布了调整工资的意见。该决议不涉及熟练工人,如电力技工、冶金工人、办公室职员等,只适用于普通工人、辅助工、店员和家庭佣工,并规定任何工会提出的要求不得超越界限。

其具体标准为:把现有的最低工资额定为 3 元。凡领取 3 元这一级工资者,增加 150%;领取 4 元工资者,增加 140%……即从最低那一级算起,原工资每多一元,其增加的工资就递减 10%,依次类推。工资已达 15 元以上者,增加的比例递减更多,至 30 元以上者,一律加 2 元①。

按照当时粮价、日用必需品价格和房租的统计,每月工资 15 元的工人都难以维持基本生活。但一些厂主店东只强调这样工人的工资将提高一至两倍,表示强烈的反对,因而许多工人调整工资后仍离此标准相差甚远。

由此可知,以上的工资标准和仲裁意见,只是为劳资双方解决纠纷提供了一种原则依据,使局部矛盾有所缓和,争议依然存在,资方也并没有完全按照省政务委员会订立的标准去真正落实。1927 年初国民党宣传委员会曾作过一次调查。在被调查的 46 起罢工中，提高工资 10%到 50%的有 40 起②。如果考虑到物价的上涨,就会发现工人的生活并未明显改善,甚至更趋下降。

《汉口民国日报》1927 年 1 月 21 日所载《武汉百日内物价高低之比较》显示:

---

①《湖北省政府公报》第 5 期,1926 年 12 月 27 日。

②［苏］A·B·巴库林《中国大革命·武汉时期见闻录》,中国社会科学出版社 1985 年版,第 197 页。

“炭元一担,原二串八百文,现四串二百文;木柴一担,原三串二百文,现六串;中等白米一石,原三十八串,现四十六串;淮盐一斤,原二百六十文,现四百文……”以上不过就其最小而又最要者言之,其价格之增高,已若是之巨。物价高涨与同期发生的铜元贬值,不仅影响了工人的生活,也影响了一般中小资产阶级的收入,使其陷入困境。但工人们并不因此而在对小企业主的斗争中轻易作出让步,因为每天十来个铜元无法养活全家。他们仍旧要进行争取改善生活和劳动条件的斗争。

劳资冲突关系到北伐战争的推进和国民革命统一战线的稳固,关系即将成为革命中心的武汉地区局势的稳定,如此汹涌而来、层出不穷,对于大局是不利的,中共中央对此高度关注。

12 月 13 日,中共中央在武汉召开特别会议。会议认为:工潮过于扩大,易引起民众及社会觉得工人行为过激,易导致中小商人站在大商人、买办一边反对工人,给联合战线带来危险[①]。

对于武汉工潮,中共中央提出四点指导意见:第一,武汉商业正当衰颓时期,此时罢工工人未见得能多得利;第二,工潮过于扩大,易引起社会认为工人过激;第三,应避免因工潮而在国际上陷于孤立;第四,不过于遏抑工人要求,亦不可肆意煽动工人起来。

陈独秀在中央特别会议上提出:应确定对于中、小商人的政策;努力向店员工人解释,不便向厂主、店东提出他们经济力限制以上的过高要求,更不可轻取罢工手段;加紧革命联合战线必要性的宣传,工人援助商人对于取消苛捐苛税和争取市民自治的争斗,谋整个市面经济枯竭和金融恐慌的救济。应通过这些方法,多少缓和一些与小资产阶级的冲突,以巩固革命联合战线。

中共湖北区委、湖北全省总工会和国民党省、市党部中的许多共产党员为此采取了一系列举措,刘少奇在其中进行了大量工作。

首先是开展宣传工作,积极宣传发生劳资争议的原因,宣传工人的痛苦,以减轻和消除社会的指责和怀疑,进行劳资无根本冲突的舆论宣传。

武汉工潮发生后,各方面对工潮的观察结论,普遍归咎于工人的过激。即使是举着农工政策旗帜的国民党中的负责人,亦发生动摇不定的态度。共产党人及一些

---

① 中央档案馆编:《中共中央文件选集》第二册(1926),中共中央党校出版社 1989 年版,第 562 页。

进步的知识分子,多方面阐释了工人罢工的原因和意义,阐释物价飞腾与增加工资的关系,引导人们正确看待工人的经济斗争。

他们在《向导》《群众》《工人导报》《汉声周刊》《民国日报》等报刊及各种公开场合发表了一系列文章与讲话,客观分析工潮发生的原因,希望通过舆论引导,能够舒缓一些社会情绪。这些文章指出:武汉有数十万贫困工人,过去在黑暗统治的淫威高压下,受军阀及帝国主义双重压迫,工潮难以形成。革命军来到湖北,工人一遇解放遂马上提出改良生活的要求。工人们工资太低,工作时间过长,待遇过于低劣,而又遇物价高涨,铜元价格低落,因而要求增加少许工资以维持生活,要求减少工作时间以免疾病死亡,要求平等待遇以免受虐待,这实是合理的要求。工人因为要求不遂迫不得已而罢工,理应得到社会的理解。物价上涨,固然与罢工有些关系,但其根本原因还是帝国主义侵略,买办、军阀扰乱的结果,社会舆论不应毫无分辨地把一切责任都归结到工人罢工。1927 年 1 月 6 日刘少奇在招待工农代表的大会上说:"刻下即有差处,应要求社会原谅",切不要因噎废食,抑制工人运动,致阻革命力量[①]。

1926 年底,刘少奇根据他领导安源罢工运动的经验,就工人的行动和经济斗争的要求"怎样才算恰当""怎样才有利于革命"提出了自己的见解。他强调指出:"整个国民革命的利益高过工人经济的利益,工人不能以部分的暂时的利益妨害长久的整个阶级的利益。经济利益也有最高的限度,使企业不致倒闭,资本家仍然有利可图。工人的行动要顾及'联合战线',不要与当时的国民革命的利益冲突。"刘少奇还及时撰写了《怎样罢工》一文,指导工人怎样罢工。该文明确指出:"罢工是工人的武器,可以用来保护自己,制胜敌人,争取利益。但罢工既然是武器,就必须谨慎地去使用它,用之得当,固然是很好,若用之不得当,即不独不能保护自己,制胜敌人,或者还要被敌人借了这个武器来危害自己。罢工如刀枪一样,我们不能随随便便遇到人就以刀枪相向,必定是逼迫到不得已的时候,才一用之。所以我们也不能随随便便遇到一点小事就以罢工来对待。"文章还对罢工前的准备和罢工中、罢工后应注意的事项等问题一一作了论述。

如果说大革命时期的武汉罢工浪潮发轫于产业工人的话,那么对 1926 年 9 月至 12 月的统计表明:产业工人罢工的比例在逐月减少,店员与手工业主、店主的冲

---

① 《汉口民国日报》1927 年 1 月 7 日。

突日渐上升;与此同时,工会会员中店员和手工业者(诸如织棉布、织袜、制鞋、服装、印刷、制革)的比例也增多了。在发生的劳资纠纷中,手工业工人和店员行业的占了相当比重。为此,共产党人遂将调解店员与店东、小业主、商人的矛盾作为解决劳资争议的工作重点。刘少奇多次参加店员工会会议。

旧中国工业非常落后,中国无产阶级的年龄小,数量少,真正的产业工人在整个工人群体中所占的比例不大,各地工人大部分为手工业工人及店员。当时全国工人总数是 1200 万,其中手工业工人及店员即占 900 万。武汉虽为产业之区,但真正的产业工人和几百人以上的大工厂亦十分有限。当时除 6 家棉纺厂、2 家烟厂、京汉和粤汉铁路修理厂、兵工厂、火柴厂等 10 余家大工厂外,其余的多为几十人甚至只有几人的中小工厂或作坊、店铺。据 1926 年 11 月统计,武汉店员总工会下辖 5 个分工会,仅次于纺织工会,有会员 33184 人,另有泥木、洋务、染织、鞋艺、栈房、篷艺、竹艺、饭馆、理发、摊担等各种职业联合会。这些手工业工人和店员往往行会性质浓厚,地方帮口严重。同时,由于各雇主经济状况不一,在行业罢工中若提出一样的要求,稍高一点就容易使得许多雇主难于接受。因此,小手工业工人、店员发起的罢工及与其雇主的矛盾在一段时间成为劳资冲突的重心,数量众多、迁延难决。

省总工会因此努力向小手工业工人和店员解释, 不便向厂主店东提出他们的经济力限制以上的过高要求,尤其是米店、布店、柴炭店、油盐杂货店等直接关系民众生活、社会稳定,在这些经营日常生活品的商店,更不可轻取罢工手段。

与此同时,省总工会加强了店员工会的建设和管理。武汉店员总工会发布整饬工会纪律宣言,呼吁各业店员工友须严守工会纪律,在工作时间,店员工友务须尽心职守,受店东执事正当指挥;店员工友若是受店东执事苛待,可向所在工会陈述,求其交涉,交涉无效时,则由该会呈请店员总工会办理,不得自由行动;工会若调遣会员工作时,须通知店东或执事,店员工友不得在工作时间内,假工会名义而擅离职守。

但工潮之中的许多争议,到底还是需要一个一个地具体解决。刘少奇、许白昊等共产党人一直以省总工会和国民党省、市党部代表等名义直接参加了多起劳资纠纷的调处。他们抱着和平折中的原则,耐心细致地尽可能妥善解决不同行业、情况各异的劳资纠纷。

史料记载,1926 年 11 月中旬, 汉口日租界洋务工会向日资本家提出增加工资、改良劳动条件等10项要求，遭到日资本家拒绝，工人举行罢工。11月25日、26日两日，湖北全省总工会劳资争议委员会主任刘少奇在日本俱乐部主持座谈会，谈判结果，劳资双方各作一些让步。洋务工会于28日复工。

11月25日，中华海员工业联合总会汉口分会所属日商经营之轮船趸船、铁木驳船的全体船员，向日商提出了增加工资、改善待遇等8项要求条件；日商认为工会提出的条件太高，没有对等谈判的基础，双方因此僵持不下。为了打破僵局，刘少奇亲自上门进行调解，最终于30日达成解决意见。

1927年1月，英商下属的轮船趸船、铁木驳船船员工人们因工资微薄、待遇很差，向英商提出了罢工要求。海员工会将工人的要求函报湖北解决劳资问题临时委员会和湖北全省总工会。刘少奇对工人提出的条件略加修改，并于次日召集劳资双方谈判，经反复磋商，达成了一致协议。

湖北解决劳资问题临时委员会多次采取会议方式，集中讨论、研究、解决所收到的劳资双方争议诉求。如1927年1月10日第八次会议，一次解决各种纠纷15件。2月17日第15次会议，一次解决各种纠纷10件，涉及钱业、典业、钟表眼镜业、车工会、山货行、米业、棉花行、疋头纱业。3月28日第22次会议，一次解决纠纷12件。

刘少奇、许白昊等共产党人调解劳资冲突的工作是富有成效的。从1926年底成立至1927年6月，湖北解决劳资问题委员会共召开过31次常会，仲裁的案件达二三百件。它促使资方尽可能满足工人的合理要求，武汉工人的工资普遍得到增加，工作时间缩短，劳动条件得到一定的改善；同时又制止或纠正了部分工人的过激行为和过高要求，较快地平息了一系列工潮，减少了不恰当的停产和罢工的次数与时间。劳资双方于1927年初曾共同对武汉1、2月份的罢工作过一次调查。在被调查的132起劳资冲突中，已经妥善解决的有97起，另35起正在解决之中。在上述132起冲突中，只有40%酿成了一个星期以上的罢工，50%只罢工3至5天，10%没罢工就解决了问题，或者只停工数小时①。

这种努力调解劳资冲突的工作，体现了中国共产党维护国共合作的诚意，也在一定时段内延缓了统一战线的破裂。

---

①《工商联席会议报告》，1927年2月。

2. 纠正工运“左”的倾向

在领导武汉和湖北全省的工人运动中，刘少奇既注意抵制党内右倾思想错误对工人运动的影响,同时也十分注意防止和反对“左”的倾向。

工人群众在革命高潮中充分显示出强大的力量，也同时暴露出自身的局限与不足。武汉工人的经济斗争触及了中小资产阶级的根本利益,部分工人的一些过激要求和幼稚行为更加剧了他们普遍的对立情绪。

从 1926 年底到 1927 年初,刘少奇在武汉深入到申新纱厂、武昌纱厂、英美烟厂、汉阳兵工厂、既济水电公司、粤汉铁路、太古码头、怡和码头等工人集中的地方和一些店员工会中,在发展基层工会组织、指导罢工、了解工会活动的过程中,他发现当时“左”的倾向主要表现为:过多的游行集会与政治示威,导致生产下降;采用无组织的、带有中国原始贫民暴动性质的斗争方法处理劳资纠纷，如随意抓人打人,绑人戴高帽游行;提出超越实际可能的经济要求,如部分店员要求缩短学徒期限、清算一两年前的年利分红、算总账,银行职员要求发给制服费及婚丧津贴费,青年工人提出每年应有两星期连续不断的休假,女工提出每月要有三天的例假休息;部分手工业工人和苦力有反对机器的倾向，而商店店员的一些言行充满了行会性质,部分码头工人更是无限抬高搬运价,勒索客商等;工人纠察队中也混进少数不良分子,他们随便抓人随意没收浮财。以上这样一些现象和行为,引起社会上不少人的反感和怨恨。

刘少奇多年后对此有过回忆与反思。他坦陈武汉克复后,工会发展迅猛,因为时间仓促,组织及行动都比较紊乱。

中共中央在 1926 年 12 月汉口特别会议的有关决议案中,提出“关于产业工人运动,宜由罢工时代达到组织时代”①。所谓组织时代,其内涵包括“工会整理和党的发展,党的支部训练”。“产业工人罢工尚未停止时,须注意不致发生破坏秩序的一切行动”。“严格训练纠察队不得再有胁迫及侮辱商人之事发生,亦不得侵及政府之司法权及警察权”等。会议认为,应把蓬勃发展的工人运动纳入有组织的轨道。

湖北全省总工会为此加强对工会及工人的组织和领导,整顿工会组织,加强纪律建设,制定了一系列加强工人组织性、纪律性的条例和决议。

---

① 中央档案馆编:《中共中央文件选集》第二册(1926),中共中央党校出版社 1989 年版,第 585 页。

1927 年 1 月，湖北全省总工会第一次代表大会提出对纠察队要加强组织纪律性及训练，并有针对性地向一些行业工会提出严格要求，要求取缔各种陋习，订立各种价目条规，严整纪律，不得藉工会名义无故行动，致毁工会名誉[①]。

此后的几个月间，省总工会及各分会又多次召开会议，连续作出整饬纪律、纠正越轨行为的规定和条例，并直接实行惩治。在 1927 年 1 月 28 日的工商联欢会上，李立三承认工人方面确有"过头行为，并公布已发布了 57 次处分乃至解散工会的命令，今后将依照新制定的工人规则进一步约束工会的活动"。2 月 8 日，武汉店员总工会发布整饬工会纪律宣言[②]。

2 月上旬，刘少奇主持召开全省总工会执委会会议，就少数工人的一些越轨行为进行专题讨论，会后拟定发布了严肃工会纪律的《通告》。《通告》指出：我们湖北工人阶级，经过历年来之奋斗，已得组织工会之自由，改变了前所主奴的关系，争得了些少经济利益。我们现在 30 万工友，在各种运动中，固然大多数能够遵照工会的纪律，能有自治的精神，一切都能看清工会的地位，但是仍不免有极少数的工友，借了工会的地位，不顾两方利害，显出骄傲的毛病，不受工厂及店家之正当管理，以致发生不良影响。这种事实，固然是初组织工会不能避免的现象，但我们全体工友，非赶快起来纠正不可，所以我们要严整工会的纪律，工会一定要有很好的纪律，才能统率大多数的工友，才能齐心一致的奋斗。我们工会的纪律不能专政和压迫，而是工人阶级应有的革命纪律，工人阶级一定要有严格的纪律，才能得到成功，没有纪律的群众，只是乌合之众，不能担负革命的责任。以前无工会的时候，厂主店主，以主奴的关系来管理我们，我们不愿意，现在我们要改变主奴的关系，我们就一定要自治，自治才能保持我们的秩序，秩序不能保持，就是胡闹，就是没有纪律的群众，所以我们一定要自己管理自己。自己管理自己就是自治，工人一定要能够自治，才能表示工人高尚人格，同时也才能改变主奴关系。少数工友不能遵守纪律，不受正当的厂规，骄傲怠惰，我们大家工友，就要规劝他，制止他，使他不要做出妨碍大家的事。如果有人不顾一切，不服工会大家工友的劝告，这就是违反纪律，破坏工会，这种人，工会非得纠正不可。本总工会为保持工人的秩序，提高工人的人格，造成工会好的名誉，坚固革命的联合战线起见，特别通告各工会及全体工友，严整工会

---

①《第一次国内革命战争时期的工人运动》，人民出版社 1954 年版。
②《汉口民国日报》1927 年 2 月 9 日。

總工會嚴肅工會紀律

▲規定二十一條||違犯者分別輕重處罰
▲工人階級要有嚴格的紀律才能担負革命的責任

（人民社消息）湖北全省總工會，鑒於近有少數工人每有軌外行動特發出通告，以資糾正，原文云，爲通告事，查我湖北工人階級，經過歷年來之奮鬥，已得組織工會之自由，改變了前此主奴的關係，爭得了些少經濟利益，我們現在三十萬工友，在各種運動中，固然大多數能夠遵照工會的紀律，能有自治的精神，一切都能看清工會的地位，但是仍不免有極少數的工友，藐了工會的地位，不顧兩方利害，以出驕傲的毛病，不受工廠及店家之正當管理，以致發生不良的影響，這種事實，固然是初組織工會不能免的現象，但我們全體工友，非趕快起來糾正不可，所以我們要**嚴整工會的紀律，工會一定要有很好的紀律，才能統率大多數的工友，才能齊心一致的奮鬥。我們工會的紀律，不能專制和壓迫，而是工人階級應有的革命的紀律，工人階級，一定要有嚴格的紀律，才能得到成功，沒有紀律的羣衆，只是烏合之衆，不能担負革命的責任，**以前無工會的時候，廠主店東，以主奴的關係，來管理我們，待遇我們，我們不願意，現在我們要改變主奴的關係，我們就一定要自治，自治才能保持我們的秩序，秩序**不能保持，就成了胡鬧，就是沒有紀律的羣衆，所以我們一定要自己管理自己，**自己管理自己，就是自治，工人一定要能夠自治，才能表示工人高尚人格組織的天才，同時也才能改變主奴的關係，少數工友，不能遵守紀律，不受正當的廠規，驕傲怠惰，我們大家工友，就要規勸他，制止他，使他不要做出妨害大家的事，如果有人不顧一切，不服工會大家工友的勸告，這就是違反紀律，破壞工會，這種人，工會非得糾正不可，本總工會爲保持工人的秩序，提高工人的人格，造成工會的好名譽，鞏固革命的聯合戰線起見，特通告各工會及全體

3月9日，《汉口民国日报》报道湖北全省总工会严肃工会纪律的21条

纪律。

在强调严肃工会纪律的重要性后，《通告》明确了20项规定，望各工会努力宣传，一致遵守；并重申如有违反这20项规定的，分别情形轻重，与以相当之处罚。这20项规定是：(1)工人定要遵守工会的纪律，才是有组织的工人。(2)工人应有自治的精神，才可维持工会的纪律。(3)骄傲是工人的自杀，骄傲的工人，决不能遵守工会的纪律。(4)工人在工作上，应受工厂或店家管理人之正当指挥，并应遵守工厂之正当规则。(5)工会不能保护违反正当厂规之工友。(6)工人如受工厂或店家管理人之压迫与虐待，应即报告工会，先用和平方法交涉，不得擅自争打暴动。(7)工人与厂主店东之间，如发生争执，非经两次之和平交涉，不可有罢工等行动。(8)工人的行动应绝对服从工会，没有工会的命令，工人绝对不许可自由行动。(9)各工会之一切重要行动，须报告上级总工会同意。(10)工人对于工会及总工会，不可有胁迫要挟等举动。(11)工会会员，应绝对服从工会大多数之议决。(12)工人不准在工会规定会议外，举行非法之会议。(13)工人不准加入非法之团体。(14)纠察队维持秩序，工人应听从其劝告。(15)纠察队应绝对服从纠察队总部规定之纪律，不得有任意打人抓人及其他违反纪律之行动。(16)严禁工人一切敲诈勒索等非法行为。(17)禁止工人绑人游街。(18)禁止工会擅自罚会外人之款。(19)禁止工人打工人。(20)不守工会的纪律，就是破坏工会①。

3月1日，专为制裁工人各种违纪违法行为的《湖北全省总工会裁判委员会暂

①《汉口民国日报》1927年2月9日。

行条例》公布[1]。4 月下旬,项英主持召开各级纠察队长会议,议决对违犯纪律者开除其会员籍,“任意放枪一声拘狱一月”。省总工会为维护社会安定,还规定了行李搬运费限价[2]。

刘少奇等工运领导人曾采取各种有效措施,以避免和纠正这种“左”的错误。在一三惨案、四三惨案发生后,刘少奇在号召工人为收回汉口英租界、废除不平等条约而斗争的同时,又要求工人严守纪律,服从组织,在工会的领导下开展斗争,不要聚众闹事,搞过火的斗争;听候国民政府严重交涉及总工会办法,绝不上帝国主义所收买之反动派的圈套。

全省总工会所下属的劳动童子团也有一些过左的做法,诸如:未经总部的命令随意行动,不经审查许可随意抓人,甚至随便搜索店铺,干扰正常营业等。1927 年 5 月 6 日,刘少奇等与总工会青运工作部的同志一起商量,制定了七项纪律要求:

(1)童子团目前的重要工作与行动,是严明童子团共同遵守的纪律,训练全体团员的纪律生活。(2)为培养青年工人善良习惯,经过审查与工会及童子团总部的命令,可以干涉童子团员的烟赌嫖等堕落青年人格与损害身体的行动。(3)童子团员在正当工作时期,应遵守工作规程,照常工作,不得借故离开工作或任意怠工。(4)各级童子团及团员,未经本会允许不得向工会强制要挟置办什物事件,不得向厂店主直接要求置办什物事件。(5)童子团员未经童子团总部及工会命令,不得在工作时间离开工作或□级团部请假开会或会操。(6)童子团员的一切行动,应绝对遵守纪律。(7)违反上例之一者,应予以严明之处罚。

刘少奇要求各工会接到此通告后,即行召集童子团会议,宣布遵守上列纪律。童子团总部通令各级童子团全体团员切实执行,是为至要[3]。

时任劳动童子团总队长的曹健勤(即曹策)曾撰文回忆道:

回顾(劳动童子团创建、成长、壮大)这段经历,我心里充满了缅怀刘少奇同志的深情。我在负责劳动童子团总部工作中,接触少奇同志的机会比较多,亲耳聆听过他对童子团工作的具体指导。少奇同志操湖南口音,举止温文尔雅,彬彬有礼;处理工作谨慎细致,善于分析,善于总结,十分稳当;对待同志循循善诱,以理服人。从我亲身经历的两件事,就可以看出少奇同志特有的工作风格。

---

①《汉口民国日报》1927 年 3 月 1 日。
②《汉口民国日报》1927 年 4 月 29 日。
③《中央日报》1927 年 5 月 7 日。

有一次群众大会后，突然发生劳动童子团的团员在各条大街上拦住行人，剪长袍，剪女人穿的旗袍，说是只能穿短衣服，不准穿长袍了。我们知道了这一情况，立刻向少奇同志汇报。他当即指出："要迅速制止，以免上奸人之当。但是也要耐心教育，不要引起团员内部的矛盾。"我马上电话通知各个大队部执行少奇同志的意见；还会同总部工作人员乘坐一辆大货车，上面挂一条红布大横幅，写着："劳动童子团总部命令不准剪长袍"。我们在全市跑了一趟，进行喊话，"剪袍"风波很快平息。这次风波据悉是由于一个误会而引起的：散会时，有几个穿长袍的人捣乱，一队团员上前制止；其他队路过，就误认为是不准穿长袍，"剪袍"之风立即蔓延开来。

还有件事情。那时，我们总部在总工会的后楼办公，工作任务越来越重，每天来来往往的人很多，因此感到房子很不够用。有个大队反映，棉布业同业公会（由同行业的老板组成）那幢三层楼，除了间或开一次会外，其余时间都空着。我听到汇报，没有请示便自作主张搬到那里办公。大概住了一个星期，少奇同志知道此事。他认为，这样做不但开展活动有许多不便之处，而且会引起工商业者的不满，给敌对势力以造谣惹事的借口，要求我们立即搬回去。当时党内流传一种说法，说我们搞团的工作的人有点"先锋主义"，以为自己是"先锋"，说干就干，不太顾及各种关系。但对我们擅自搬房一事，少奇同志没有多加批评，只是提醒我们注意影响，同时考虑总部开展活动确有困难，就在总工会附近的友益街拨给了我们房子①。

对于湖北武汉工人运动中产生出来的许多"过激"现象，刘少奇曾请教过前来武汉参加太平洋劳动大会的赤色职工国际委员长罗佐夫斯基。刘少奇向罗佐夫斯基讲述了武汉工人运动中出现的种种"左"的现象，希望罗佐夫斯基解释产生这些现象的原因，并指点避免和解决的办法。罗佐夫斯基只是说这些现象不对，但是不能解释出现的原因，也未指点避免和解决的办法。带着同样的疑虑和困惑，刘少奇还请教了美国著名工运领袖白劳德，和白劳德谈了两天，最后白劳德对刘少奇说："你谈的这些材料，我可以写篇文章寄给美国杂志，分给你一半稿费。你所要求答复的问题，在我们美国工人运动中还没有遇到过。"这时刘少奇才意识到，他所发现的提出的问题是中国工人运动中特有的国情，从中国工人阶级和中国工人运动自身中才能找到答案②。

---

① 曹健勤：《大革命时期的武汉劳动童子团》，《长江日报》1981年7月13日。

② 王玉平：《民主革命时期刘少奇工运思想发展轨迹》，史全伟主编：《刘少奇思想研究》，中央文献出版社2013年版，第221页。

后来,刘少奇在总结大革命失败的教训时曾说:大革命的失败,无疑是由于右倾的错误,但在失败以前及以前很久,并不是没有“左”倾错误的。这种错误至少帮助了反革命,帮助了右倾。

1937 年,刘少奇在给张闻天的信中曾这样写道:“如果承认过去工人中‘左’倾错误是‘对’的,那只能使这个错误在将来更严重的重复。”而谁希望我们重复这个错误呢?“我认为只有反革命才希望我们重复过去的错误,托派更希望,如果我们不注意,或者否认群众中有这个问题,那是不幸的。”

3. 建立工商联合战线

进入 4 月,形势突变。蒋介石在上海发动四一二反革命政变,在南京成立国民政府,国民革命进入紧急时期。

由于武汉国民政府当时代表和反映了工人、农民、小资产阶级和民族资产阶级的利益,把斗争锋芒对准帝国主义和封建军阀,遭到了国内外敌人的疯狂反对和围攻;由于城市中小资产阶级原为国民革命统一战线中一支不可小视的力量,因此,参加了武汉国民政府及其工作的共产党人尽力帮助国民政府解决或减少政治上、经济上的困难,以消灭反动派反对国民政府的口实与阴谋,加强国民政府的威信和地位,缓解工商矛盾,巩固国民政府的社会基础。

1927 年 4 月底召开的中共五大,对如何保证城市小资产阶级、乡村企业者和无产阶级的协调,对保护小资产阶级利益,规定了明确的政策。5 月,中共中央作出《关于与小资产阶级关系》议决案,采取了实行工、农、小资产阶级联合专政的策略。以汪精卫为

武汉工商联合代表筹备会议的会场

代表的武汉国民党中央和国民政府，被共产国际视为小资产阶级代表，所谓工、农与小资产阶级联合，就是共产党与汪精卫联合。中国共产党在致全国第四次劳大的信中指出：我们不但要集中工人阶级自己的势力，而且要领导农民阶级和小资产阶级，以结成工、农、小资产阶级的革命联盟，向共同的敌人作战。

为维护国共关系，中共中央政治局议决，和缓与小资产阶级的关系，并把处理好店员与店东的关系作为突破口，又一次明确提出要调和店员过分的要求，规定了营业管理权，以保证店员不干预营业；由总工会代表、劳工部、商民协会、店员总会组织委员会考察店员提出的条件，并按照物价比例规定合理的限制。同时提出“商店停市，非得政府命令不得行之。”

在帝国主义和大资产阶级加紧经济封锁、武汉中小工商业者更加困扰的情况下，湖北全省总工会全体执委与汉口特别市商民协会全体执委于 5 月 16 日、22 日举行联席会议，对于改善店员待遇、店员工作时间、工商界限、劳动童子团、用人、营业收歇、营业管理、工商谈判、工人对店东算总帐、码头工人运货、救济失业工人、停工参加大会、平抑物价、工商联合以及其他劳资双方都十分敏感、极易引起冲突的有关同题作出了 15 个决议案。在对店家提出要求之同时，也规定了店员工人的行动准则。如工会及会员不得强迫店家加用店员；由工会单独通告全体工人参加大会者，每年以两天为限。联席会议决定召集工商联合代表大会，发表工商联合宣言，号召所有工人和商人平心静气解决相互间一切小纠纷，建立巩固的工商联合战线。

会议决定以上事项由湖北全省总工会和商民协会各推三人组成筹备委员会负责办理。结果，湖北全省总工会推派向忠发、刘少奇、董锄平参加；汉口商民协会推派刘云生、刘一华、毛晋阳参加。

5 月 20 日这天下午，刘少奇列席中共中央政治局常委会议。会议确定刘少奇为经济斗争问题负责人。

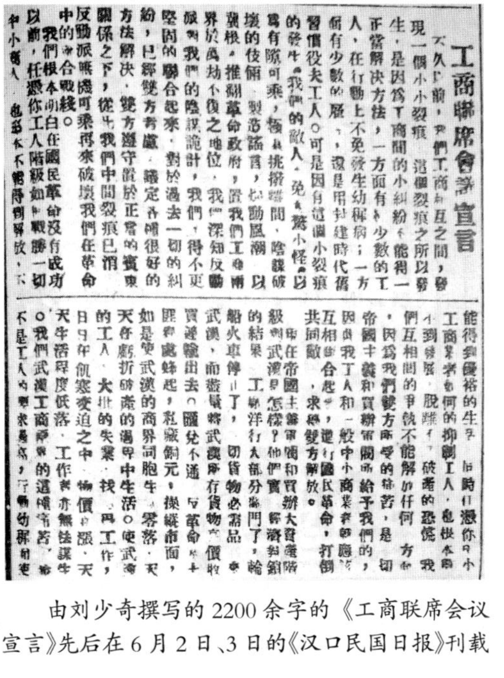
工商聯席會議宣言

不久以前，我們工商[illegible]互之間，發現一個小小裂痕。這個裂痕之所以發生，是因爲工商間的小糾紛不能得一正當解決方法，一方面有[illegible]少數的工人，在行動上不免發生幼稚病；一方面有少數的店[illegible]，還是用封建時代舊習慣役夫工人。可是因有這個小裂痕的發生，我們的敵人，[illegible]驚小怪，以爲有隙可乘，極[illegible]挑撥離間，陰謀破壞的伎倆，製造謠言，[illegible]動風潮，以[illegible]根，推翻革命政府，置我們工商兩界於萬劫不復之地位。我們深知反動派對我們的陰謀詭計，我們得不更堅固的聯合起來，對於過去一切的糾紛，已經雙方考慮，議定各種很好的方法解決，雙方遵守置於正當的賓東關係之下，從此我們中間裂痕已消，反動派無機可乘再來破壞我們在革命中的聯合戰綫。

我們根本明白在國民革命沒有成功以前，任憑你工人階級如何戰勝一切中小商人，也是不能得到解放，不能得到優裕的生活。同時任憑你中小工商業者如何的抑制工人，也根本[illegible]不到發展，脫離[illegible]破產的恐慌。我們互相間的爭執不能解決任何一方[illegible]，因爲我們雙方所受的痛苦，是一切帝國主義和買辦階級給予我們的，因此我工人和一般中小商業者應該互相聯合起來，進行國民革命，打倒共同敵人，求得雙方解放。

現在帝國主義軍閥和買辦大資產階級對武漢是怎樣？他們實行經濟封鎖的結果，工廠洋行大部分關門了，輪船火車停止了，一切貨物必需品[illegible]武漢，而[illegible]武漢所存貨物高價收買運輸出去。匯兌不通，反革命分子匪徒蜂起，私藏銅元，操縱市面，如是使武漢的商界同胞生意零落，天天在虧折破產的[illegible]中生活。使武漢的工人，大批的失業，找不到工作，日日在飢寒交迫之中。物價日漲，天天生活程度低落，工作者亦無法謀生。我們武漢工商界的這種痛苦，[illegible]不是工人[illegible]要求過高，[illegible]幼稚[illegible]

由刘少奇撰写的 2200 余字的《工商联席会议宣言》先后在 6 月 2 日、3 日的《汉口民国日报》刊载

5月23日，刘少奇同向忠发等出席湖北工商联合代表大会筹备会第一次会议。会议决定于5月28日召开工商联合代表大会，报告工商联席会议决议案，发表工商联合宣言。宣言由刘少奇负责起草。

26日下午，武汉店员总工会在汉口宁波会馆召开第五次代表大会。刘少奇出席大会，报告工商联合的意义及工商联席会议决议案，全体代表一致表决执行。

28日，武汉工商联合代表大会在汉口血花世界举行，到会2000余人。向忠发、刘少奇、许白昊、刘一华、郑慧吾、董锄平等9人为主席团成员。刘少奇与汪精卫、徐谦、向忠发、詹大悲、许白昊等发表演说。

大会通过的由湖北全省总工会与汉口特别市、武昌市和汉阳县商民协会联合发表的《湖北工商联席会议宣言》。

《宣言》指出，在国民革命中，“我们工人和商人利害是一致的，中国的工人在革命成功之后要得到解放，中国商人也要得到解放。我们工商联合，是有我们共同利害，共同敌人，共同奋斗的目标，并不是任何人凭空想象的虚空的联合，而是社会进化的历史决定我们要联合。我们能够坚固的联合，双方解放的前途都有保障；我们不是坚固的联合，只有使我们身受的痛苦和压迫继续不断的延长下去。所以我们能够互相谅解，能够消除成见，本我们的诚意，平心静气解决相互一切小纠纷，建立巩固的工商联合战线。”

《宣言》强调劳资无根本冲突，双方痛苦的根源同一、利害一致；宣布过去的一切纠纷，已经双方议定各种很好的办法解决，双方遵守，置于正当的宾东关系之下，裂痕从此消弥，反动派无机可乘再来破坏革命的联合战线。

《宣言》指出，在国民革命没有成功以前，任凭工人阶级如何战胜一切中小商人，也根本不能得到解放，不能得到优裕的生活；同时，任凭你中小工商业者如何地抑制工人，也根本得不到发展，脱离不了破产的恐慌。我们互相间的争执，不能解放任何一个方面，因为我们双方所受的痛苦，是一切帝国主义和买办军阀所给予我们的。

当时的武汉，工厂洋行大部分关门了，轮船火车停运了，一切货物品来不了武汉，汇兑不通，反革命及坏分子到处蜂起，收藏铜元，操纵市面。如是使武汉的商界同胞生意低落，天天在亏折破产的过程中生活，使武汉的工人大批的失业，找不到工作，日日在饥寒交迫之中，物价高涨，生活条件低落，工作者亦无法谋生。《宣言》指出：我们武汉工商两界的这种痛苦，并不是工人的要求过高、行动幼稚而使商界同胞破产，生意凋零，也不是雇主对工人过于克扣过于残酷，而使大批工人失业，生活程度降低，只是帝国主义的经济封锁，军阀的四面盘踞，大商买办的阴谋操纵，所给予我们工商两界的巨大痛苦。因此，我工人和一般中小商业者就应该互相联合起来，进行国民革命，打倒共同敌人，求得双方解放。我们必得打倒一切帝国主义、一切军阀，一切土豪劣绅之后，才是我们工商得到解放的时期。《宣言》最后号召："我们从今日起，工商坚固的联合起来。我们的联合，是向我们的朋友让步，向我们的敌人示威。"

30日，刘少奇出席湖北全省总工会与汉口特别市商民协会全体执委联席会议，讨论贯彻执行工商联合代表大会议决案及筹建工商俱乐部问题。会议决定：由省总工会和市商民协会推派代表组成工商俱乐部委员会；凡工商间问题，较为重大者，由工商俱乐部解决，发生困难时，由省总工会和市商民协会联席会议解决。

31日下午，湖北全省总工会召集的由150人参加的手工业工人代表大会，向忠发主持会议，刘少奇作政治报告。他着重阐述了工商联合之必要、革命之策略与工人阶级最后利益等问题。会议还逐条解释武汉工商联席会议决议案，并说明工商俱乐部之宗旨，痛言帝国主义经济封锁影响武汉革命根据地，以及工商所受共同的痛苦，指出非工商共同联合，向共同的敌人进攻不可。

从调解劳资纠纷、进行劳资仲裁到致力于工商联合，刘少奇等人工作内容与方式的转变，乃因工人运动形势的转变。大革命后期工商联席会议的形式和决议，本身是适应形势需求，具有积极意义的。

在经济危机日益加剧、武汉政府控制下的整个社会陷入混乱、1927年5月全市失业工人已达10余万人的情况下，由于刘少奇等人的努力，武汉工人非组织的行动却大为减少。工人们在繁重的劳动、冗长的劳动时间及微薄的工资方面，都对资方作出了很大的让步。手工业工人、店员的经济要求，已尽量照顾小资产阶级经济条件的可能性；工人群众的停工集会已受到有关方面和条例的限制，大为减少，对于团体契约权的争斗，也视客观的形势作出了相当的让步①。

由共产党人参加的这种尽可能公允的调停和建立工商联合战线的举措，减轻了部分商人的不满情绪，劳资矛盾渐趋平和。1927年6月下旬，汉口商民协会接国

① 中华全国总工会中国工人运动史研究室编：《中国工会历次代表大会文献》（第一卷），工人出版社1984年版，第172页。

民党中央执委会政治委员会函，就店员工会应否存在问题，征求各商业团体之意见。汉口商民协会当即召开的执行委员会紧急会议认为："店员务必有团体之组织，惟该团体之名称及组织之系统应否仍旧或变更，其权在党，本会不加主张。至店员工会或有组织之瑕疵，店员也有幼稚之行动，则或为局部问题，或为过去事实，均不能影响店员工会之存在。还望结成店员与工商业者亲密的联合战线，共同努力革命"。据《汉口民国日报》7月初报导，自省工会与商民协会设立工商联席会议以来，"所有武汉工商间一切重大问题，皆得完满之解决……社会上非常乐意"[①]。尽管仍有人谴责店员，但并非店员的幼稚行为，而实在是一种"不能一旦洗去"的存见[②]。这种相对改善的劳资关系和社会环境，为武汉政府击退夏斗寅叛军，取得二期北伐征战河南的胜利，以及中共五大、四次劳大、太平洋国际劳动会议等一系列重要会议在武汉的顺利举行创造了一定条件。

既发展民众运动又维护统一战线是大革命时期共产党的双重任务，但这二者存在着不可克服的矛盾。这就使得年轻的缺乏经验的共产党人在这一矛盾漩涡中往往左右为难，很难兼顾。对资产阶级又联合又斗争的总政策并无不妥，但实现的前提必须是共产党掌握着领导权。而大革命时期以国民党为民主革命主体的理论及事实已经形成，这种既维护统一战线又发展工农运动的策略，必然因共产党缺乏在统一战线中的领导权而遭致失败。从最终发展结果上来看，武汉工人在经济斗争方面的让步以及"左"倾或幼稚行为的克服，并未能缓和武汉日益严重的经济危机，亦未能阻止民族资产阶级离开革命。

---

①《汉口民国日报》1927年7月7日。
②《汉口民国日报》1927年7月3日。

第八章　坚持斗争应对革命危机

1. 组织起来保卫“赤都”

1927 年 4 月 18 日，蒋介石在南京成立国民政府后，采取武力威胁、经济封锁、挑拨离间、扰乱后方等多种手段，以推翻武汉国民政府。

武汉国民政府四面都被新、旧军阀包围着：东面是蒋介石，南面是李济深，西面是杨森，北面是张作霖。号称“九省通衢”的武汉，同各地的联系被切断了，物价飞涨，工人失业。武汉国民政府面临极为严重的经济和社会问题。在武汉国民政府辖区内，国民革命军中的一些军官也蠢蠢欲动，准备发动军事叛乱。

圍攻武昌之
夏斗寅軍退守紙坊
川湘軍在羊樓峒接戰

【電通社消息】據某方面漢口電訊，武漢形勢，確已略趨緩和。二十五日起，各商舖已開市營業。夏斗寅部因共產派援軍增加，率部暫退紙坊。【漢口二十五日電通社電】川軍潘文華白駒兩師，現由嘉魚進向蒲圻，阻止陳嘉佑及唐生智部各師入鄂。羊樓峒方面，川湘兩軍發生衝突。陳漢章部魯楊開周武彝，胡達三團，在臨湘與討赤軍隊相遇，催請陳嘉佑赴援。

【備考】紙坊在武昌城南三十七里。羊樓峒在蒲圻南六十四里。

5 月 17 日，《晨报》有关夏斗寅叛军的报道

4 月下旬，为了打破重围，武汉国民政府出师河南，继续进行北伐，与威胁武汉国民政府的奉系军阀张作霖的部队作战，武汉守备兵力及其薄弱。蒋介石企图乘机颠覆武汉国民政府，达到消灭革命力量的目的，指示密使潜赴宜昌，策动夏斗寅偷袭武汉。

5 月 13 日，武汉国民政府所辖的独立第十四师师长夏斗寅[①]趁国民革命军大部在河南与奉军苦战、武汉空虚之机，发出反共通电，背叛武汉国民政府，进兵

① 夏斗寅（1886—1951），湖北麻城人。早年在湖北新军当兵，参加辛亥武昌首义。1913 年退役经商，后弃商从军。1926 年任鄂军第一师师长，率部参加北伐，隶唐生智第八军。1927 年初，所部改称独立第十四师，驻防宜昌。5 月 17 日率先发动叛乱，被蒋介石擢升为新编第十军军长。1932 年任湖北省政府主席。抗战胜利后返鄂经营东湖农场及煤矿。1951 年病逝于香港。

沙市、嘉鱼、咸宁汀泗桥，17 日，叛军直逼武昌城约 40 里的纸坊、土地堂一带，拆毁武长铁轨，破坏汀泗桥，以防止北伐军的反击，借机抢占武汉。在武汉的反革命分子乘机捣乱，街上各种革命标语被撕毁，谣言四起，不少市民人心惶惶，草木皆兵，武汉局势严重混乱。

就在夏斗寅叛军逼近武汉、市民惶恐之时，邓演达、恽代英、叶挺等果断决定把武汉军事政治学校学员、工人纠察队的一部分、中央农讲所学员，加上负责武昌卫戍事宜的第七十二团、七十五团等编为中央独立师，由叶挺指挥调往前线，迎击叛军。

与此同时，刘少奇等人以湖北全省总工会的名义，于 5 月 18 日发布《成立工人义务队的通告》，号召工人参军作战，“正式荷枪实弹”，去剿灭夏斗寅这个败类，保卫和巩固革命的新根据地武汉。《通告》发出后，报名者踊跃，一时间应征参军的工人就达千余名。随后，刘少奇又指示武汉工人纠察队总队派出一批工人纠察队队员开赴武昌，担任警卫和维持秩序。武汉地区各工厂纠察队也积极扩充人员，整装待命。其中，汉阳兵工厂工人纠察队扩充人员几百名。粤汉铁路总工会根据省总工会命令，组织了铁道交通队立即开赴前线，迅速将叛军破坏的铁路修好，并沿途张贴革命标语，组织救护队，支援前方作战。湖北全省总工会还组织担架队和救护队，救护从前线下来的伤病员。省总工会、中华全国总工会还与国民党湖北省、汉口特别市党部、全国学联、湖北省农协等 18 团体一起，组成代表团，前往咸宁慰问讨夏将士。

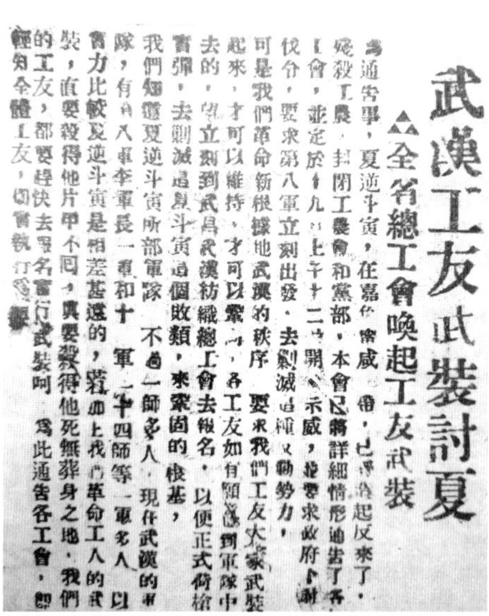
武漢工友武裝討夏
全省總工會喚起工友武裝
爲通告事，夏逆斗寅，在嘉魚咸甯，已經叛起反來了，燒殺工農，封閉工農會和黨部，本會已將詳細情形通告了各工會，並定於十九日上午十二時開會示威，並要求政府討伐他，要求第八軍立刻出發，去剿滅這種反動勢力，可是我們革命新根據地武漢的秩序 要求我們工友大家武裝起來，才可以維持，才可以鞏固，各工友如有願意到軍隊中去的，望立刻到武昌武漢紡織總工會去報名，以便正式荷槍實彈，去剿滅夏斗寅這個敗類，來鞏固的根基，我們知道夏逆斗寅所部軍隊 不過一師多人，現在武漢的軍隊，有第八軍李軍長一軍和十一軍二十四師等一萬多人，以實力比較夏逆斗寅是相差甚遠的，若加上我們革命工人的武裝，直要殺得他片甲不回，真要殺得他死無葬身之地，我們的工友，都要趕快去報名實行武裝呵 爲此通告各工會，即轉知全體工友，切實執行爲要

1927 年 6 月 19 日，湖北全省总工会关于平定夏斗寅、讨伐许克祥等工作的报告

5 月 18 日，刘少奇到汉口血花世界出席有 4000 人参加的武汉店员总工会非常代表会。这次会议的议题本来是讨论拥护太平洋劳动会议、筹备五卅运动纪念等问题的。针对杨森、夏斗寅的叛变，全省总工会领导人向忠发、刘少奇等人在会上慷慨激昂的演说，将非常代表会的主题迅即改变成讨伐夏斗寅的誓师会。会议要求国民党中央党部及政府下令讨伐夏斗寅，要求到会同志积极报名

参加讨伐夏斗寅军事行动并武装起来。会议发出通电：

北洋军阀余孽夏斗寅，素为吴逆佩孚之走狗，曾经再三屠杀湘鄂人民，自国民政府出师北伐，连克湘鄂，该逆见我军势浩大，迫于环境，则投机于革命旗帜之下，现在蒋介石反动，我军又举行第二次北伐，该逆深恐此举斩断吴蒋等逆生命，及以为有机会可乘，而恢复其军阀自由残民生活，与吴逆爪牙杨森张联升等勾结一气，胆敢在青天白日旗帜之下，图谋不轨，残杀工农，封闭党部及人民团体，公然反叛党国，意图倾覆国民政府，破坏革命基础，似此军阀余孽，若不即行铲除，我武汉革命根据地，或将变成军阀巢窝，我中国人民又要受彼帝国主义走狗之蹂躏矣，本代表大会，除呈请中央总部，国民政府即行下令讨伐，誓率武汉全体店员工友与此逆奋斗，尤望全体民众，即起直追，共灭此豸[1]。

5月19日，刘少奇出席有60万群众参加的武汉各界人民声讨夏斗寅大会，与苏兆征、向忠发等同为会议主席，并在大会上发表演说。大会发表了《讨夏告民众书》，号召工人阶级和革命人民团结起来，打倒反革命夏斗寅，巩固革命的武汉；要求国民政府下令拿办夏斗寅，以伸公愤，号召革命将士和革命民众一致团结，灭此朝食，巩固后方，完成北伐。

维持武汉三镇社会治安和市场秩序的武汉工人纠察队员

同日，湖北全省总工会发出第198号通告，命令“各工会负责人在此严重时期，应当领导全体工友团结在本会的指导之下，共同努力，以镇压一切反革命势力”。各级工会和纠察队贯彻执行《通告》精神，立即担负起武汉三镇城防的守卫任务，镇压反革命的破坏活动，有力地支援了叶挺部队的作战。武汉工人阶级和劳动童子团响应湖北全省总工会号召，迅速行动起来，抓获了一批反革命分子。

由于武汉数十万工人队伍稳定了后方，无后顾之忧的叶挺统率的部队于19

①《汉口民国日报》1927年5月19日。

日一举击溃夏斗寅叛军,武汉形势转危为安。

帝国主义的武装干涉和经济封锁，本来就造成了武汉市场的萧条和经济上的困难;夏斗寅的叛变和进犯,使武汉社会更加紧张。交通断绝,原料、燃料、粮食运不进来,工厂停工,商店关门,失业工人达一二十万人,人民需用的生活用品奇缺,米价疯长,货币贬值。在这种困难情况下,刘少奇再次领导湖北全省总工会挺身而出,力挽狂澜。

5 月 20 日,湖北总工会发布命令,要求“切实调查各钱庄所有的铜元之数量,限制各钱商依照前三日内价格兑换铜元,并不得拒用中央纸币”;“调查和收集所有谷米杂粮,供给民食,将武汉附近所有谷米、杂粮尽可能集中武汉,照常发粜,不得抬高物价”;“普通买米,一担内可自由交易,一至五担得由党部、总工会证明”;“商会应严饬各商店一律照常安心营业”;“汉口码头总工会和车夫总工会禁止属下工友替人搬家”。命令发出后,全省总工会组织几十支宣传队向市民宣传反蒋平叛意义及各项规章纪律。武汉店员总工会组织工人上街,设粮食供应点和纸币兑换所,帮助市民解决困难。6 月 1 日,省总工会又在店员总工会、汉口五金工会、硚口工人学校等处设铜元兑换处,一天兑换 1100 多元。不到半个月,武汉三镇市面钞票汇兑走向正常,粮食抢购风业已平息,搬家撤离的现象被制止了,社会秩序恢复稳定。

在此期间,武汉工人纠察队没收了反动资本家关闭的 15 家工厂,组织了工人委员会管理工厂。同时,店员纠察队还积极开展与奸商的斗争,不准资本家携款潜逃,坚决打击投机倒把活动。

武汉劳动童子团根据湖北全省总工会的指示，担负起协助维持武汉地方秩序的任务,他们守卫着各主要街道,日夜巡逻,防止敌人的破坏。

在刘少奇的具体领导下,在平息夏斗寅叛乱的斗争中,由工人义勇队、武汉工人纠察队和劳动童子团组成的工人武装力量,在参军参战、稳定武汉三镇局面、维护地区社会治安等多方面发挥了重大作用。

2. 参加太平洋劳动会议

“全世界无产者联合起来!”这是当年刘少奇要求工作人员悬挂在湖北全省总工会一楼大厅前的标语。在参与领导全国总工会和湖北全省总工会的工作实践中,刘少奇忠实地实践着这一战斗口号。

中国工人运动的蓬勃发展和武汉在这一时期的革命声威，引起了共产国际和各国工人组织的高度关注。1927 年 3 月 30 日,共产国际组织英、俄、美、法等国 11 位工人代表组成的国际工人代表团，在随同苏兆征华南考察后专程来武汉参观访问、交流经验。代表团乘船停泊汉口时,天色已晚,刘少奇、李立三等人带领武汉各界群众 400 多人到汉口码头欢迎,热情接待了这批国际朋友。

4 月 3 日,湖北全省总工会在汉口济生三马路(今汉口自治街民意三路)宽阔的空坪上举行了武汉各界 50 万人参加的盛大欢迎会,欢迎国际工人代表团到武汉访问。担任大会总主席的刘少奇在大会上发表了热情洋溢的演讲。他说:

这次国际代表团到中国来,对于中国工农的解放以及国民革命的前途,有很大的关系。所以我们应该热烈欢迎。

这一次国际工人代表团里面有英国的代表、美国的代表、法国的代表,他们都是革命的领袖,他们为谋他们各国的工人利益,曾经向他们国内的资产阶级奋斗了许多年。

他们的工人运动,在世界革命战线上有 100 多年了。中国的工人运动,不过只有六七年的光景,国民革命的运动也不过三四年,我们的革命运动还很幼稚的。因此,我们应该要接受他们的经验,以求我们的胜利。

中国的国民革命是反对帝国主义的,西方的无产阶级亦是要反对帝国主义的,所以西方的无产阶级同中国的工人阶级是很好的朋友。这个时候国际工人代表团,代表西方的工人阶级到中国来，同时在他们后面有几百万的工人阶级作他们的后盾,所以我们要联合他们,帮助中国的国民革命。

我们要一致高呼……“东方被压迫民族与西方无产阶级联合起来!”“工人阶级解放万岁!”

国际工人代表团在汉期间,刘少奇同英国职工运动代表汤姆、美国工人联盟代表白劳德、法国工人代表多理越、苏联工人代表施端理等进行了广泛而深入的接触，与赤色职工国际委员长罗佐夫斯基交流和探讨了如何领导工人沿着正确道路前进的问题,和美国代表探讨了工会工作中的倾向性问题。这些活动,大大加深了中国工人阶级与各国工人之间的了解和友谊。

百忙之中的刘少奇，还抽出时间陪同国际工人代表团考察了武汉的部分基层工会,主持由代表团成员和基层负责人参加的座谈会,与他们交流工人运动的经验和教训。代表团成员高度赞扬了武汉工人阶级的革命斗争,他们鼓励中国工农坚持斗争,努力前进,赢得革命最后胜利的言辞,增添了与会基层工会负责人和工人代表的革命激情。英国工运领袖汤姆对武汉工人阶级和革命群众的革命力量尤感振奋。他在一次欢迎会上激动地说:“从前,在我们英国人的心目中,除了一部分革命的工人以外,对于中国人是充满了轻蔑、侮辱,他们甚至以为中国人都是猪,可以由他们任意宰割来做下酒物。但是,自从伟大的革命爆发以后,他们由轻视中国人民改为畏惧中国人民。不错,他们是应该畏惧的,如果鲍尔温、张伯仑、麦克唐纳尔、汉德森,这些资产阶级的走狗,到武汉来看到了这样伟大的革命力量,他们真要吓煞了!”

四一二反革命政变后,武汉国民政府管辖地区(湖南、湖北、江西以及河南的一部分)的工人运动还在继续发展,但也面临着许多困难。武汉国民政府遭到军事上的包围、经济上的封锁,汪精卫集团日益右转。帝国主义多次向武汉国民政府发出“通牒”,要求镇压“工潮”。

就在这样的形势下,刘少奇和武汉地区的工人阶级迎来了世界无产阶级的使者——出席太平洋劳动会议的代表。来自欧洲、美洲和亚洲的劳动者代表,在中国工农革命运动的中心武汉欢聚一堂,探寻全世界无产阶级共同谋求解放的道路,这对处在危急关头的中国革命,无疑是一个很有力的支持和鼓舞。

太平洋劳动会议,原名国际工运大会,由赤色职工国际决定于 1925 年在欧洲由英法两国负责召开,因欧洲各国资产阶级政府的阻挠未能实现。后来澳大利亚工会提议,由他们和中国工会发起,邀请太平洋沿岸国家工会组织参加,名称改为太平洋劳动代表大会,定于 1926 年 7 月 1 日在澳大利亚悉尼召开。因交通阻隔及其他原因,会议一再延期。1925 年的五卅运动,特别是 1926 年发生的震惊世界的省港大罢工,使中国成为东方被压迫民族工人运动的中心,举世瞩目。赤色职工国际为加强在其领导下的太平洋地区各国工人阶级的团结与联系,决定于 1927 年 5 月 1 日在中国广州召开太平洋劳动大会,并由中华全国总工会担任大会筹备工作。由于广东军阀继蒋介石之后在广州发动了四一五反革命事变,会议因而改在武汉举行。中华全国总工会在汉口设立了太平洋劳动大会秘书处,具体负责大会的筹备工作。

5 月 14 日,苏兆征在汉口主持召开筹备会议,研究讨论有关筹备工作中的一些具体问题。由于太平洋地区不少国家的代表无法前来参加,于是决定将原定太平洋劳动大会改为太平洋劳动会议;确定会议开幕的时间为 5 月 20 日,大会开幕时,由中华全国总工会主持并致开幕词等。为准备和开好这次大会,作为全总秘书长的刘少奇倾注了极大的精力和热情，会前一段时间向中外人士广泛宣传这次会议的重要意义；确定会议主席团的人选；成立秘书处代表资格审查委员会。

5月17日，刘少奇与李立三、向忠发来到血花世界大舞台，出席湖北全省总工会为赤色职工国际委员长罗佐夫斯基及太平洋劳动会议代表举行的欢迎大会，到会的有武汉各工会代表1000余人，各国代表团代表24人。会上，向忠发致欢迎词，接着罗佐夫斯基致词，号召全世界无产阶级联合起来，尽力帮助中国劳动工人革命，打倒一切反革命派。英国代表汤姆、日本代表西田义一、爪哇（今印度尼西亚）代表赖克门、美国代表白劳德相继致词。

5月20日中午12时，太平洋劳动会议在汉口血花世界大舞台举行开幕典礼。会议由赤色职工国际领导，日本(2人)、朝鲜（1人）、法国（1人）、英国（1人）、美国（2人）、苏联（5人）、爪哇（2人）等国工会代表18人，以及由苏兆征、刘少奇、李立三、林育南等15名代表组成的中国工会代表团参加了会议。会议代表着太平洋地区1450多万有组织的工人。

会场高悬马克思、列宁和孙中山的画像，主席台两旁摆放着社会各界所赠贺幛、祝词，场内座无虚席。大会主席、中华全国总工会委员长苏兆征致开幕词。罗佐夫斯基代表赤色职工国际致辞并作《中国革命与世界职工运动》的主题报告。中国共产党代表瞿秋白，国民党中央党部代表陈公博、彭泽民，国民党湖北省党部代表徐全直和汉口特制市党部代表詹大悲等到会祝贺。会议的主要目的是交流太平洋地区各国职工运动的斗争经验，增强这一地区各国工人阶级之间的团结，组织被压迫阶级和被压迫民族的联合战线；同时号召各国工人群众行动起来，反对帝国主义威胁中国革命，声援中国工人阶级反对帝国主义和蒋介石集团的革命斗争。

苏兆征在充满革命激情的开幕词中，报告了这次会议的筹备经过，阐述了召开这次会议的重要意义。他在会上着重介绍了中国工人运动发展的历史及斗争近况，指出中国革命是世界革命的一部分，同时就中国革命与世界革命的关系问题作了论述。李立三代表中华全国总工会作了《中国职工运动》的报告，总结了中国共产党成立以来领导中国工人阶级革命运动的历史经验，特别强调了中国工人阶级领导权和工农联盟的思想。罗佐夫斯基认为：中国革命运动“现在虽然还免不了也有些幼稚的地方，但是比西方各国的革命势力还要进步些。”

23日上午，刘少奇、李立三邀请各国劳动代表团参加了中华全国总工会创办的高级劳动学校在前辅德中学举行的开学典礼。

下午，刘少奇在会上发表演说。他在列举了中国工人阶级所受的深重苦难后说道：

全國總工會代表劉少奇在太平洋勞動大會講演詞

《汉口民国日报》全文刊载刘少奇在太平洋劳动大会大会的讲演词

我们为谋改良我们的生活，为谋解除我们的痛苦，唯有向帝国主义进攻，唯有打倒帝国主义。我们中国工人阶级……组织加入工会，曾经罢过几次工，改良一点生活的待遇，但是比西欧工人尚差得很远。世界帝国主义则大声疾呼中国工人阶级造反了！共产了！是不合理的过分要求，于是关闭工厂，停止轮船，实行经济封锁……

至于中国资产阶级，亦天天造谣，说工人要共产，挑拨社会的一班人，使他痛恶工人，如近来上海、武汉的谣言，蒋介石、李济深的屠杀，这是世界帝国主义与中国资产阶级联合起来，进攻中国工人……

帝国主义者将工厂轮船停闭以后，资本家与他的货物离去汉口以后，换来了许多兵舰、大炮、飞机，对准着工人阶级：你们服从不服从，我们的大炮就开炮了……

中国资产阶级的代表如蒋介石、李济深亦同时联合所有反动势力，向武汉国民政府进攻，向中国工人进攻，……亦在说：“看你们服从不服从，要加工资不要！不服从就屠杀，腰斩！”……

我们中国工人处在这样威吓状况之下，我们还是怎样？我们屈服，还是向前奋斗，向世界帝国主义与中国资产阶级奋斗……

在反动派联合进攻之下，我们只有联合世界无产阶级对付世界反动派，我们只有在太平洋劳动大会的共同利害之下，坚固的联合起来，才能打破世界帝国主义与中国军阀联合进攻的危险。[1]

---

①《汉口民国日报》1927年5月23日。

太平洋劳动会议经过七天的热烈讨论，互相交流介绍了工人运动进行情况与斗争经验，一致认为：世界劳工运动当务之急，在于团结一致地进行战斗，西方工人的斗争和东方工人的斗争亲密地联系起来，是工人阶级得到解放的根本条件，凡是排斥东方工人运动的，便是直接帮助帝国主义。到会代表还就中国革命与国际职工运动的关系问题展开了热烈的讨论，认为中国革命运动可以动摇帝国主义的基础；中国革命的成功，将是帝国主义灭亡的前夜。因此各国工人阶级应该一致起来援助中国革命运动，应该更明确、更有组织地反对各帝国主义武力干涉中国革命，扩大反对侵略中国运动。

在刘少奇、李立三的积极倡议下，太平洋劳动会议就工人的工作时间、劳动保护及政治地位等相关问题作出决议：1.采取 8 小时工作制；2.每星期内，须使工人有一次连续 24 小时之休息；3.施行工人保险，如疾病、遇险、残废、失业等各项保险，保险之责任，由厂主与政府担负之；4.禁止妇女做夜工，产妇须在生产时期之前后各给假 8 星期，工资照给；5.绝对禁止买卖儿童作为掠夺之目标，并禁止雇用 14 岁以下之童工；6.同等之工作予以同等工资；7.集会、结社、出版、罢工之自由权；8.设立劳工稽核所，其中职员由各工会中选举之；9.取消体刑、罚金、扣资以及工厂之产品充工资等；10.组织工团及纠察队，反对法西斯主义及破坏者。

会议通过了《组织超越国境、种族之国际职工，以期统一全世界之劳动运动》《联合世界各国工会，反对惨杀中国工会领袖的上海及广东各地之反动派》《援助中国人民将帝国主义之势力逐出中国》以及赞助印度、朝鲜、爪哇、菲律宾、拉丁美洲各国的革命运动等十项决议。会议还决定在中国上海设立太平洋劳动会议的常设机构——太平洋劳动会议秘书处，每六个月召开一次会议，至少每两年召开一次大会；决定出版发行《太平洋工人报》及《太平洋劳动大会公报》等。

太平洋劳动会议是太平洋地区工人运动史上一次空前重要的会议，它是在蒋介石集团发动反革命政变、中国工人运动遭到挫折的形势下召开的，对从事艰苦卓绝斗争的中国工人阶级给予了有力的声援，提高了中国工人运动的国际地位，同时鼓舞了中国工人阶级的斗志。刘少奇为筹备和开好这次会议作出了重大贡献。

3. 在第四次全国劳大报告全总会务

就在太平洋劳动会议召开后的 5 月 21 日，国民革命军第三十五军第三十三团团长许克祥，在湖南发动马日事变，镇压工农运动，给武汉国民政府造成严重威胁。

在内外夹攻的形势下，武汉国民政府汪精卫集团发布了一系列限制工农运动的法令与条例。

面对许克祥发动的马日事变和国民党的倒行逆施，刘少奇等湖北全省总工会的领导同志旗帜鲜明，予以坚决的反对。6月3日，湖北全省总工会通电声讨许克祥。通电指出：长沙事件真相系许克祥抢劫纠察队枪支，包围省总工会及农会，枪杀工农30余人，解散省党部，另组非法团体。此不但反农工，根本是反革命、反政府、反党部，与蒋介石如出一辙。

全国工人运动处于危急关头，为总结北伐以来工会工作的经验，确定工人运动的方针，应对革命危机，中华全国总工会决定按原计划召开第四次全国劳动大会，并为此发表《宣言》。《宣言》说：自蒋介石叛变革命后，中国的革命形势已到了最紧要的时刻。“北伐战争仍在继续胜利进展。然而，反革命的凶残恶焰绝未因此而消灭，却反有扩大的倾向，因此，就有很多重大而迫切的问题摆在我们的面前，要求须以迅速的解决。”“这些问题，其中包括：工人阶级如何援助农民，铲除封建势力，解决土地问题；如何领导全国的革命民众，以反击反革命的势力，镇压遍及全国的法西斯白色恐怖，以挽救国民革命的危机；如何与全世界无产阶级建立亲密坚固的联合战线，共同反击国际帝国主义。”“革命的形势是如此紧迫，我们的责任又是如此重大，而目前需要解决的问题又是如此之多，因此，召开第四次全国劳动大会已不容片刻犹豫。并且这次大会的任务和责任，较以往任何一次大会都重要百倍。我们工人阶级自应衷心诚意的迎接这次大会。”

为了筹备这次大会，保证会议能顺利进行，苏兆征与李立三、刘少奇、邓中夏、林育南等人进行了大量的准备工作。5月16日，在苏兆征的主持下，全国总工会召开了常务会议，研究讨论了有关四次“劳大”的筹备工作问题。全总领导班子重新作了分工，按照中共中央常委会的会议精神，刘少奇将主要精力放在湖北全省总工会及武汉市总工会工作上，全总秘书长由林育南接任。5月30日，在中共中央常委会决定成立中央职工运动委员会后，苏兆征主持召开全国总工会全体委员联席会议，决定成立一个以全总秘书长林育南为首的筹备委员会，积极做好各项准备工作。

6月19日，第四次全国劳动大会在汉口血花世界开幕。会议大厅被红旗和彩带装饰一新。虽然先后发生夏斗寅叛乱、许克祥叛乱，国民党和国民政府正一步步脱离革命，但大会仍然洋溢着热烈的气氛。

作为目击者，美国女记者安娜·路易斯·斯特朗以素描的笔调，记述了具有特色

6月19日，第四次全国劳动大会在汉口血花世界大舞台召开

而引人注目的劳动大会会场。她写道：

大厅像棵圣诞树，里面挂满了红旗和各色纸花、彩条。国民党的“青天白日”标志到处都很显眼，其间也插有不少苏联的镰刀斧头旗。挂苏联国旗不仅是为了向苏联表示敬意，也是由于它是全世界劳动人民的象征。楼厅边上挂满了写着金字或墨字口号的细条标语。主席台墙上挂着孙中山先生像和许多面红旗。

工人们一直排坐在楼厅最远的角上，他们穿着蓝色的白色的中国工人的服装，显得精神抖擞。四十来个大木扇在房顶上旋转，为热得发晕的代表们扇着风。然而，在我们一动不动坐着主席台上，我们能够感觉到，在汉口持续的高温酷暑中，大滴大滴的汗水顺着后背流淌，但是，炎热好像丝毫没有影响代表们的热情。

出席大会的代表420人，代表全国290余万有组织的工人。赤色职工国际委员会总书记罗佐夫斯基和英、苏、美、法、日本、印度、爪哇等国的代表，以及国民党、共产党、国民政府、国民革命军的代表和各界来宾3000多人参加了开幕典礼。大会的中心任务是：动员和组织全国工人、团结各阶层人民，反对帝国主义的破坏和蒋介石的叛变，挽救革命。

中共中央在向大会发出的贺信中指出：“现当革命的高潮中，反革命的恶潮也日益增涨，造成中国革命运动的一大危机。革命的工人阶级正在此危机中召集第四次全国劳动大会，这是有非常重要意义的。”“我们向帝国主义和他们的走狗新老军阀作战，不但要集中工人阶级自己的力量，而且要领导农民阶级和小资产阶级，以结成工农、小资产阶级的革命联盟，向共同的敌人作战。”[①]

---

① 中华全国总工会中国职工运动史研究室编：《中国历次全国劳动大会文献》，工人出版社1957年版，第160页。

大会开幕式由苏兆征主持。全体起立，为各地死难烈士默哀。苏兆征在开幕词中说："在蒋介石叛变、帝国主义干涉中国革命的形势下，我们要保障革命胜利，第一便要反对帝国主义干涉中国；第二便要反对蒋介石屠杀民众；第三就要与国民政府同生死；第四就要帮助农民打倒封建势力。"

共产国际代表罗易、国民政府代表彭泽民、共产党代表蔡和森、共青团代表徐玮、国民革命军总政治部代表郭沫若等，相继发表演说，对会议的召开表示祝贺。罗易提出自这次大会以后，全国总工会更应该领导中国工人向左边路上走；小资产阶级是可以革命也可以反革命的，应想办法要它革命，以增强革命战线的力量。

汪精卫出席大会作政治军事报告，陈独秀出席大会发表演讲。此时此刻，国共两党领导人的公开讲话表面看上去仍是有共同语言的，但实际上汪精卫与冯玉祥在此之前举行郑州会议上已达成"分共"默契。在此公开场合，他仍然装模作样、言不由衷地大讲要与工人在政治上结成联合战线，应与国民党、国民政府共同奋斗，实现非资本主义的革命前途。陈独秀在演讲中勖励工人阶级，应联合农民、小资产阶级，向帝国主义及大资产阶级进攻。工人阶级应扩大其组织力量，努力作经济与政治的斗争。

6 月 22 日，李立三作政治报告；罗佐夫斯基作世界工人运动报告。

6 月 23 日上午，全体代表参加武汉各界纪念"六二三"（沙基惨案两周年）及追悼北伐阵亡将士与各地死难烈士大会和游行示威。

6 月 23 日，第四次劳动大会在总理纪念堂（即华商总会）继续进行

下午，举行全体会议。刘少奇代表全国总工会在会上作中华全国总工会会务工作报告。报告共分九个部分，即（1）全国总工会一年来的概况；（2）执行委员会及常务委员会的工作概况；（3）各地办事处的工作；（4）北伐进军中的工作；（5）省港罢工及其成果；（6）参加国民

革命;(7)太平洋劳动大会;(8)全国总工会各部门的工作;(9)结论。

刘少奇在报告中充分肯定了全国总工会一年来在国民革命运动中作出的重大贡献和由此而表现出的重要政治地位和社会地位。他说:

第三次劳动大会以后,北伐军由广州进军到汉口,又由武汉进军到郑州。这个期间工人运动日益扩大,有组织的工人由120万增加到290万,全国总工会在政治上、社会上的地位亦随之大为提高,已经成为有威信的、受工人群众信任的机关。但是,在北伐中,有人假借北伐之名,限制工人的自由,要工人牺牲自己的利益,要求停止一切罢工。对此,中华全国总工会发表了一个宣言,不仅反对因北伐而牺牲工人的利益,同时还宣布全国工人要参加并支持北伐。这个宣言发表后,各方面舆论为之一变,工人全力支持这个宣言的主张。因此,在这个期间,工人没有牺牲自己的一点利益,这是中华全国总工会的一个重要功绩……

今年一月以来,革命势力得到了发展,武汉变成了新的革命根据地,也成为了全国革命的中心。全国总工会为了领导全国工人运动,由广州迁到汉口,从此,中国工人运动展开了一个新的局面,全国总工会的工作由广东、广西发展到北方和上海、长江流域,日益成为全国工人的领导核心。

谈到全国总工会在北伐战争中的贡献时,刘少奇指出:

在北伐战争中,工人进行了很多工作,支援了北伐军。工人组织了铁路队,专门给友军提供方便,破坏敌人行动,直接从军事上支援了北伐军。比如北伐军进攻岳州后,吴佩孚全力抵抗,但由于粤汉铁路已被工人破坏,交通十分困难,终于失败;又如汉阳兵工厂的工人举行罢工,使吴军的军火无法补充;再如省港罢工工人组织了运输队,这些都有力地帮助了北伐军在很短的时间内获得了胜利……

上海工人的三次起义,工人以自己的力量消灭了上海的军阀,组织了上海市政府。这是值得敬佩的行动。但不幸令人痛恨的是,大资产阶级的代理人蒋介石一到上海,即改变了态度,屠杀我们的工人和同志……

在第二次北伐中,工人进行的工作也是伟大的。铁路队的工作较以前更为加强,力量更为扩大。杨森、夏斗寅的叛变所以能够在很短时间内被粉碎,即是由于工人阶级迅速的武装起来,参加了前线的斗争①。

① 中华全国总工会中国职工运动史研究室编:《中国历次全国劳动大会文献》,工人出版社1957年版,第165-171页。

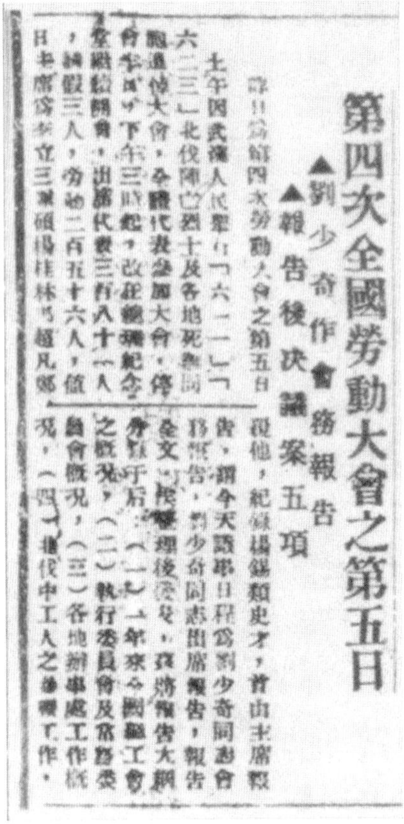

第四次全國勞動大會之第五日
▲劉少奇作會務報告
▲報告後決議案五項

《汉口民国日报》有关刘少奇在第四次劳动大会上讲话的报道

省農協省總工會
歡迎全國勞動大會代表誌盛
▲蔡以忱致歡迎詞：「工農當有更親切的聯合」：劉少奇向忠發報告：「湖北工人在革命中所負的任務」：及反動派對於工運之造謠」

6 月 23 日晚，湖北省农协和省总工会在普海春饭店欢宴参加全国四次劳大代表，刘少奇代表湖北全省总工会致辞

在报告中，刘少奇希望第四次劳动大会为完成当前十分紧迫的工作任务，进一步加强集中统一领导，增加派往各地巡视指导的力量，设立北方办事处，以领导北方工人运动。

23 日晚上，湖北全省总工会、农民协会在汉口普海春饭店举行晚宴，欢迎第四次全国劳动大会代表，到会共 500 余人。开会前，由李立三、刘少奇、向忠发等与苏联代表以及上海、广东、福建、四川、山东各地代表先后唱国际歌、国民革命歌和各地革命歌谣，联络彼此亲情，激发革命情绪。蔡以忱、刘少奇、向忠发等先后致辞。

会议期间，大会还听取了海员总工会、香港总工会、铁路总工会的报告，以及湖北、广东、四川、江西、湖南、上海和北方等地工人运动报告。代表们讨论得十分热烈，提出了许多挽救革命的意见。

在苏兆征、李立三、刘少奇、林育南等人的主持和组织下，大会通过了政治报告（即《国民革命的前途和工会的任务》）、组织问题、经济斗争、反对法西斯主义及对法西斯工会的斗争、女工、童工等 13 个决议案。大会还对广东、上海、四川、江西、安徽、浙江、福建、广西、湖北、湖南省和北方的工会运动，以及铁路、海员的工会运动，作出决议。

刘少奇向大会上提出的《组织问题决议案》被会议通过。决议案指出：各地工会组织虽有进步，但尚存着有些散漫、混乱的状况。大部分工会仍未在群众中建立稳固的基础。因此，必须集中工会组织，使工会在群众中建立巩固的基础。决议案强调，中国工人运动的发展，已进一步与工人阶级的敌人短兵相接，并已由单纯的经济斗争发展成为政治的武装斗争，因而工人的武装组织更为重要。决议案要求，全国除海员、铁路、邮务已有全国总工会的组织外，其他纺织、印刷、矿工、电报、金属等工会须于最短期内建立全国总工会的组织。中华全国总工会必须竭力健全各产业工会，以领导全国的工人运动。

6 月 28 日，李立三在会上宣读了第四次全国劳动大会闭幕宣言，邓中夏宣读了中共中央致大会书，赤色职工国际和苏联职工总工会分别赠送了满地红胜利旗，李立三致闭幕词。29 日，大会选出苏兆征、邓中夏、李立三、林育南、刘少奇、王荷波和项英等 35 人为新一届中华全国总工会执行委员，候补委员 19 人。

30 日，刘少奇出席全国总工会新一届执行委员会第一次会议。会议选举苏兆征、林育南、李立三、王荷波、邓中夏、郑复他、向忠发等九人为常务委员，刘少奇、董锄平等五人为候补常务委员。苏兆征再次当选为中华全国总工会委员长，林育南为秘书长，李立三为组织部长，邓中夏为宣传部长。

第四次全国劳动大会发表《宣言》，号召为保卫工会权利而斗争。《宣言》说：中国工人阶级是中国革命的先锋。中国工人阶级为民族解放事业付出了巨大的牺牲，在反抗军阀和帝国主义，在为争取中国的独立和自由的斗争中，较其他任何阶级都更英勇更坚决。事实说明，中国工人阶级是革命的领导力量。但是，“现在许多省份的工人运动，已遭受严重的打击，工会组织不能公开活动。即在国民政府管辖下，除武汉等地工会尚能公开存在之外，湖南、江西、河南各省的反动势力飞扬跋扈，工人运动遭新的专制政府的压迫。这种反革命势力猖獗的情况，就是在武汉亦有所表现。因此，中国工人运动必须在严重的白色恐怖之下，为保卫工会的权利而继续进行斗争”。“无论付出多大的牺牲，中国无产阶级将坚持到底！”这是与会全体代表，也是刘少奇的钢铁誓言和战斗决心。

第四次全国劳动大会的各项决议的相关表述，与当时中共中央对形势、任务的认识与提法大体是一致的。会议的《政治报告决议案》强调工人阶级当前在政治上最大的责任，就是全力巩固工、农、小资产阶级的联盟，建立工、农、小资产阶级的民主专政，将以前帝国主义手中的企业及关系国计民生的重要企业收归国有，使国民革命走上非资产阶级的前途。对于武汉地区当前的劳资斗争，该决议提出手工业工人、店员的经济要求，应当照顾到小资产阶级经济条件的可能性，不乏务实的意义。《决议案》对“最近在国民政府统治的区域内，到处发生屠杀工农领袖及群众，压迫工农组织，制止工人运动”等事件表示极大的义愤；指出“这都是大资产阶级破坏革命的阴谋。国民政府对这些事件尚未断然为工人处理，大会对此深感遗憾。”大会认为：最近流传的所谓工农运动“过火”的论调，不过是大资产阶级煽动小资产阶级主要口号的一例。“如果指责群众的革命行动‘过火’行为，即无异是否认革命。”由于形势的急剧变化，第四次全国劳动大会所作出的决议，大多并未能付诸实施。

4. 武汉工人纠察队交枪事件

国民革命军与奉军作战取得重大胜利，并没有使武汉的局势好转。加入国民革命军阵营的一批旧军队首领纷纷倒向蒋介石一边。

6月4日，国民革命军第一集团军第五方面军总指挥、江西省政府主席朱培德，在南昌宣布戒严令，取缔工会、农会，把共产党员和国民党左派“礼送”出境，逐出江西。

6月10日至11日，汪精卫、唐生智和冯玉祥等几方军事首脑举行了郑州会议。汪曾一度竭力拉冯玉祥反蒋，而冯不但主张汪、冯与蒋三方联合，共同完成北伐，而且对及早“分共”不表示反对。

郑州会议后，汪精卫急速向右转，在共产国际代表鲍罗廷、罗易等人的影响干预下，以陈独秀为首的中共中央对汪精卫集团仍存幻想，以为“拉住汪精卫还是一切政治问题的中心”，一再退让，中国大革命面临夭折的严重危险。

6月4日下午，湖北全省总工会代表大会在血花世界召开代表大会。1000余人代表130多个工会与会。向忠发主持会议并报告开会的意义，提出欢迎北伐凯旋归来的将士及要求政府平定湖南叛乱，各工会总同盟罢工一日，以示援助。会上，刘少奇作政治报告。他号召全体工友，对“蒋介石之叛变，朱培德之所为，夏斗寅、杨森、许克祥之叛变，及摧残工农……，应一致反对”；强烈主张镇压一切反革命叛乱，严惩蒋介石和“一切摧残工农运动的反革命分子”；大声疾呼“立即削平湖南事变”①！

① 中共中央文献编辑委员会编：《刘少奇选集》下卷，人民出版社1981年版，第127页。

根据刘少奇的政治报告，这次会议作出了《武汉工人目前政治主张》决议案。一致通过：

拿办许克祥、解散一切反革命机关；

坚决讨伐蒋介石；

保障工农组织之一切自由；

严惩一切摧残工农运动的反革命分子！

6月12日，汪精卫从郑州返回武汉。刘少奇等人领导湖北全省总工会在这一天以“欢迎国民革命军凯旋”的名义，举行了罢工和盛大的示威游行，愤怒抗议镇压工农革命运动的反革命叛变活动。游行队伍高举着“打倒蒋介石！”“打倒湖南反革命分子许克祥！”“打倒朱培德！”的标语，散发了反对国民政府纵容许克祥的传单，表示要与革命军队站在一起，坚决把革命进行到底。

6月27日，正当第四次全国劳动大会在热烈而严肃的气氛中总结一年来国民革命的经验教训，动员工人阶级继续奋斗的时候，一个月前的长沙马日事变，似乎就要在国民革命的中心——武汉重演。当天晚上，中共中央军事部得到情报，称第三十五军军长何键是夜有暴动之可能，并将以与工人纠察队的冲突为借口来发动。

国民革命军第三十五军军长何键是一位反共的急先锋。湖南长沙的马日事变，就是在他的授意指挥下，由其部属许克祥发动的。现在，在汪精卫、唐生智的支持下，何键自认在武汉发动一场“清共”运动时机已到，迫不及待地将他的军队从汉阳转移到汉口，着手占领部分工会会所。接着，何键发布反共训令，称国共合作是“共产党变相充作国民党，混入军队中，企图大暴动”，要求武汉国民党中央“明令与共产党分离”；而且蓄意制造谣言，称“湖北省工人纠察队要缴三十五军的枪械”，以籍此制造冲突，大动干戈。

中央军事部负责人周恩来得到此情报，立即向中央作了报告，并通知各机关戒备。

6月28日清晨，陈独秀在汉口鲍罗廷住宅召开中共中央政治局紧急会议，紧急商讨应付目前严重事态的对策。出席这次会议的政治局委员有：陈独秀、周恩来、张国焘、蔡和森、谭平山等，以及苏联军事顾问鲍罗廷和湖北省委书记张太雷。会议就中央军事部紧急报告国民革命军第三十五军军长何键准备暴动商讨对策。会上，中共中央军事部部长周恩来和张太雷、谭平山都反映有何键即将在汉口制造马日事变的消息。周恩来还报告中央军事部和湖北省委军事部已决定将武汉工人纠察队调到武昌加入第四军[①]。而蒋介石在上海发动的四一二政变、李济深在广州发动的四一五事变和许克祥在长沙发动的马日事变，都是首先以工人纠察队开刀的。这次紧急会议的主要议题之一，就是研究对武汉工人纠察队采取什么方针。

据当时参加会议的中央政治局常委蔡和森回忆：

恩来、太雷皆报告何键起事之消息甚盛，同时散布总工会纠察队将缴三十五军枪械之谣言，与“马日事变”同一把戏；平山报告邓演达已出走，临行时希望CP注意汉口“马日事变”之到来，据他所知，何键一定开刀无疑云；同时，太雷提出纠察队童子团问题今日一定要解决；恩来报告中央军部与省委军部业已决定于今天下午将总工会纠察队调过武昌入张发奎军，并已与张交涉好，但为避免耳目计，过河时不着纠察队衣服，也不携枪；和森说：“这实际上是解散纠察队了，何不索性公开宣布，以消灭何键暴动之借口？”大家遂决定公开宣布解散纠察队，实际编入张军。[②]

另一位政治局常委和会议参加者张国焘回忆会议议决解散纠察队的情形时说：

6月28日，汉口汉阳酝酿着另一个马日事变。在中共中央政治局紧急会议上，鲍罗廷首先指出，现在局势万分严重，武汉工人纠察队是自动缴械，抑或准备抵抗，必须择一而行。而他的意见倾向于自动缴械。蔡和森发言，反对工人自动缴械，认为这不是共产主义者所应做的。周恩来则认为武汉工人纠察队的1000多条破旧枪支值不得过分重视，主动自动缴械。其他委员也觉得除自动缴械外，别无良策。周恩来随即指示工人纠察队总队长陈赓将队里的武器缴交汉口卫戍司令部李品仙[③]。

中共中央将工人纠察队自动缴械和解散的决定交给湖北全省总工会执行。这天，正在参加第四次全国劳动大会的刘少奇突然接到中共中央的紧急通知，心中难以平静。为什么在这种危急关头，要工人纠察队自动解除武装呢？汪精卫最近一两个月来接连发布一道又一道限制工会农会活动的训令，甚至连劳动童子团的活动也严加限制，但为什么在连汪精卫都没有发布解散工人纠察队的命令时，而我们自己倒先明令自己的纠察队自动缴械呢？

刘少奇对武汉工人纠察队这支工人武装力量怀有深厚的情感。自1926年10

---

① 中央中央文献研究室编：《刘少奇年谱》(上卷)，中央文献出版社1996年版，第73页。

②《蔡和森文集》人民出版社2013年版。

③ 张国焘：《我的回忆》，北京现代史料编刊社1981年印刷。

全省總工會自動解散糾察隊
▲為杜絕反動派造謠
▲所有槍彈交存政府
▲仍請派兵保護工會

6月28日，中共中央召开政治局紧急会议，决定解散武汉工人纠察队。图为解散武汉工纠队的报道

月组建以来，工人纠察队在历次斗争中发挥了重大作用，在反帝反军阀的严峻斗争中经受了实际锻炼和考验。令刘少奇难以忘怀的是，在武汉工人阶级和市民自动收回汉口英租界的斗争中，湖北全省总工会一马当先，而工人纠察队则充当了尖兵队，没有英勇顽强的工人纠察队，武汉人民怎能那么迅速地夺回被英帝国主义霸占了60多年的租界啊！在蒋介石发动四一二反革命政变和夏斗寅叛军进逼武汉那紧张的日日夜夜，这支工人武装队伍日夜在三镇大街小巷巡逻，保卫武汉的安全。现在，武汉形势紧张，又是靠这支工人武装在保卫武汉、保卫工人的利益，各种大大小小的会议、群众集会游行，都是工人纠察队站岗放哨，维持秩序，保证了各项活动的顺利进行。如今，这支工人纠察队已发展成了一支拥有约4000多名队员和2000余支枪械的工人武装，而且成为了一支守纪律、听指挥、有战斗力的队伍。在正需要建立发展自己的武装去和反革命势力争斗的关键时刻，怎甘心这样自动缴械呢？

为此，刘少奇和省总工会委员长向忠发都去找过中央有关负责同志。然而事情已经十分明了，这是中共中央政治局会议集体作出的决议：自动解除纠察队武装，以消除何键制造反革命暴动的借口。形势紧迫，不容迟疑。湖北全省总工会28日在接到中央指示以及经中央负责同志解释后，立即召集总工会执行委员会会议贯彻执行。

当日，湖北全省总工会立即发布《解散纠察队的布告》，布告说：

现在，武汉反动派企图挑唆工兵之感情，制造种种谣言，中伤本会纠察队，以致飞短流长，混淆外间视听，影响工兵联合战线。本会为避免反动派借武装纠察队造谣起见，业于本月28日将纠察队全体解散。所有前领枪弹，并经交存政府，一面仍请政府派兵保护工会。深恐外间不明真相，致滋疑窦，为此布告，望各界人等一体知照。[1]

为了达到消灭何键制造暴动借口的目的，湖北全省总工会又分别向国民政府军事委员会和武汉卫戍司令部发出自动解散纠察队的公函。

《致管理武汉卫戍事宜办事处函》中说:“敝会为避免反动派藉口武装纠察造谣起见,业于本月28日,将纠察队全部解散,所有前领枪弹,悉即刻交存贵处,烦贵处于本月29日上午派员来敝会点收。”

《致军事委员会函》中说:“敝会为避免造谣者借口起见,决定本月28日起,自动将纠察队全体解散,所有前领枪弹,已交由管理汉口卫戍事宜办公处,免滋外人疑窦。但反动派破坏工会,几于唯力是视,务恳准予派兵保护,并一面通令武汉各军事长官知照。”[2]

从当年留下的以上历史文献来看，武汉工人纠察队的枪支基本上都交给了管理武汉卫戍事宜办事处。但也有不同的说法。当时任武汉工人纠察队第一大队副大队长的杨松青[3]曾回忆说,紧急情况下刘少奇找到了他,要求他带领200余名工人纠察队员,携枪械隐蔽过江加入到贺龙率领的国民革命军第二方面军第二十军。杨松青还说:贺龙见到这些武装的工人,非常高兴地说:“我带了多少年的兵,从来没有哪个上级给我补充过队伍和武器。现在不同了。共产党给我补充,工农同志都愿编到我这里来了。”这批优秀的产业工人武装被编入到第三师,不久全都参加了八一南昌起义。

6月28日晚,国民党湖北省党部、汉口特别市党部联合在普海春饭店召开茶话会,招待出席第四次全国劳动大会代表,湖北全省总工会委员长向忠发在会上介绍了解散工人纠察队的原因及经过，他希望代表们“普遍宣传省总工会解散纠察队,系促成国民革命整个前途”,希望政府“勿被流言中伤,而坠入敌人之阴谋。”

工人纠察队自动解除武装,自然是一件大事。消息一传开,反动派弹冠相庆。就

---

①《湖北全省总工会自动解散纠察队》,《汉口民国日报》1927年6月29日。

②《汉口民国日报》1927年6月29日。

③ 杨松青(1903—1977),原名杨秀峰、杨德魁。山西怀仁人。1925年在山西省立第三师范学校读书时加入共产党,在校期间参加过声援五卅运动。同年考入黄埔军校,编入第三期政治科,是徐向前同志的入党介绍人。1926年7月随军北伐,攻占武汉后不久,被调至武汉工人纠察队任第一大队副大队长,参加过收复汉口英租界的斗争,带领纠察队员执行过中共五大的保卫任务。7月初带领50余名纠察队员转移到贺龙的部队,参加八一南昌起义。在南下广东的征战中负伤,先后在上海、陕西做过情报、兵运工作。曾任第二野战军政治部部长。新中国成立后,曾任中共重庆市委常委、市委统战部长,全国政协委员。

在工人纠察队自动解除武装的当晚，李品仙的第八军于晚上8时左右派兵非法强占、搜掠了全国总工会及其他行业总工会驻地，擅自贴上某某办事处的条子，湖北全省总工会也受到骚扰。

事件发生后，刘少奇陪同全总委员长苏兆征就这一严重事件向武汉当局提出抗议及交涉，严正要求当局立即撤走军队。29日清早刚一上班，刘少奇又和李立三一同来到国民政府，分别代表湖北全省总工会和全国总工会抗议军队无理骚扰省总工会和占驻全国总工会及其他行业总工会办公地点的行为。他们指出，既然湖北全省总工会从大局出发，自动解除了武装，卫戍司令部必须派兵保护总工会，不能让少数不法分子胡作非为，危害总工会和工人的利益。李立三、刘少奇义正辞严，国民政府负责人只得当即打电话给李品仙，询问此事，李品仙解释此事出于误会，于是撤走了军队。据《申报》后来报道："军队占领总工会会所事，经苏兆征与第八军李品仙交涉结果，此次之事乃因双方意见有欠疏通之故，现经谈妥，军队已于本日午后撤退，苏兆征亦返至总工会内，门前有少数纠察队员在彼守护。……"[①]

当时，正在采访的美国女记者安娜·路易斯·斯特朗，在后来出版的著作中回忆了在武汉看到的情景：

唐生智的军队忽然占领了全国总工会大楼并开始抢劫。这事发生在凌晨，事先没有接到任何警告。当时工会干部都不在，一个忠于职守的勤杂工提出抗议而头部被砸。消息很快传遍全城。像中国所有的地方一样，汉口军队也镇压工会了。我在鲍罗廷办公室的外间等着会见时听说了这个消息。我看见李立三匆忙走过，脸色黄白，没有认出我来……

（后来）我们一并前往全国总工会，可是士兵把我们赶了出来。汉口工会就这样告终了吗？不！这还不是结束。下午一点，我去总工会大楼时发现士兵撤了。苏兆征疲倦不堪地走进大楼。他是来收回被占的总工会和打扫垃圾的……

汉口政府致中国工会的欢迎词语言刚落，就看到工会在自己的门槛上被镇压[②]。

29日下午，国民党中央执委会政治委员会举行第三十三次会议，讨论工人纠察队问题。国民党政治委员会武汉分会委员詹大悲说："湖北总工会因为这几天外面谣言很多，恐怕引起误会，乃于昨日自动将纠察队解散，将枪支送交卫戍司令部，

---

① 上海《申报》1927年7月2日。

② 安娜·路易斯·斯特朗：《千千万万的中国人民》，新世界出版社1965年版。

总工会这种举动很好,在目前环境之下也有必要。但今天就发生了与工会为难,抓工会的人之事。汉口市党部要请中央决定一个办法,明令保护工会,不能使他们自己解除武装而受摧残。”苏兆征在会上揭露:“军队跑到全国总工会去,贴上一些某某办事处的条子,把房间都占住了”,严正要求维护法纪,立即撤走抢占总工会的军队。这次会议的记录中还有如下记载:国民党军队 28 日有人到全国总工会去要房子,29 日李立三又向国民党中央报告,有一个机枪连占了全总的房子,刘少奇也于 29 日要求派四五个兵去保护湖北全省总工会。

对于此事,汪精卫当即表态:“可由本会要军事委员会出一布告,说明此次湖北总工会解除纠察队的武装,纯出于自动的诚意,如有匪徒胆敢骚挠或谋害工会的,定行拿办。”①

这时的汪精卫还伪装着“保护工会”的面孔,所以对总工会提出的要求不得不在口头上予以应承。

29 日是全国第四次劳动大会闭幕之日,当晚全国劳动界的全体代表在人民俱乐部举行大会。据《庸报》报道,在大会上,“工界与军界领袖均有演说,当场谈及今晨军队占领工会会所事,经双方解释,误会全祛。军队已撤去,工会仍归纠察队防守。”②

至此,由于武汉工人纠察队自动解除武装,一场何键欲借口与工人纠察队冲突而发动的叛乱一时没有酿成,但整个武汉严峻的形势并未改变,刘少奇等人仍然继续保持着高度的警惕性,随时准备应付突然事变的发生。

6 月 30 日,中共中央又召开了政治局扩大会议,通过了关于国共两党关系的几条决议,重申“工农武装均应服从政府之管理与训练,武汉现有之武装纠察队,为因避免政局之纠纷与误会,应该取消或编入军队”。

根据中央决议,7 月 2 日上午,湖北全省总工会在汉口血花世界召集 220 余工会 2500 余人参加的代表大会。向忠发主持会议并报告会务及执行中央决议自动解散纠察队的原因及经过,作些必要的解释。会上,刘少奇作政治报告。当日会议作出决议:认为“此次总工会执行委员会,为免除反动派挑拨离间之借口,自动收缴纠察队武装,大会认为迅速处置是对的”。会议驳斥了社会上所谓工人运动幼稚过火的

---

①《中共中央关于认真传达好为刘少奇同志平反的决议的通知》附件《关于刘少奇同志案件复查的证件》,第 53 页。
② 天津《庸报》,1927 年 7 月 2 日。

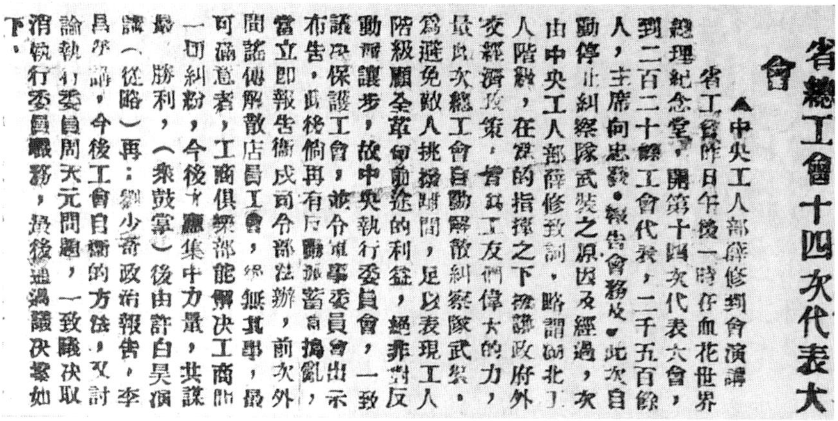

省總工會十四次代表大會

▲中央工人部薛修判會演講

省工會昨日午後一時在血花世界總理紀念堂，開第十四次代表大會，到二百二十餘工會代表，二千五百餘人，主席向忠發。報告會務後，此次自動停止糾察隊武裝之原因及經過，次由中央工人部薛修致詞，略謂湖北工人階級，在黨的指揮之下擁護政府外交經濟政策，當兹工友們偉大的力，最此次總工會自動解散糾察隊武裝。爲避免敵人挑撥離間，足以表現工人階級顧全革命前途的利益，絕非對反動而讓步，故中央執行委員會，一致議決保護工會，並令軍事委員會出示布告，此後倘再有反動派蓄意搗亂，當立即報告衛戍司令部法辦，前次外間謠傳解散店員工會，絕無其事，最可滿意者，工商俱樂部能解決工商間一切糾紛，今後大應集中力量，共謀最後勝利，（衆鼓掌）後由許白昊演講（一、從略）再：劉少奇政治報告，李立三講，今後工會自衛的方法，又討論執行委員周天元問題，一致議決取消執行委員職務，提後通過議決案如下，

7 月 2 日上午，刘少奇在湖北总工会第十四次代表大会上作政治工作报告。这也是他在任湖北全总秘书长期间参加的最后一次会议。图为 7 月 3 日《汉口民国日报》报道

言论，要求省总工会请政府切实保护工会。

与此同时，湖北全省总工会为贯彻中央决议，还连续发布了《全省总工会通电》《全省总工会告军士同志》《全省总工会告工友》三个文件，宣传解散纠察队的原因，号召工农联合，巩固国民革命的基础。

这天下午，受中共中央和全国总工会的委托，刘少奇在国民党工人部工运委员会第二次会议上报告自动解散工人纠察队的经过。会议决议，整理工会组织系统案由刘少奇起草，交下次会议讨论。7 日，召开第三次会议，因刘少奇生病未能出席，关于整理工会组织系统问题没有讨论。

1927 年的武汉工人纠察队交枪事件的历史过程是十分清楚的。但在事隔 40 年后的那场“文化大革命”中，为了“打倒”刘少奇，一伙人却在这件事上大做文章，把“交枪事件”说成是刘少奇的个人行为，说是他“把枪支弹药全部拱手交给了国民党管理武汉卫戍事宜办事处”；还无耻地编造谎言，说什么交枪的这天晚上曾经“演出了一场假逮捕的‘苦肉计’”——“汪精卫把刘少奇假意逮捕，第二天即释放，派他潜入共产党”，无中生有，耸人听闻。这伙人并由此次“交枪事件”和无中生有的所谓“假逮捕”而演绎出刘少奇是隐藏在中共党内的“大内奸”“大工贼”的冤案。

史实有力证明，交枪是中央政治局集体讨论决定的，而不是刘少奇个人行为。6 月 28 日晚上，不但刘少奇没有被捕过，其他工会领导都无人被捕。就整个事件看，刘少奇对中央作出的“自动缴械”的决定是不满的，心情也是沉痛的。但作为中央委员和省总工会秘书长，对于上级的决定是必须执行的。因此，他和全国总

工会、省总工会其他执行委员一起，执行了中央政治局的决议。武汉工人纠察队交枪事件被认为是陈独秀右倾错误退让妥协的表现之一，中央政治局和鲍罗廷以为用这种退让的方法，可以使何键找不到制造事端的借口，可以取得武汉国民党的谅解。

1959 年 8 月，刘少奇在庐山参加中央会议期间，曾对江西省委书记方志纯谈到 1927 年大革命失败的往事。方志纯回忆说："在谈到工人纠察队解散一事时，少奇同志感慨地对我说，缴工人纠察队的枪，是陈独秀等人决定的，我是不满意的。中央决定后，我们也只好执行，只好放枪了。说到这里，他心情显得很沉重。我们知道，对这件事，少奇同志是没有领导责任的，他所表现出来的自我批评精神，使我深受感动。"①

5. 离别武汉到九江

7 月的武汉，室外骄阳似火，室内闷热难当。更令人不安的是，汪精卫集团加速背叛，形势万分严峻。中共中央决定迅速疏散集中在武汉的大批党员干部，因为如果汪精卫叛变，这些人势必成为刀俎上的鱼肉。当时受共产党掌握和影响的部队大多驻扎在江西，因此不少中共中央负责干部开始往九江、庐山一带转移。

常年的透支操劳，使刘少奇身心疲惫，肺病再次复发。根据刘少奇的身体状况，中央决定先让他到庐山养病，至于下一步安排再等待通知。而何宝珍因为身份尚未暴露仍需留在武汉工作，况且还有一位未满百天在襁褓中嗷嗷待哺的女儿刘爱琴也需妥善安置。

对于疏散在武汉工作的党员干部这件事，当时担任中共中央常委的李维汉晚年曾回忆道：

武汉国共最后分裂，我记得是 7 月 12 日，这以前，从各省、各县撤下来的大批干部集中在武汉。中央曾决定：凡是能回本省工作的，尽量回本省；适宜于分配到其他地方工作的，分配到其他地方……②

中共中央常委之一的张国焘回忆，当时中央决定："中央政治局暂时移到武昌

---

① 方志纯：《少奇同志重游庐山故地》，《神州》杂志 2008 年第 12 期第 45 页。

②《中共中央关于认真传达好为刘少奇同志平反的决议的通知》附件《关于刘少奇同志案件复查的证件》，第 48 页。

办公，因为武昌是国民党左派的第四军防地，有利于办理紧急疏散。当时我们的首要任务是使各级组织急速转入地下，加紧党员的撤离工作，将群集在武汉的同志们分别派到各地去，掌握工农力量，准备对抗国民党的反动统治。"[①]

为了应付突变的形势，保存革命的力量，刘少奇等人根据中央的指示精神，隐蔽和转移了当时在省总工会工作、政治身份已经暴露的大部分党员干部。据董锄平回忆："在汪精卫叛变前，我最后参加过一次党的会议，是刘少奇主持的，他说在武汉公开了身份的同志都要分散到各地去，汉口的工作要由外地调一批同志来继续搞。"[②]刘少奇还适时妥当地布置了省总工会及武汉工会的留守人员和秘密办公地点，确保全省总工会在转入地下活动后，有坚强的领导力量。黄五一等同志就是刘少奇亲自布置留下坚持湖北全省总工会工作的。

7 月 12 日，中共中央召开紧急会议，按照共产国际执行委员会的指示，改组了中共中央领导机构，决定陈独秀不再主持中央工作，由张国焘、李维汉、周恩来、李立三、张太雷组成中央临时常务委员会。

7 月 13 日，中共中央发表对时局的宣言，强烈谴责武汉国民党中央背叛孙中山的主义与政策，致使"工农的血流遍及中原，民众组织备受摧残，反动潮流日益汹涌，革命的胜利全被消灭。"该宣言宣布撤回参加国民政府的共产党员，同时声明将继续反帝反封建的革命斗争，愿意与国民党的革命分子继续合作。这个宣言对振奋党内的革命精神起了积极作用，是奋起反抗国民党反动派的一声呐喊！

就在这一天前的 7 月 12 日傍晚，刘少奇在何宝珍的陪同和工人纠察队长刘荣庭的护送下来到汉口军用码头。此时的何宝珍根据党组织的要求，还得继续去国民党中央组织部上班，利用这一便利条件秘密协助党组织接待从外地调来武汉坚持工作的同志，不能随刘少奇同行。刘少奇在上船前一再叮嘱何宝珍：形势不断恶化，必须提高警惕，谨慎从事，设法完成任务。何宝珍回答道："我会应付的，你不要挂念，好好疗养，待我完成组织交给的任务后再来陪护你。"

刘少奇登上贺龙部队东下的兵船，深情地向何宝珍挥手告别。

兵船顺流东下，13 日到达鄂城。刘少奇改乘木船于 14 日到达九江。[③]驻九江的

---

① 张国焘：《我的回忆》，北京现代史料编刊社 1981 年印刷。

② 访问董锄平同志谈话记录（1958 年 12 月，未刊稿），现存武汉工人运动博物馆（筹）

③ 罗时叙：《南昌起义决定阶段的九江与庐山》，中共九江市委党史资料征集小组办公室编：《南昌起义前夕——九江庐山会议史探选编》，1983 年。

国民政府外交专员林祖烈[①]为刘少奇在庐山牯岭街找了一所名曰“晓梅别墅”的(后拆,地址在今云天饭店)铁皮式旧屋子安居下来。

刘少奇离开汉口仅三天，汪精卫就彻底暴露了反共的面目。1927 年 7 月 15 日,他召集武汉国民党中央常务委员会会议,正式作出了关于“分共”的决定,宣布同共产党决裂,公开背叛孙中山制定的国共合作政策和反帝反封建的纲领。

刘少奇虽然在庐山养病,但密切关注着局势的发展。

7 月 20 日,李立三、邓中夏、谭平山、恽代英、叶挺和聂荣臻等人在九江召开讨论军事形势的会议。会后,聂荣臻受中央临时政治局常委周恩来的委托,专程去庐山向刘少奇通报中央准备在南昌起义的情况。据聂荣臻晚年回忆说:当时南昌起义的问题中央还未最后决定,周恩来要他通知刘少奇南昌起义的事,主要是为了起义后,刘少奇养病时的安全,使他好有所准备。由于他正在养病,而且中央将另有任务分配,所以当时未通知他去参与起义的具体准备工作。

汪精卫、唐生智、陈公博、朱培德等人获悉贺龙、叶挺部队异动的情况，于 7 月底赶往庐山召开会议,严令贺、叶的军队撤回九江,并封闭国民党九江市党部。

刘少奇听说汪精卫等要上庐山,怕被他们认出,便连忙离开牯岭,被安排到离牯岭东南约九公里的五老峰下的海会寺,借住在海会寺的一间僧房里。他白天闭不出户,只有晚上才出来活动活动身子。当时的海会寺香火冷清,只有一老一小两个和尚。他们从不打听刘少奇的来历,但在生活上极细心地照顾他,一日三餐虽是素食,倒也不缺油水。买药煎药,都是小和尚亲自操办。

刘少奇在海会寺住了约一个星期。一天,几个便衣突然来到海会寺察看,言谈中透露了汪精卫等人要来海会寺游玩的信息。小和尚及时将此消息告诉了刘少奇。为防意外,中共组织又将刘少奇转移到白鹿洞书院。

庐山五老峰南约十公里处的后屏山之阳,群山绿树之中,掩映着一组楼阁庭院

① 林祖烈(1899—1931),湖南临澧人。早年留学法国,1924 年初,受其兄林伯渠和程潜的影响回国投身革命,先后任孙中山首创的国立广东大学(今中山大学的前身)教授、黄埔军校政治教官。大革命时期,随军北伐负责外交事务工作,曾任共产国际代表鲍罗廷的翻译。1927 年初为国民政府外交部专员兼九江海关监督,同时又是中共地下组织在九江的接头人,七一五反革命政变前,从武汉到达九江的大批共产党的干部及国民党的左派人物都是经过他安排转往庐山、南昌或其他地方的,频繁来往于浔汉之间,为策划和准备南昌起义,以及后来召开的中共八七会议等做了大量工作。南昌起义前刘少奇在庐山隐蔽、养病,由其负责具体安排和对外联络工作。1927 年底赴上海。1931 年 1 月在上海病逝。

刘少奇在白鹿洞书院居住过的御书阁

式的古建筑，这就是历史上赫赫有名的号称天下“四大书院”之一的白鹿洞书院。这里山峰如环，独具格局。书院内有藏书楼、讲学庭、会客厅以及形式多样的宿舍。御书阁在礼圣门之东，始建于南宋，为历朝藏书之地，珍藏着不少书籍。转移到这里的刘少奇就住在御书阁侧的一栋平房里，在此幽静的环境里养病、看书……

7 月下旬的一天傍晚，何宝珍接到撤离武汉的指示。按照事先与少奇共同商量的意见，她选择了一个工会积极分子，托付他的妻子抚养爱女；并说好由当地的中共组织向这位工人积极分子定期提供一些经济补偿，准备等形势好转了再将女儿接回①。忍受着再次骨肉分离的痛苦，何宝珍流着泪为爱琴洗了个澡，换上衣服。她最后一次亲吻了心爱的女儿，然后将爱琴连同一包小衣服和生活用品，交给了这位工人。

谁也未能预料，这次分离竟然是何宝珍与女儿爱琴的诀别。何宝珍从此再也没能见到自己心爱的唯一的女儿。

直到 1938 年 6 月，在武汉任中共长江局负责人的周恩来通过武汉地方党组织的同志多方打听，才找到了 11 岁的小爱琴。瘦骨嶙峋的小爱琴被送回延安后，终于见到了自己的父亲刘少奇。而此时何宝珍早已在 1934 年深秋被国民党反动派杀害于南京雨花台。爱琴再也见不到自己的母亲了。她多次说过，“究竟母亲是什么样子，还是后来从仅有的一张照片中才看到我亲生母亲的模样。”②

何宝珍送走爱女后，次日与丁觉群、徐伯贞以及云南籍的两位女同志从汉口乘

① 中共中央文献研究室编：《刘少奇年谱》（上卷），中央文献出版社 1996 年版，第 73 页。
② 刘爱琴：《我的父亲刘少奇》，辽宁人民出版社 2002 年版，第 45 页。

客轮东下,到九江找到林祖烈。林祖烈很快将她送到了白鹿洞书院与刘少奇会合。

8月初的一天，国民党的一支队伍到白鹿洞搜捕共产党员。何宝珍听到消息后,立刻与刘少奇转移到一户工人家中,但是国民党军队搜捕完白鹿洞书院后并没有离开,而是继续在周边的人家中搜查。眼看就要搜到这一家了,何宝珍急中生智,让少奇躺在床上装作病得很重的样子。当国民党军队搜查这间房子时,看见床板上躺着一个又瘦又弱的中年男子,便问是谁。房东等人忙说是一位传染病人,病了很久了,可能快要死了。领头的国民党军官害怕被染上传染疾病,没有再详细询问便赶忙走了。刘少奇就这样躲过了搜查。

白鹿洞书院大门前有一条溪流,俗称贯道溪,溪旁有一块“枕流”的石刻。1959年,已是国家主席的刘少奇在江西省副省长方志纯等人的陪同下来到这里,坐在这块石刻旁,曾谈起当年的往事,他说他在书院遭遇了一回险情,正是这贯道溪中的“枕流”石刻为他解了围。曾经在庐山管理局接待处工作的贺伟撰文写道:

那是8月中旬,汪精卫已公开反共,大肆屠杀共产党人,全国都笼罩在白色恐怖之中。星子县民团的一个团丁发现在白鹿洞养病的这位“教书先生有些可疑”,马上报告了民团头领,头领立即带领10多个团丁直奔书院而来。刘少奇一时来不及转移,情急之下,抓了一本《三国志》便来到贯道溪中朱熹亲笔题写的“枕流”的石刻旁,仰卧在石上“读书”。民团头领率人来到溪上的“枕流桥”上,见“教书先生”正在摇头晃脑地读着《三国志》:“枕石漱流,吟咏缊袍。偃息于仁义之途,恬淡于浩然之域。高概节行,守真不亏……”头领大声喝道:“嘿!你在干什么?”“教书先生”痴痴迷迷地指着“枕流”二字说“我正在研究此二字。古人明明说‘枕石漱流’,朱熹却题成‘枕流’。流者,动也,既动之,又安可枕乎?不知长官有何高见,还请赐教。”头领丈二和尚摸不着头脑，此人满口之乎者也不知在说些啥。他又问了几句,“教书先生”仍是摇头晃脑,满口酸词。头领气恼地说:“十足一个烂无用的书呆子,哪会是什么共产党,扯他妈蛋,瞎忙乎半天。”说着,骂骂咧咧地带人走了。刘少奇看他们走远,抹一把额头上的汗,赶紧回住处收拾行装,匆匆离去。[①]

不久，党组织又将刘少奇转移到星子县一个姓周的工人家里。老周是码头工人,未公开中共党员身份,家里有一位50来岁的老母亲、20多岁的妻子和一个未

① 贺伟:《刘少奇在庐山》,《纵横》杂志2008年第1期,第14页。作者1959年曾为庐山管理局接待处工作人员,后为接待处副处长。

满周岁的孩子,他的母亲与妻子性格开朗,同情革命。

周家在县城东边的一条弄堂里,四周基本上都是平房,刘少奇夫妇被安排在周家一间偏房里住着。为了避免附近群众的怀疑,他两人化名扮成一对工人夫妻。老周向四邻吹风,说刘是轮船上的工人,是他的好朋友,因为有病,住在他家治疗。尽管小县城的消息闭塞,但是何宝珍出去购物买菜,从当地人的谈话中,从国民党的报纸上,也能得到外面的不少消息,加上老周每晚回来谈的所见所闻,尽管不怎么出门的刘少奇,却对八一南昌起义成功,三天后起义军撤出南昌、南下广东等情况都有所了解。据刘少奇后来回忆:"这位姓周的人早年曾在武汉做工,是共产党员,大革命失败后回到老家,做点儿文具笔墨小生意。当时他能将我隐藏在家中,要冒很大风险,但他没有推辞,想尽一切办法保证我的安全。虽然他后来脱党了,没有再参加革命工作,但还是尽力为革命做了一些有益的事情。"①

32 年后的 1959 年 8 月 19 日,庐山会议休会期间,刘少奇寻访了 1927 年夏天养病期间住过的晓梅别墅、海会寺、白鹿洞书院以及星子县的工人老周家。小梅别墅已经拆掉,海会寺正殿倒塌,只余下几间偏房,昔日的老和尚已经圆寂,当年的小和尚已成为老和尚。只有白鹿洞书院一切依旧。星子县老周家的房子还在,但老周一家去向不明。刘少奇略有遗憾地对随行的江西省副省长方志纯说:"我们今天没有时间多找,请你们以后再费费心,看能不能找到老周同志或他的后人。如能找到,了解一下他们现在的生活,如有困难,可以适当照顾一下。"

1927 年 10 月,刘少奇接到已经由汉迁沪的中共中央让他回上海的通知。他和何宝珍告别了老周,化装成水手夫妇,从庐山脚下的星子县江边码头登上一艘客船,顺流而下,驶向中共中央所在地上海。

10 月 26 日,中共中央临时政治局常委会决定让已到上海的刘少奇在上海医院继续养病。

在养病期间,刘少奇虽人在上海,但仍然关心着湖北武汉的消息。他听说上交中共湖北省委的工运款项发生了问题,心里十分着急。1928 年 1 月 7 日,刘少奇与同在上海的中央委员项英,上海总工会党团书记、中央监察委员许白昊,联名致信中共中央,请求党中央清查这笔款项的下落。信的内容是这样的:

保和兄:

---

① 方志纯:《少奇同志重游庐山故地》,《神州》杂志 2008 年第 12 期,第 46 页。

我们郑重地请中央查办湖北全省总工会存湖北省委的经济用途。

我们是湖北全省总工会公开时代的直接负责任的人，尤其是许白昊同志对湖北全省总工会公开时代负担经济责任。在湖北全省总工会，被反革命的国民党政府派人改组占领后，原湖北总工会的一切工作转入秘密组织中，同时许白昊及其同志被党调移他处工作或得中央允许离开了。白昊被调开时原经手湖北总工会之经济款项全数移交与湖北省委管理，由白昊亲具全部的经济报告书及现款、存款折等收支总账（省总工会所有账项由原会计张希镛、李世璜两同志随同省委决定湖北省总秘密负责人李震瀛、谭影竹、黄五一诸同志在一处），一并亲交于湖北省委书记罗亦农、工委主任李震瀛两同志手收勿误（有白昊负责之总报告书，经收款人当时查明，同交湖北省委存放者）。

现据湖北负责工作同志告我们云：该款已经湖北省委尽数用光，并且账目不详！果如此，则我们请求中央立即依下列责任关系查办清楚，绝不能疏忽！

（1）该款系湖北全省总工会所属各工会正式存款及省总工会公账款项，均有收发账据，均系交代给湖北工人者；

（2）该款由许白昊亲交存于湖北省委，由省委书记罗亦农、工委主任李震瀛两同志亲收，有白昊负责报告书存湖北省委；

（3）该款有五万元系许白昊交款于省委前，由张特立、王若飞同志负责借用于军委待还者外，余均现款及存银折约七万余元（详数我记不清，有白昊交省委报告书可查）；

（4）该款必须清楚保存，或正式用途清楚、明白向湖北各工会公布或发还者；

（5）请中央立将该款查明，现存款是否保存或已用去之详细正当账目审核保存，以便将来公布；

（6）如该款开支项目不明及用途不清不正，需湖北省委负责人绝对负责，以免重蹈“二七”京汉恤款之覆辙，重危本党对工人阶级之信任而维党纪！

敬祈示复！

项　英

许白昊

刘少奇

一九二八年一月七日

这封信，表现了刘少奇和项英、许白昊对工作极端负责任的精神，也体现了早期无产阶级革命家清正廉洁、维护党纪的革命品质。后经中共湖北省委、省监委联合查明:这笔钱并没有被个人贪污挪用,而是作为秋收起义的活动经费,用于购买了武器弹药。

1928 年 2 月 7 日,病愈后的刘少奇被中央临时政治局安排到中共中央工人运动委员会工作。3 月 24 日,刘少奇受中央临时政治局派遣前往天津,以中华全国总工会特派员身份,参加全国铁路总工会的领导工作,同时作为中央委员指导顺直省委工作,开始了他在国民党反动派和北方军阀的统治区出生入死的地下斗争生涯。

第九章　调研人民内部矛盾问题

中华人民共和国成立以后，刘少奇先后多次来武汉视察指导工作，给江城人民留下许多难忘的记忆——

1956年是极不平静的一年。这年夏秋，国际共产主义运动出现了大的波折，发生了举世震惊的波兰事件和匈牙利事件。在国内，由于社会主义改造的急促和变化的深刻，以及领导工作中存在官僚主义等问题，加上波匈事件的一定影响，一些地方连续出现工人罢工、学生罢课请愿、农村发生闹退社、闹缺粮的风潮。面对这些复杂的新情况，党中央和毛泽东深入思考社会主义社会的矛盾，提出了关于正确处理人民内部矛盾的理论。

1957年1月27日，毛泽东主持省市自治区党委书记会议的最后一次会议并讲话，提出在社会主义建设时期，"大量表现的是人民内部的矛盾。当前的少数人闹事就反映了这种状况。对于这个东西我们的经验不足，这是一门科学，应该好好研究。"①

2月18日，中共中央副主席、全国人大常委会委员长刘少奇偕王光美带领全国总工会、团中央和教育部的八名负责同志南下河北、河南、湖北、湖南、广东五省，开始了为期近两个月的关于人民内部矛盾问题的调研。

2月27日，毛泽东在最高国务会议第十一次扩大会议作题为《如何处理人民

---

① 摘自毛泽东此次讲话中七点意见的第五点"闹事问题"。讲话中，毛泽东还强调：在社会主义社会里，少数人闹事，是个新问题，很值得研究。基本原因就在于社会上仍然有各种对立面——正面和反面，仍然有对立的阶级，对立的人们，对立的意见。发生少数人闹事，有些是由于领导上存在着官僚主义和主观主义，在政治的或经济的政策上犯了错误。还有一些不是政策不对，而是工作方法不对，太生硬了。再一个因素，是反革命分子和坏分子的存在。我们对于少数人闹事，应当采取积极态度，不应当采取消极态度，就是说不怕，要准备着。我看要准备出大事。你准备出大事，就可能不出。对于少数人闹事，第一条是不提倡，第二条是有人硬要闹就让他闹。要学会这么一种领导艺术，不要什么事情总是捂着。要揭露矛盾，解决矛盾。

1957 年 3 月 7 日，刘少奇同中共湖北省委负责人探讨正确处理人民内部矛盾问题

内部的矛盾》的著名讲话，全面分析了社会主义社会的基本矛盾及其特点，明确指出要严格区分和正确处理两类不同性质的社会矛盾，具体提出了正确处理人民内部矛盾的基本原则和方针政策①。3 月 1 日，河南省委书记吴芝圃向刘少奇汇报了毛泽东的讲话。

湖北是刘少奇一行这次调研的第三个省份，调研工作从 3 月 7 日抵汉至 19 日赴湘，前后 13 天。在汉期间，刘少奇先后同中共武汉市委负责人谈话，听取王任重②、张平化③、王延春④关于大学、工业和农业工作的汇报，听取武钢、武建等单位负责人关于本单位工作的汇报，视察武汉长江大桥建设工地和武汉裕华纱厂，出席中共湖北省委扩大会议并讲话，与武汉地区大学校长、教授以及民主党派组织的负责

① 毛泽东著作《关于正确处理人民内部矛盾问题》，是在这次讲话记录稿的基础上整理而成的。讲话中，毛泽东全面分析了社会主义社会的基本矛盾及其特点，认为社会主义社会的“基本的矛盾就是生产关系同生产力之间、上层建筑同经济基础之间的矛盾，这些矛盾都是表现为人民内部的矛盾”。明确指出要严格区分和正确处理两类不同性质的社会矛盾，强调“人民内部的矛盾就是非对抗性的矛盾”。具体提出了正确处理人民内部矛盾的基本原则和方针政策，要求用民主的方法，用“团结、批评、团结”的方针来解决人民内部矛盾，用“四条办法”处理好群众闹事问题：“第一，克服官僚主义，适当地处理矛盾，使其不闹。第二，官僚主义没有克服，要闹就让他闹，因为你没有解决问题。第三，要闹就让他闹够。应该把工人罢工，学生罢课，农民打扁担，看作是我们改善工作，教育工人、农民、学生的一个过程。第四，除个别人以外，一般不要开除。”

② 王任重，时任中共湖北省委第一书记。

③ 张平化，时任中共湖北省委书记处书记、湖北省省长。

④ 王延春，时任中共湖北省委书记处书记，主管农业。

人座谈等,多次就如何正确地处理人民内部矛盾的问题发表重要讲话,提出了许多重要论断。这些论断,与毛泽东两次讲话的基本精神相呼应,至今仍然具有现实指导意义。

1. 论述人民内部矛盾

3 月 16 日,是刘少奇一行到达武汉的第十天。这天,刘少奇出席了湖北省委扩大会议,并在梳理总结一个月来调研情况基础上,作了如何正确处理人民内部矛盾的重要讲话。

讲话中,刘少奇开宗明义地说:我想讲一讲如何处理人民内部的矛盾问题。这个矛盾如何处理,主席在中央会议上谈过,在这次最高国务会议上也谈过,这个问题是个重要问题。从国外来讲是同帝国主义的矛盾还是那样尖锐。这个问题不多讲了。在国内主要的是阶级矛盾,同封建地主、资产阶级的矛盾,但是阶级矛盾从去年来已经基本上解决了,但还有尾子,还有残余,就是说没有最后结束,最后结束阶级尾子,要把地主、资产阶级分子改造好,从思想上清除资产阶级思想的影响,那还是一个长期的工作。但是消灭地主、资产阶级的主要斗争、决定性的斗争已经解决了。就是说,我们肯定取得了胜利,他们肯定失败了,阶级肯定会消灭,但是煞尾子还是一个很长期的工作。

他接着说:阶级矛盾基本消灭,比较突出表现在我们日常生活上,大量的普遍的不是什么阶级矛盾,敌我矛盾,而是人民内部的矛盾。人民内部是有矛盾,不是没有矛盾。生产力和生产关系之间,上层建筑和经济基础之间的矛盾是永远存在的。因此,人民内部的矛盾是长期存在,永远存在的,不能幻想阶级矛盾解决以后,万事大吉,没有矛盾,没有问题了。事实上,就是旧的矛盾解决了,又产生新的矛盾,不仅会产生,而且会发展起来,处理得不好,矛盾就会紧张起来,就闹事,甚至形成对抗。人民内部的矛盾一般讲来是非对抗性的矛盾,但是处理得不好,就会转化为对抗性的矛盾。现在人民内部有很多问题,有些闹事,如罢工、罢课、游行、示威、请愿,这些事情发生不少,各个地方都有,这些问题表现人民内部的矛盾开始在紧张起来,开始在发展起来,这是个苗头,还没有大发展。

他特别强调:现在人民内部的矛盾大部分表现人民群众同领导者之间的矛盾,更确切地讲,表现人民群众同官僚主义之间的矛盾。我们领导上犯官僚主义的错误,而官僚主义是直接和人民群众利益冲突的,所以人民群众同领导者之间发生了问题,发生闹事。和领导者的官僚主义冲突,大部分是这样来的,即是有些其他的问题,比如说“农民生活苦,工人生活好”,他们就说是领导上的官僚主义,“为什么把农民的生活搞得那样苦?”这些问题是跟国家的领导机关有直接关系的。

在以上谈话中,刘少奇关于“现在人民内部的矛盾大部分表现人民群众同领导者之间的矛盾,更确切地讲,表现人民群众同官僚主义之间的矛盾”的论断,与他此前对国内有关矛盾的认识是一致的、一贯的。

据王光美回忆:“临行前,少奇同调查组的同志谈话,他说:现在有些地方发生了工人、农民、学生闹事。我们要好好地研究一下他们为什么闹事,如何才能使他们不闹或少闹,对那些闹事群众采取什么政策,如果没有正确的政策,势必发生像波匈事件那样的情况。他讲到:现在地主阶级已经消灭,反革命已基本上肃清,帝国主义也赶走了,因此,和敌人的矛盾已经不是主要矛盾,人民内部的矛盾突出了,它是主要的了。这一点,我在 1951 年就强调过。他还说:因为我们是领导党,什么事办不好,群众就怪在我们身上。群众怪我们有两条:一是我们有官僚主义,二是我们的政策有错误。当然,有些情况下可能还有敌我矛盾。少奇要求大家最大限度地深入基层,了解真实情况。”

3 月 11 日,王任重汇报到汉阳机械制造学校团员响应团支部号召,签名写信反映有关学习方面的问题和要求,说不答复要罢课,因而被指犯错误时,刘少奇说:签名为什么犯错误呢?不犯错误,签名对。要求嘛,罢课也不算非法。问题怎样发生的,为什么学生要签名,原来学鱼雷,现在改学工具,说明是官僚主义。后来讲清道理了,学生接受了,愿不请了,课不罢了。如果检查这个事情,首先要检查领导上的错误,要承认这个错误,你先讲清楚了,就不签名了,为什么等到签名了这个时候才讲呢?先为什么不好好讲清楚,估计到改变人家的性质、前途,要改变人家的命运,人家本来要学鱼雷、水雷这一项,你们现在改了,要另搞一项,他一生职业问题改变了,不和人家讲清楚,我们就这样决定,这是决定人家命运的问题。

联系到张平化汇报的工业方面的情况,刘少奇继续说道:工人应该服从调动,不服从调动不好的,厂长有权力调动工人,要在他的厂内调动,不改变他的行业,暂时调出去工作一两年,事先也要讲清楚。但是要改变人家的行业,从搞“万能”工,又去搞五金,这是不妥当的。汽车配件厂也是这样,调 31 个人去搞别的,造鱼雷改造工具,是关系人家命运的事情。不仅是他们,包括我们在内,军队要人家复员、要他转业要讲清楚,而且要自愿,应该签好合同,这样可以避免闹事。自己签个字就去,不签字就不去，不适合他的工作，他情愿等两年可以。恐怕闹事大部分是这样，就是要改变人家的行业，原来搞这个工作，后来搞那个工作去了，结果没有讲清楚，他自己没有表示态度，罢工请愿从这个地方起，要不领导上就是要他们检讨，要不就要他们认错。

刘少奇对湖北省委的同志提出要求：你们研究几个典型处理人民闹事的问题，召集干部普遍的讲一次。很多闹事最初的原因几乎是改变人家的命运，官僚主义的随便改变，不征求人家的同意。改也可以改，要和人家讲清楚，得到人家的同意，不同意就慢一点。有的是人家不知道的就决定了。20多个人调到汽车配件厂，人家不知道，一看形势不对头就闹起来了，完全是带欺骗性的，也可以说把这些人的前途命运不算数。人家当一生的职业在那里搞，你就随便改变人家的职业。人家闹起来，说人家犯错误，要人家检讨，开斗争会，的确是一种很恶劣的官僚主义。这种官僚主义的办法如果不改，一定会闹事，越闹越大。现在从上海调来的工人总是闹事，将来要签合同，不同意就走，免得没有讲清楚到这里来闹事。武钢外地不是又来了很多工人吗？先要搞好合同，要他签字，来了之后合同上没有的，不能要求。

接着，王任重继续汇报了水力发电学校、湖北医学院、财经学校、体育学院的学生对生活、对领导有意见的事，他说："我们怎样发扬民主，党站在什么立场呢？合理的支持，不是合理的要解释，要支持学生向官僚主义作斗争。"

刘少奇明确表示同意王任重的看法并指出：党、团、学生会、工会都是官僚主义，群众没有人代表，所以要产生领袖，非党、团、工会分子出来独立活动。整个匈牙利党就是这样闹垮了，国家、政府、党团、工会闹垮了，所有的党、团、工会和拉科西一道共存亡，拉科西一垮，所有的一道都垮了。我们这里有这样的趋势，党、团、工会和官僚主义捆在一起共存亡。闹事的原因主要是官僚主义。即便群众有过高的要求，反革命分子煽动一下，不是主要的。群众提出过高的要求不多，过高的要求坚持罢工罢课这些事情很少，就是有，一讲就通了。没有官僚主义，群众提出过高的要求比较好办，群众提出过高的要求，你又有官僚主义，那就糟了。

在16日的讲话中，刘少奇对所发生的群众闹事问题作出了两条基本结论，其一：人民群众闹事几乎全部是为了经济性质的切身要求，提出要求，得不到解决就闹事。政治性质的罢工，罢课、游行示威很少发生。在我们中国大的政治性质的罢课、罢工，群众运动直接反对人民政府，跑到马路上来，达到政治目的，这样的事情不容易发生。其二：群众提出的要求大部分是合理的，而且是可以实现的，只有一小部分是不合理的,或者不能实现的,但是这一小部分不合理或者不能实现的要求,如果向群众认真地作了解释以后,群众并不坚持。

就基本结论的第一条,刘少奇阐释道:在人民群众中间有不少的政治思想问题,不是很少,而是很多,比如,说农民生活苦,统购统销搞不搞……等,如果我们能及时加强政治思想教育,把这些问题说清楚,我看不会为政治问题发生大的群众运动。在人民群众中间,隐藏着少数反革命分子,他们要利用人民群众内部的矛盾进行反革命活动,这是肯定的,他们一定要这样做的。但是反革命分子他只能利用群众的切身经济问题、政治思想问题来鼓动群众起来闹事,而不能用反革命的纲领和口号直接动员群众进行闹事,因为那样他就闹不起来,他必须把反革命的纲领口号隐藏起来,抓住群众切身要求和政治思想问题鼓动群众、利用群众起来闹事,所以现在人民群众闹事有很多政治思想问题,但是现在直接促进群众起来闹事的主要原因是经济性质的问题,因为他们的经济要求,切身要求得不到妥善解决和及时解决,所以就闹事了。

刘少奇进一步将官僚主义引发人民群众中间闹事归结为三种情况:

一是久拖不决。刘少奇分析说:群众闹事是有一定过程的,大部分起来闹事以前,先提意见,提要求,派代表交涉,议论纷纷讲闲话。这种闲话不能禁止的,很多事情就是从讲闲话起,我们有很多同志不会听闲话,有的就骂人家讲闲话,不要骂,要好好的听那些闲话,讲闲话这是第一阶段;开始几个人讲闲话,讲来讲去大家一同意了,然后正式提意见,这是第二阶段;这时候再不能解决的话就开大会,或者到北京告状,给人民日报写信,出墙报,这是第三阶段;这样还解决不了,就请愿,或者就罢工、罢课……有这样一些过程,不是突然一下子闹起来的。有的人感觉突然一下子起来闹事了,不是的,那是因为你是官僚主义,讲闲话不听,提意见不听,办墙报不听,所以就闹事,不是突然之间闹起来的。有些正当的合理的要求,提出意见,长期不能得到解决,发展到闹起事来;要求是合理的,但是办不到,已经提出问题很久了,长期不能解决,也不能得到很好的解释,所以闹事。

二是说话不算数、一脚踢开。刘少奇认为:很多闹事是我们领导机关的毛病,说话不算数,是我们领导机关说话不算数;一脚踢开,是我们领导机关把人家一脚踢开。说到"说话不算数",刘少奇举例说:原来招学生,徒工说得好得很,轻易许人家的要求,结果不能兑现,所以就闹起事来。正定地质干部学校毕业生,同意一毕业就派工作,结果毕业了没有工作。有的工业部门招一些学生本来是电工,办的是技工学校，但说是技术学校。技工学校和技术学校不一样，一个毕业出来是当技师，一个毕业出来当工人，学生一跑去不是那一回事，要他们当工人他们不干，说“说话不算数”，就闹起来。关于“一脚踢开”的事例，刘少奇谈到：长江大桥建设局对 109 名“临时工”，不和人家讲清楚就一脚踢开。武汉汽车配件厂也是这样，不和人家讲清楚就弄来了，他们对工种有意见，又没有说清楚，不是耐心说服，取得同意，而是采取“斗争会”的方式去压人家。劳动部门劳动调配也是这样不和人家讲清楚，今天调 100，明天调 20，一批一批地调，我看你们喜欢调配，我把你们调配一下看怎么样。就是说，没把人家当干部和党员看待。要和人家讲清楚，要经过他们同意，这样不和人家商量把人家调配了，就要闹事。

三是厚此薄彼。刘少奇说：厚此，薄彼，待遇不公平。特别是对我们自己的干部、亲戚、朋友、老婆等等待遇不公平，所以群众起来要求，要求得不到就起来闹事。

总结通过调研所掌握的情况，刘少奇得出的结论是：人民群众起来闹事的主要原因是我们领导机关的官僚主义，对人民群众问题的处理采取官僚主义的态度。官僚主义有两种：一种是命令主义，一脚踢开，也可以说是“左”的官僚主义；另一种是尾巴主义，轻易答应人家，说话不算数，迎合人家的心理，随便提出自己的诺言不能兑现，群众不合理的要求随便答应。这些就是促使群众闹事的原因。

为此，刘少奇反复告诫我们的领导干部：以后凡是招生，要把困难条件说够，顺利条件恐怕保留一成两成比较好，不要说太好了，本来只有 10 分好，你说了 12 分到 15 分好，那一定要闹事，以后的工作要说服，那就很为难，增加很大的困难，把顺利条件说多了，使以后的工作被动，把顺利条件说少一点好办。困难条件要说够，有 10 分说 10 分，不要只说 9 分或 8 分，当然夸大困难条件也不好，有的说到东北去把鼻子一捏就掉了，到南方面饼贴在壁上就晒熟了，把困难夸大了，引起人家的恐怖心理那是不对，到东北去鼻子也捏不掉，到南方来把面饼放在壁上晒不熟的。但是困难要说够，不是夸大，困难条件说足一点，顺利条件少说一点。你们必须切切实实地嘱咐那些招学生招工人的人，有几个什么条件要说好，甚至订好合同，每人签个字。要慎重处理，不要让那些招工员乱说一通。

同时，刘少奇还对如何对待群众和群众运动的问题进行了反思。11 日，他对王任重说：我们搞群众运动，领导群众起来罢工、罢课、请愿，会搞。现在人家起来反对我们，不知道怎么搞了，没有经验。要总结几个典型经验之后，然后从中间得出经验教训。另外如何处理党员，各方面如何处理，要发具体经验通报的东西，各省各县都要总结经验。

随后,刘少奇对如何反对官僚的问题提出了自己的见解,他说:反官僚主义,报纸上也登了,决议上也写了,要反官僚主义,实际上没有反掉什么东西。我们怎样反法?首先要把基层党委的领导机关、厂长召集起来讲一讲,怎样决定问题、处理问题是官僚主义,什么不是官僚主义,怎样处理群众闹事,不闹也不好,要有一个改变官僚主义的领导方法,厂长、校长,基层单位的领导上只注意生产、注意业务,根本不注意他管的这些人,没有群众路线,甚至不太关心人家的死活、命运的问题,随便调一百两百,不讲清楚。要妥善改变这个东西,要多次教育,决定的时候如何征求他们的意见说服他们,得到他们的同意,这就好办了。有相当一部分问题要得到群众同意才办的,如签合同之类,有集体合同还有个人合同,要搞这个事。就是说,要你自己改变官僚主义的领导方法,执行马列主义、群众路线的领导方法,这是比较好的。如果不这样不行,群众起来闹事,逼着你要改。一个是主动自愿改,一个是逼迫改,总要主动一点好,官僚主义是要改的,不改是不行的。

谈到这里,刘少奇运用辩证法接着说道:因此,我说群众闹事有好处,共产党不是反对群众闹事是赞成群众闹事的。你官僚主义不改,结果群众起来闹嘛,一闹就要改嘛。有些人闹也不改的,总是要压服群众的。我们允许工人选厂长,上级机关也可以撤换厂长。选举不会有乱子的,问题出来了再讲。还有一种人坚持官僚主义不改的要撤换的,要和干部讲清楚。党、团、工会、厂长,群众开大会要讲,要不你们自己改,要不群众斗争你们改,不改就撤职。两种撤法,一种是群众撤,一种是上面撤。真正学校、工厂50%的工人、学生不愿意你当厂长、校长了,群众不撤,我们也要撤,不然工作就不好搞嘛。但要说服这些人,不要不教而诛,不要来个我官僚主义,你也官僚主义。

2. 采用正确方法解决人民内部矛盾

“人民内部的矛盾发生了,如何解决?解决的正确方法是什么呢?”在16日召开的湖北省委扩大会议上,刘少奇向所有与会者提出了这样一个严肃的问题。少顷,他用明确而简洁的语言,向大家解答说:就是我们党内采用的方法,从团结愿望出发,经过批评和斗争,达到团结的目的。

刘少奇称这种方法为“小民主”。他说:这一种方法在延安整风的时候就提出为解决党内矛盾的方法。现在把这种方法扩大,不仅在党内采用,而且推广到人民内

2007 年修葺改造一新的武汉洪山礼堂

部。对民族资产阶级也采取这种方法，从团结民族资产阶级的愿望出发，经过批评和斗争达到对民族资产阶级的团结。主席讲在 6 亿人口里面都可以采用这种方法，这就是小民主的方法，通过小民主的方法来解决人民内部的矛盾。因此，我们人民内部必须允许小民主，不允许小民主，势必来个大民主的，就是说对人民内部的矛盾不处理好，就会在一定的时候，一定的条件下，发展成为对抗，像匈牙利、波兰这样的事件，是全国性的斗争，我们要避免在人民内部形成对抗，必须充分运用小民主的方法，及时解决人民内部的矛盾。如果要避免大民主的话，避免人民内部对抗的话，必须充分采用小民主的方法来解决人民内部的矛盾。

为此，刘少奇苦口婆心地对参加湖北省委扩大会的干部们说：要把人民群众、普通工人、学生、农民等等看着是我们自己人。我们领导者，厂长、校长、政府的负责人、合作社社长，我们党员、党的干部，必须把普通工人、农民、学生看作自己人，和我们的党员一样，要一视同仁，诚心诚意同他们讨论问题，解决他们的问题。

刘少奇接着说：有这样的情况，我们的厂长、社长、干部、负责人，把工人、学生、农民看成不是自己人一样，同党员和干部不是一样的看待，是另一种人，有的问题不同他们商量，不同他们讨论，不是从团结出发，经过批评达到团结，不是跟他们诚心诚意的讨论问题，甚至有的是骗他们，因此，就发生问题，这是他们不信任人民群众，不信任他们自己所管的工人、学生和社员，他们不信任人民群众，那么人民群众也就不信任他，关系就紧张起来，关系紧张到一定程度就有破裂的危险，而且有的已经破裂了。

刘少奇联系到湖北黄石铁山、武汉汽车配件厂、长江大桥建设局等单位在群众闹起来以后的表现，毫不留情地批评说：常常是这样，事情没有闹起来是不理的，群众提意见也好，讲闲话也好不理，闹起来以后就慌手慌脚，措手不及，惊慌失措。怎样对付呢？大部分是采取压的办法。压制的办法有两种：一种是用强力去压，或者说开除、打击，有的请军队、派侦察，对付群众闹事，曾经有的地方已经把机关枪架起来，你们铁山闹事不是也想请军队嘛。另一种是软压制的办法，如武汉汽车配件厂，从湖北技工学校调 31 个学生，原来说是“万能工”，调那儿去却是“工序工”，就是校长和厂长划了 31 人，也不和人家讲清楚。到那里开始还好，以后他们不愿意了，起来闹，要求回去不给他们回去，说他们闹事不对，结果召集车间大会一百多人斗争几十人，一斗争，什么“台湾派来的啊”，“反对人民政府啊”，一批评一斗争那几个小孩子吓倒了，写检讨承认错误了。这是一种压制的办法。

接着，刘少奇谈到新乡一一六厂用软压制的办法处理 102 名工人不服从工作调动的事，他在联系武汉实际时说：听说大桥建设局 109 人闹事，派一个侦察员当作修电线的工人。刚才我讲过要把人民群众当作自己人，当作党员看待，诚心诚意的解决问题。上面的做法就是把他们当作外人，矛盾本来没有那样尖锐、紧张，就把问题搞得那样尖锐紧张，根本没有那样的事，那样的矛盾嘛。

刘少奇由此告诫大家：我们有些领导干部就是这样，犯了错误，坚持错误不改，不向群众认错，也不收回来，用家属瓦解和压制的办法，弄得群众没有办法。但是问题没有解决，他们心里也不服，这个不服可以搞得很久，把人的家属拉来，如果领导不承认错误，将来几十年他们也会记得的。

刘少奇继续说道：我们有些领导人是这样的，他自己有错误不承认，要群众来分清界限，什么界限呢？我不大清楚，有人讲是组织性、纪律性的界限，实际上是是非界限，但是他自己的是非界限可以不分清楚，要人家分清是非界限，要人家承认错误写检讨，我厂长犯了错误，你没有发言权不能问，错误是群众的，他自己的错误也认为是群众的错误，要群众检讨，他自己不检讨。我们中国有一句古话，叫作“天下无不是的父母”，我们也有少数人在人民群众面前认为“天下无不是的领导者”，领导者没有不是的，要人民群众作检讨。当然，我们的党员错了要写检讨，但是要群众写检讨很少，即使犯了错误也不要老百姓写检讨，工人就是老百姓，所以写检讨的办法一般不能用在群众闹事上。起来闹事的群众有的是对的，有的是错误的，就是犯了错误也不要写检讨，而且逼迫他写检讨更不好，逼得没有办法不写检讨要开除那实际上是压制。

在对群众犯错予以宽容的同时,刘少奇对领导机关提出了严格具体的要求。他说:领导机关错了的,我们首先应该作检讨,如招收学生、工人,开始答应条件多了,不能兑现应该讲嘛,现在条件没有那样好,有什么困难,要重新讲过,认错嘛,你们一定要走就走,不来就不来嘛,不愿意学的就不学了嘛,把他送回去。调武汉汽车配件厂的愿意干就干,不愿意干就回去,只要领导者说错了,承认了错误就闹不起来了,用不着动员家属,派那多人作工作的。因此,有这样两类事情要分别对待:工厂、学校、基层单位以内的事情,领导上可以处理,不必征求群众同意的,如厂内生产中间的问题,厂长可取指挥命令的,不听命令指挥随便迟到早退,厂长可以处分他。但是第二类的事情不能这样,就必须经过动员,并取得群众的同意之后才能处理,比如从外地(上海)请工人到这来(武汉),或者把工人送到外厂去,或者改变工人的职业,这些事情应该经过动员并取得群众同意之后才做,有的时候要订合同,要他自己签字才可以做的,比如调30多个工人到武汉汽车配件厂,要他签字就不闹事了嘛,这是关系人家的命运,他的职业是一生的事情,而且在上海到武汉生活不一样,工作也不是一年,几个月就回家了的,而是来了以后,上海没有职业,以厂为家,他上海那个家没有了,要另外安家,关系他的命运嘛。我们是共产党员(职业革命家)随便什么事情可以做,当军区司令员,如果不叫当了,当厂长去也没有问题的,关系工人的命运,不经过同意、动员说服,随便就是手一划,怎么不闹事呢?

谈到正确处理人民内部矛盾问题,刘少奇要求分清人民内部矛盾的是非,宽大处理虽犯错误但愿意改正的人。他说:是非界限要分清,人民群众内部的问题是是非问题,不是敌我问题,不分清楚是不可以的,应当分清楚,必须分清楚,有些问题一时分不清楚,就保留起来。他强调领导机关错了要承认错误,不承认永远也要翻出来的,曾经说斯大林是正确的嘛,他死了没有几年错误就翻出来了,现在一批评斯大林一说统统都错了,那也不行,有错的还有对的,斯大林不行,你们这些人还行吗?他还说:孔子在世的时候说不好,死了又说好,行时几千年,“五四”时候,打倒孔家店,又说不好,现在又说还有点好的。几千年的事,是还是是,非还是非,你不承认,死了几千年还要搞的,搞到适当的地位。所以人民群众内部的事情对了就对了,错了就错了,不要对立起来,一对立起来势必来个大民主。

他接着说:分清楚怎么办?不是当敌人办,而是检讨一下,承认错误就完了。错了就当敌人办,那不行,不能把是非界限和敌我界限混淆起来。在国际共产主义运动中,有这样的事情,如果一说错了,统统垮台了,那不行,错误是人人要犯的,犯了错误就检讨,至多调换工作,因为你搞那个工作搞不好嘛,要调换一下,如果不坚持错误的话,就不要作进一步的处理。有了官僚主义的错误是不是要改正?不改正是不是可以?不改正不行的,有一次就要改正一次,如果说改正了就不再犯官僚主义,也没有那样的事,有一次改正一次,少一点官僚主义,官僚主义改正了怎么办,改正了是好的,至多调动一下工作,不要把人民内部的问题处理过分,处理过分就会伤害群众,或者挫伤领导干部的积极性,所以必须改正,处理要宽大,但是有的时候必须要调动工作,除非违法乱纪的在群众中引起公愤,那是要惩办的,这也是个别的。

在讲话中,刘少奇还将国内外的一些情况作了对比,不时引起听众会心的笑声。他说:我们的国家一般不开除工人,除非是违法乱纪的。因此,工人不失业,吃饭有保证,这一条对一切工人劳动者是最大的好处,我们要宣传这一条,并且已经是这样办,这种办法是不是要改变还值得考虑。苏联不是这样,他要就要,不要工厂可以随便开除,机关干部也是这样,随时随地解雇。你们说苏联好嘛,先进经验,把你们解雇好不好?各个国家都是这样,只有我们的国家不是这样,匈牙利事件之后,解雇15万人,这还是搞过大民主的。波兰这回大民主,所有的支部书记、区委委员、市委委员,包括中央委员,几乎大部分换了,到工厂做工作,有的当小贩。中央委员也开除的,说是斯大林主义者,不要;说是反对斯大林主义者,就要。现在我们不是这样办,如果实行这样的办法,罢工、游行会更多的。但是国家保证不开除工人这一条,有很大的困难,背很大的包袱,因此,我们国家在必要的时候,在困难的时候,应该可以要求我们的工人、工作人员、学生、教职员,要他们担负困难的工作,待遇低的工作。

联系到武汉的实际,刘少奇说:比如说大桥修完了,这些人没有什么地方去,工人不开除,算是我们的工人,但是要你们(大桥工人)要做比大桥困难的工作,或者工钱最少,条件比较差的工作,国家可不可以提出这个要求,如果说既不能开除,又只能做比较好的工作,比较差的事情不能做,这样就没有办法的。因此,我们应当向所有的工作人员讲,国家有好的工作大家就可以做比较好的工作,没有好工作,坏工作也要做。就是说不开除工人的条件之下,国家应当可以要求工人做条件比较差待遇比较低的工作。如果说不行,一定要做大桥这样的工作,别的不干,我们国家只修一个大桥嘛,别的是小桥,桥不修了,就挖石挑土嘛,如果说大桥工人不能挖石挑土,国家办不到。有好事情干好事情,没有好事情坏事情也要干,比开除要好一点。

我们应当拿这一条说服工人。他还说，国家是对所有的人统筹安排，对地主、反革命分子、二流子也有安排。因此对我们学生、失业工人，有工作的和没有工作的，也要统筹安排，既然要统筹安排就不能都选好的，都选好的就无法安排，要向群众讲清楚，一次说不清楚多说几次。

在16日的讲话中，刘少奇最后谈到了与会者犹想知道的重要问题：群众闹起来了怎么办，官僚主义一下克服掉不可能，几十年以后还会有，不断克服不断会有，群众闹起来怎么办？

刘少奇以其惯有的缜密，将答案归纳为三点：

第一，让不让群众闹事，罢工、罢课请愿，游行示威让不让，禁止不禁止，我们答复让闹，不能禁止，人民群众有言论、结社、出版、游行示威的自由，罢工是不犯法的，让他闹。闹起来怎么办？首先要检查领导机关，是不是处理错误，如果领导机关处理错误，应该立即解决。其次群众的要求能够答应的就答应，不能答应的闹也不能答应。合理的做得到的就答应，有些问题没有说清楚的那就说清楚，没有征求群众同意的就重新征求意见，有很多问题处理了，闹起来就很快解决了。

第二，群众闹事究竟是好事还是坏事，我们答复说人民群众起来闹事是坏事又是好事，不要片面看，只看到群众一闹起来就是坏事。有很多人民群众起来闹事有好处，因为群众闹起来，我们有官僚主义可以克服官僚主义，可以向群众进行教育，可以解释清楚，好多事情人民群众闹起来促进我们进步，不要草率收兵，因为有这样一段时间，我们可以向群众进行政治教育，分清是非界限，明明错了就可以纠正，解决问题，如果草率收兵问题不能解决，以后还要闹。人民群众闹事不要轻易捕人，就是领导分子组织群众起来闹事的不要逮捕，也不要开除，把问题处理后，是学校的留在学校，是工厂的留在工厂，如果他们犯刑事案，放火杀人等等的当然可以逮捕。

第三，人民群众闹起事来我们党员、团员如何行动，是不是可以参加群众中间的闹事。群众的闹事我们不提倡，人民群众闹事有好多是合理的，我们党团员应当代表群众的正当要求，力求解决。不正当的要求、不合理和办不到的要求，应该批评和加以解释，但是我们党员、团员不领导人民群众起来闹事，尽可能采用小民主的方法，从团结出发，正当地帮助解决。如果群众非闹不可的时候，我们党、团员是不是应该参加呢？我说应该参加，由党委决定派一部或全部参加，应该跟在一起，如果群众起来请愿了，党员不去，领导权就会落在不可靠的人的手里。在人民群众闹事中间，共产党员不要为官僚主义辩护，不要为上级机关错误的决定辩护。我们有的党员为厂长辩护，厂长错了，党员去解释，解释也不行的。

3. 扩大人民群众的民主生活

3月11日，刘少奇听取湖北省省长张平化的工作汇报。就如何从根本上防止、不发生或少发生闹事现象，张平化在汇报中提出了三点建议：一是进一步改善领导干部的作风；二是进一步加强政治思想教育工作；三是扩大企业管理的民主权利。

谈到改善领导干部作风问题，张平化重点介绍了两位践行“从群众中来到群众中去的工作方法”的典型：一位是做工人知心朋友的转业军人、武汉建设公司混凝土公司第三工地主任韩喜；一位是关心工人生活、注重典型引路、倡导“事事有人管，事事有样板”的襄樊棉织厂支书梁彦斌。刘少奇赞同张平化在企业里提倡“三同”（同吃、同住、同劳动）的想法，他说：党委、工会、青年团很多干部要“同”。

谈到加强政治思想教育工作，张平化说：基层教育办法之一，是从省委起，省人委及有关部门的干部经常下去作演说。刘少奇关切地问：“你们演说是怎样准备的？”当刘少奇听到他们是摸清群众思想，有针对性地讲时，刘少奇高兴地说：你们负责同志到群众中间去作报告、讲话很好，这是一个很好的办法，必须这样。过去我们讲少了，有人提出就是第一次，这个批评是对的。列宁在十月革命时，经常到工厂去讲话，并且被刺了嘛。那时正是群众运动高涨的时候，列宁自己去讲话嘛。现在正是群众对我们不满的时候，对我们有些不了解，有些误解，所以需要和群众见面讲话，普遍作，而且今后要经常作，但要讲好。教条主义的讲，人家不愿意听，解决不了问题，如果是那样，我看还是不去讲好。我讲这个问题的意思是要有准备，先要收集群众中间的问题，有什么意见，对国家，对合作化，对生产有什么问题，对厂长有什么问题，综合起来几个方面比较带普遍性的问题，关系很多群众的问题，只有那多问题。收集问题的方法，也可以自己去听汇报，也可以叫那个单位的党组织去收集。党的领导机关要掌握一下，如何答复，如何解释比较圆满，比较能说服人家。要说服人家还要说形势，算大账，翻国家的底，只有这样多的钱，只能办这样多的工厂，为什么鱼雷厂不能办了，就要答复，就得翻国家的底，所以有很多的问题，应当把国家的大事向群众讲，使群众了解，但不是光讲的问题，有很多的问题要实际去解决，不合理的事情要去掉，要改正……因此说，一方面要作报告进行教育，另一方面还得要解决实际问题。

谈到扩大企业管理的民主权利,张平化汇报了湖北省15个厂(武汉市8个)实行职工代表大会、扩大工会权利、民主选举厂长试点的情况。当汇报到厂长实行民主选举、中层干部由厂长提名在职代会上通过,干部都很紧张时,刘少奇说:好,要紧张一下,这些人认为没有问题了,做了官了,要使他们了解还有问题。

张平化汇报说,通过职工代表大会检查工作是个办法,到什么地方去都很欢迎,对各部门起推动作用。职工代表会检查过后,哺乳室保育员负责了,疗养所伙食也好起来了,车间也发现和解决了以前没有发现和解决的许多问题……国棉一厂的工人评论这次厂职工代表大会"是花钱最少的一次,也是最隆重的一次,解决问题大,过去几年没有解决问题的这次解决了。没有号召献礼,群众自发地献礼,把俱乐部的墙贴满了,贴不下,又把附近的宿舍的墙贴了一半。"刘少奇高兴地说:(群众)有积极性了。

随后,刘少奇与张平化一起研究探讨了建立健全职工代表大会的一些政策性问题。

讨论到工会与企业管理委员会是否合一的问题,刘少奇提出:工会是不是还有许多服务性质的事情,工会委员会为管理委员会,把服务的事情挤掉了,是不是管理委员会下再设个什么组织搞服务的事情。管理委员会不能代替厂长,但作决定是有权力的。职工代表大会和管委会也可以有非会员参加。

研究到职代会的性质,刘少奇认为:职代会既是权力机关,又是监督机关,但并不是执行机关。决定之后厂长去执行。例如人代会、常委会。我是个常委会的委员长,权力是很大,但又毫无权力,一点事不能办,如果要办事要经过国务院各部长办事。不经过厂长、县长、部长,一点事不能办。是权力机关也是监督机关,办得不好要监督。他强调,职代会

1957年3月,刘少奇与夫人王光美在武昌东湖宾馆

决议厂长一定要执行,怎样决议就怎样办,如果说决议根本不妥当,不能执行,执行了要发生什么毛病,会发生什么影响,厂长可以建议修改决议。大部分决议是经过厂长提出来的,我所讲的是工人讨论提出来厂长没有同意的,这样的情况厂长可以考虑,但是厂长要办什么重要的事情一定要问大家,不问不行,没有经过代表大会的不算。

探讨到民主选举和罢免厂长的问题,刘少奇提出:不要选举了就算,恐怕还要任命一下,撤职也要报告上面批准,上面任免的要工人同意,工人不同意不算数;下面选举的不经上面任命的也不算数, 代表大会可以决定撤职, 但还是要经上面批准,这两方面要和工人讲清楚。他还补充说:再加一条,上级任免,工人选举,工人选举了上级不同意怎么办? 一般是会同意的,上级任免工人不同意也可能有的,工人对他不熟悉,开始作党委书记也可以嘛。

刘少奇对湖北武汉地区企业职工代表大会的试点工作寄予厚望,他要求:稳一点,看不出毛病,搞过半年后再推进。

在 16 日召开的湖北省委扩大会议上,刘少奇进一步深化了他与张平化谈话时的思考,语重心长地说了如下三段话:

——很多闹事是官僚主义引起的。每一次要我们工人、工作人员做比较坏的工作,领导干部中间、党员、劳动模范、家属中间要公平待遇,不要把调皮的人做坏事情,好事情我们做,领导干部、党员要做模范,那人家就没有话讲了。

——现在工人、学生中间积累了很多的问题,我一找工人、学生,问题总是谈不完,可见问题很多。省、市委领导机关应当广泛地征求一次人民群众的意见,集中解决一些问题,工厂、学校开小组会有意见就提,然后汇集起来,可能提几百条,也大概就是那几条,集中解决一次。以后每年要集中解决两次,就是要群众提意见,群众不是有意见没有地方提嘛,要他们提,每年提两次,厂里能解决就解决,不能解决的提到市委、省委加以研究然后解决。有思想问题就集中作报告,讲几次,能解决的问题就解决了,不能解决的问题要他们等一等,有困难和他们说清楚,这样会避免很多闹事也实现了民主。

——要人民群众不闹事情,就要扩大人民群众的民主生活,工厂搞工会代表大会,学校搞学生代表大会,职权不一样,要扩大人民群众的民主生活,克服领导机关的官僚主义,人民群众不会闹事的,他们所提出的经济问题切身问题,能解决的解决了,不能解决的讲清楚了,说服了,不会闹事的。

同年4月7日，中共中央制发《关于研究有关工人阶级的几个重要问题的通知》,强调“必须扩大企业管理工作中的民主,扩大职工群众参加企业管理的权利,发挥职工群众对于企业行政的监督作用。”提出了“把企业中现行的由工会主持的职工代表会议改为职工代表大会(在较小企业中为全体职工大会),并且适当地扩大它的权力”的具体措施,印证了刘少奇关于正确处理人民内部矛盾的一些意见与见解。

如今半个多世纪过去了,从那个年代走过来的人,至今都能记得刘少奇关于正确处理人民内部矛盾的那些论断,还能深切感受到《通知》为切实保障人民民主权利所作的努力。

第十章　视察武汉裕华纱厂

1957 年 3 月 15 日(农历二月十四),是“天气回暖,春雷始鸣”的惊蛰后第九天,武汉三镇虽阳光和煦,但气温仍是乍暖还寒。这天下午,在汉进行正确处理人民内部矛盾问题调研的刘少奇参观武汉长江大桥建设工地后,身着黑大衣,头戴黑呢帽,偕王光美来到了地处武昌的武汉裕华纱厂[①]视察工作。

1957 年 3 月 15 日,刘少奇视察即将合拢的武汉长江大桥

武汉裕华纱厂创建于 1919 年,经过多年的努力,逐步发展成为知名的“裕大华集团”。1951 年 11 月完成公私合营后,武汉裕华纱厂坚持党的领导,注重技术革新,推行科学管理,生产不断发展,1956 年被评为全国纺织系统先进单位。同年 9 月 23 日,《人民日报》发表社论《从研究典型做起》,介绍了该厂组织工程技术人员积极学习外厂 29 项纺织技术经验,总结本厂工人的 47 项操作经验,并深入研究加以推广,调动和发挥职工群众积极性的先进事迹。

裕华纱厂这个典型,引起了刘少奇的注意,成为他来汉考察的重点企业之一。是日,刘少奇走下车来,一边与前来迎接他的厂党委书记张允一、经理尚金修亲切

① 武汉裕华纱厂后组建为武汉第四棉纺织厂,1994 年改组为武汉裕大华集团股份有限公司。

握手,一边热情说道:我是来看看典型的。刘少奇的话,让两位厂领导兴奋得一时不知说什么才好。

1. 党的领导不能动摇

裕华纱厂党委书记张允一,是位 1936 年参加革命工作的女同志,1937 年春加入中国共产党,因她"只允许自己有一个信仰,那就是共产主义",遂将原名张国媛改为张允一。1939 年,张允一被派到延安中央党校学习,后留校任教。据她回忆:那时"我和同志们一起住窑洞,一起聆听毛主席作报告,一起吃过饭,唱着革命歌曲,那是我人生最幸福的日子之一。"在延安期间,张允一曾聆听过刘少奇《论共产党员的修养》的演讲,对刘少奇并不陌生。再加上前一年的 6 月 1 日,她曾与尚金修一起向毛泽东当面作过工作汇报。因此,有过这些重要人生经历的张允一少顷便定下神来,热情大方地与尚金修一起,请刘少奇、王光美到厂经理室就座。

走进经理办公室,张允一请刘少奇、王光美在沙发上坐下。刘少奇便掏出香烟,递给大家,接着自己也点燃了一支,吸了一口,笑着问张允一:你是什么时候参加革命的呀?

张允一如实作答后说道:"您作的《论共产党员的修养》的报告,我还是在延安听您讲的哩!"

啊! 那你看,我那时的报告,现在读来很幼稚吧!刘少奇微眯着眼,笑着问道。

"不!"张允一郑重回答。她接着汇报说,延安时期她还是个年轻的共产党员,学习了《论共产党员的修养》以后才明白,应该怎样当好一个共产党员。她还告诉刘少奇,《论共产党员的修养》这本书,现在是裕华纱厂对党员进行教育的主要教材之一。

听到这里,刘少奇对张允一说:教育党员,还是以毛主席的著作为主,用主席的思想来教育。

转过身来,刘少奇问起尚金修的情况。尚金修回答说自己是 1941 年参加革命的,很长时间一直在北京附近打游击。他还说,1948 年他随军南下前夕,在河北平山县孔庙里听过少奇同志的报告,讲的是战争形势和南方工作的特点。

这样说,你们都是老干部了!刘少奇笑了笑说。

当刘少奇听到尚金修汇报他是 1952 年转到工业战线,现任公私合营的裕华纱厂的公方经理;张允一也是 1952 年转业到工业战线,现任厂党委书记时,刘少奇语重心长地说：老干部转工业，是个转折。抗日战争、解放战争，党的工作中心在农村，打游击，搞土改，我们很有经验。转工业，是新形势下的新任务，要钻进去，学技术、学管理，取得经验，不熟悉就很难领导工业。

说到这里，刘少奇停顿了一下，饶有兴趣地问道：你们党委书记和经理的关系怎么样啊？

当刘少奇听到裕华纱厂党政关系很好，重大问题都是党委讨论，实行党委领导下的经理负责制时，十分高兴地说：对，党的领导任何时候都不能动摇。紧接着刘少奇打开话匣，扳着指头纵论古今，从历史上农民起义失败的教训，说到抗日战争、解放战争胜利的经验，从正反两个方面强调了党的领导的重要性。随后，刘少奇强调说，加强党的领导，就要依靠群众，走群众路线。党员干部还要警惕资产阶级的糖衣炮弹，不要上当。

2. “要真正信任技术人员”

正式的工作汇报是由尚金修开始的。他首先介绍了裕华纱厂的历史沿革、公私合营后的变化发展，汇报了裕华纱厂的生产规模、主要设备和企业管理等方面的状况。接着，张允一重点报告了裕华纱厂的党群关系、党政关系、党员教育、工会工作和职工生活福利等方面的情况。刘少奇听得十分专注，王光美也不时作些记录。

这次工作汇报，张允一和尚金修显然是接受了 1956 年 6 月 1 日向毛泽东主席汇报时“技术性太强，辩证法少了点”[①]的教训，注重了对技术名词的解释，以及辩证法的运用。基本情况汇报结束后，刘少奇脸上露出了满意的神色，他高兴地说：你们在基层工作，实际的东西了解得多，我们原则的东西多。他接着说：提几个问题吧，也算是调查研究！你们谈谈看，裕华纱厂生产成本低、积累高，管理有条理，技术革新活跃，这与别人办厂不同之处在哪里呀？

张允一、尚金修你一言，我一语，敞开谈起了裕华纱厂的一些基本作法和体会。在讲到这个厂的工程技术人员队伍比较整齐，厂里一直没有把他们当作“旧人员”，

---

① 张允一、尚金修 1980 年回忆：那是我们去市委向毛主席汇报，王任重、李尔重同志也在座。听着听着，王任重同志微笑地对我们说：“你们的汇报技术性太强，辩证法少了点。管理上的‘三分’、‘三定’，就是辩证法嘛！有些名称不易听懂，要解释解释。”凡谈到技术问题和术语，毛主席就记下来，我们就解释，李尔重同志也帮着解释。毛主席风趣地对李尔重同志说：“你的脑袋瓜子装了不少东西哩！又是文艺人，工业上也懂得不少。”毛主席对我们转工业和汇报的工作给予了鼓励，他也曾叮咛我们：“马列主义，要学。要抓工业企业，在技术和管理上，我们没得经验，也要好好学习。”

20世纪50年代武汉裕大华纱厂厂门

而是按党的知识分子政策给予信任和使用时，刘少奇频频点头。

汇报中，张允一和尚金修告诉刘少奇：这个厂里的原任总工程师万毓奇，现在已到市局工作；继任总工程师叶奎声，现已任厂第二副经理，并已发展成为中共党员。他们继而汇报说：叶奎声曾组织开展对细纱机的技术改造，提高了工效30%，市领导王任重、李尔重十分重视，专程参加厂里的庆功会，为叶奎声等工程技术人员颁发了1万多元奖金。刘少奇高兴地说道：要真正信任技术人员，发挥他们的特长，使他们有职有权。在技术上，要发挥他们的特长；在政治上，要一视同仁。

随后，刘少奇关切地问到叶奎声的工资情况，当知道他与书记、经理一样，月工资有160元时，刘少奇笑着连声说：应该！应该！你们做得很好！

接着，刘少奇详细询问了工程技术人员懂不懂外文的事，嘱咐张允一和尚金修要给他们订阅外国书刊，强调“这对解放思想，开阔思路有好处”。要求张允一和尚金修给技术人员配备助手，设立机构，为充分发挥他们的才智创造条件。他还郑重告诫张允一和尚金修：对他们的工作不要随便干涉，技术上是总工程师负责制。要帮助他们做好思想工作、组织工作，这是我们的责任。

说到这里，刘少奇略略沉吟，补充说道：对技术人员也要加强思想教育，克服他们存在的技术相轻的问题。

3. 不断学习，保持先进

刘少奇向张允一、尚金修问起厂里的工人情况。听说厂里有位细纱值车女工是湖北省劳动模范，刘少奇便让张允一和尚金修派人将她找来。

裕华纱厂细纱车间值车工沈桂英出身童工，因感恩新社会，工作努力，吃苦肯干，屡创佳绩，曾于1951年和1953年两次被评为武汉市甲等劳动模范，1956年又被评为湖北省劳动模范，是闻名全厂的“巾帼英雄”。沈桂英走进经理室，一眼认出了坐在沙发上的刘少奇，便高兴地叫出声来。刘少奇微笑着招呼她在自己身旁的椅子上坐下来。

刘少奇亲切地问道：你多大年纪了？家住哪里？家中有几口人呀？沈桂英努力平复着激动不已的心情，一一向刘少奇作了汇报。她说，她家住在华兴里工厂宿舍，父亲早故，只有母亲一人。母亲对她照顾得蛮好，使她能一心一意工作。

刘少奇询问了沈桂英的先进技术操作的特点后，给在场的同志介绍了苏联的社会主义劳动竞赛，讲了郝建秀先进工作法，同时有针对性地叮嘱沈桂英说：一个先进人物，不是十全十美的，只是在一个方面突出一些，哪能行行都先进呢？所以，先进人物也要虚心学习别人的长处来补自己的短处，不断发明创造，起好带头作用。只有不断学习，才能保持先进。

刘少奇还嘱咐沈桂英：先进的，要注意帮助后进。不帮后进，就起不到先进人物的作用。沈桂英听了刘少奇的话，表示一定不辜负期望，努力学习，不断革新，无愧于劳动模范这个光荣称号。

4. 叮嘱干部团结爱护资方代表

随着谈话的深入，话题转到了裕华纱厂公私合营双方的关系上。刘少奇问道：你们是合营企业，有没有资本家？在得到肯定的回答后，刘少奇说：我是国家领导人，资本家是民主人士，是我们团结的对象，把他找来谈谈吧，不要让人家有意见。

刘少奇在1957年

裕华纱厂资方代表、第二经理张继良应邀走进厂经理室，刘少奇站起身来，与他握了握手，并请他坐下。

刘少奇见张继良神情拘谨、紧张，谈话之初只简单地询问了一下武汉市和裕华纱厂的情况，张继良一一作了回答。谈到旧社会裕华纱厂办厂情况时,刘少奇说:是呀,你们也是受压迫的呀!受帝国主义的压迫,受官僚资本主义的压迫,你们能把厂子办得这个样子,是不容易的,是经过一番艰难曲折的。张继良谈到公私合营后,工厂发展较快,赚钱多,又稳定,利息比解放前分得还多一些。刘少奇微笑着说:你们办厂是有经验的,我们要向你们学习呀!当谈到公、资双方的关系时,张继良说:合营以来,一向融洽,共产党说话算数。同时,张继良还表达了对党的信任和尊敬之意,以及资方人员对党和政府的拥护之情。

一番初谈,张继良神情已经自若了许多,他起身取出口袋里的烟盒,拿出香烟,恭恭敬敬地给刘少奇递了一支。刘少奇接在手里,看了看,继而放回张继良的手中,拿出自己的烟,客气地征求张继良的意见:我抽惯了这种烟,我抽我的好不好?张继良连忙说:"您请,您请。"

抽烟时,刘少奇关切地询问张继良"现在生活怎样?"张继良回答说:"承蒙党的照顾,生活还好。在没有拿定息之前有些困难,还卖过东西。现在好了,每月除本人工资以外,一年拿定息 1 万多元。"刘少奇接着问起张继良解放前后的工资是多少。张继良说,解放前是 400 多钢洋,现在是 132 元。刘少奇关切地问道:"不够用吧?"张继良回答说:"够用,够用!"刘少奇又追问了一句:"不够用吧?"并对尚金修说道:"你是经理,他是第二经理,都是正的,可不可以一样啊?"[①]

刘少奇继而问起张继良家中有几个孩子,都在干什么?张继良说,家中有六个孩子,都在读书,有的上大学,有的上中学。王光美笑眯眯地说:"六个孩子,都上了大学和中学,真不简单,这是新社会的好处。"刘少奇接过话头说:都能去上大学,就很不容易了。我那时想读大学,家里没钱,交不出 200 块钢洋,只读了师范。

谈到这里,刘少奇对张继良说:有什么困难,可以找公方代表帮助。张继良很感动,说党不断对他进行帮助教育,只是自己能力不够,对党所要求的还跟不上,很惭愧。刘少奇勉励张继良好好与公方代表合作,并鼓励他说:你们是国家工作人员了,你们也在变嘛!

5. 兼顾国家和劳动者的关系

与张继良谈话已经进行了一段时间了,尚金修接着张继良进来之前的话题,将

---

① 据张允一、尚金修 1980 年的回忆:两三个月后,经市里研究,将张经理(编者注:指张继良)工资提到了 160 元。

他们扩建工人宿舍的打算作了汇报。

当张允一、尚金修谈到裕华纱厂工人遍布武汉三镇，现在武汉长江大桥尚未竣工，工人特别是不少女工抱着孩子上下班很不方便时，刘少奇频频点头，眼中流露出深切关注的神色。这时，张继良接过话，说他家住在汉口，每天渡江到武昌上班十分不便，经常迟到，群众有意见。

武汉裕大华纱厂的生产车间

“少奇同志凝思沉吟了一会”，张允一、尚金修后来在相关回忆中用这样的文字[①]记述了当时的情景——

少奇同志“问张经理说‘唐朝有首古诗，你记得吗？’接着就咏了一句：‘少小离家老大回’，‘乡音无改鬓毛衰。’张经理连忙接上；‘儿童相见不相识，’少奇同志念了第三句。‘笑问客从何处来。’在座的二三位同志与张经理一起念出末句。少奇同志微微笑着说：‘从古诗上看，我们国家古时候，出门当官的、做事的，都不带家眷嘛！没有这个习惯！’他还说，我们厂已经解决了一些宿舍问题了，要逐步解决。他又看了看张经理，转过来对我们说，所有人的问题都要全部解决，恐怕不太容易。少奇同志以十分诚恳的语气谈道，目前我们国家刚刚开始建设，对人民生活的改善，只能采取渐进的方针。要把国家建设和生活改善的关系放到恰当的位置。少奇同志这一番话，使我们心悦诚服了。”

6. 要注意劳动保护

刘少奇与大家的谈话，在不知不觉中过去了两个多钟头，他站起身来说：“该看看车间了。”

在尚金修引导下，刘少奇一行走进厂房，从清花车间，到前纺车间，再进细纱车

---

①《长江文艺》1980 年第 4 期，第 10 页。

间,转至筒摇车间,最后来到织布车间。在车间里,刘少奇脱下大衣,慢慢地走,仔细地看,不时地问。看到地上的些许落纱、空气中的棉纤微尘,在嘈杂的机器声中,刘少奇提高嗓门对厂领导们说:纺纱的灰尘大,要注意劳动保护啊!

一路上,刘少奇看到车间的灯光不够明亮,便要求厂领导"夜班的灯光要搞好";看到堆积如山的棉纱,便严肃提醒厂领导"消防工作一定要严格";看到工人们推着堆得高高的纱锭小车,便一再嘱咐厂领导:笨重的体力劳动,一定要想办法减轻一点啊!

走出车间,刘少奇穿上大衣走进厂食堂。刘少奇问:有多少人吃饭?伙食怎样?价格如何?厂领导逐一作答,并自豪地说伙食比别的厂好一些。刘少奇听了,流露出高兴的神色。少顷,刘少奇看见饭堂的桌上、地下有残渣剩饭及污水时,便不客气地指了指,轻声批评道:伙食搞好了,这卫生也要搞好啊!

离开食堂,刘少奇一行到了厂托儿所,这是公私合营后修的一座两层红砖楼房,是裕华纱厂条件最好的地方。刘少奇走了进去,感觉里面很暖和,几十间房子窗明几净,几百张小床干干净净、整整齐齐。他的脸上挂满了满意的笑容。

从托儿所出来,刘少奇一行特意去女工宿舍参观。走进一间半开着的寝室,女工们有的坐在被窝里,有的在洗衣服。刘少奇不要厂领导介绍,进门随意坐在一张空铺上,问那位正在洗衣服的青年女工:一个月收入有多少?住在这里要交多少房租钱?租金多不多?学习方便不方便?……那位青年女工低头洗衣服,一时也没认出问话人是谁,就大大方方地一一作答。当刘少奇问她住在这里怎么样时,洗衣的青年女工甩着手上的肥皂沫说:"住在这里比家里好玩些!"说完就咯咯咯地笑了起来。姑娘爽朗的笑声,感染了在座的所有人,刘少奇和王光美也不由得笑出声来。

刘少奇一行走出女工宿舍时,不知是谁认出了戴着白口罩的刘少奇,并将消息迅速传开。工人师傅们闻讯而至,一会儿就把女工宿舍门前围了个水泄不通。在一阵阵的掌声中,刘少奇高兴地走下女工宿舍门前的台阶,同围观的工人师傅们热情握手,向大家招手致意。

夜幕降临了,刘少奇同厂领导握了握手,向大家道了再见,这才坐进小车,驰离裕华纱厂……

第十一章　心系长江三峡建设

举世闻名的长江三峡，由以“雄”著称的瞿塘峡、以“秀”见长的巫峡、以“险”驰名的西陵峡共同组成，是万里长江上一幅最为雄奇峻秀、绚丽多彩的山水画卷。

从 1919 年孙中山在《建国方略》中提出改善川江航道、发展三峡水力发电的设想算起，中国人的三峡梦已有百年。1950 年 2 月，国务院长江水利委员会的成立，展开了中国人三峡梦的翅膀。1992 年 4 月 3 日，全国人大第七届五次会议通过《关于兴建长江三峡工程的决议》，让梦想落地。经过近八年半的建设，2003 年 6 月 1 日三峡大坝下闸蓄水，中国人终于圆梦三峡。

1. “三峡工程是项伟大的工程”

老一辈无产阶级革命家对三峡工程的直接关注，始于 1953 年 2 月 20 日。那天下午，毛泽东听取林一山[①]关于长江流域规划有关问题的汇报，指着《长江流域水利资源综合利用规划草图》上计划修建的干支流一系列梯级水库问道：这些水库修起来以后，长江洪水问题是不是就能解决了？在得到否定的回答后，毛泽东接着问道：那为什么不在这个总口子上卡起来，毕其功于一役？就先修那个三峡水库怎么样？

毛泽东的想法，很快落实到长江水利委员会关于加速三峡建设的科学论证工作中。

1954 年 11 月 26 日，毛泽东和刘少奇、周恩来一起，在途经武汉的火车上，听取了林一山关于长江流域和三峡工程设计工作的汇报。翌年，在中共中央、国务院领导下，有关部门和各方面人士开始通力合作，全面启动长江流域规划和三峡工程

---

① 林一山（1911—2007），山东文登人。1934 年 6 月参加革命工作。1949 年开始从事水利工作，历任中南军政委员会水利部副部长、党组书记，中南军政委员会财经委员会副主任，长江水利委员会主任、党委书记，长江流域规划办公室主任、党委书记，长江流域规划办公室顾问，水利部顾问。毕生致力于长江的治理事业，被毛泽东誉为“长江王”。

勘测、科研、设计与论证工作。

1956 年,毛泽东著名的《水调歌头·游泳》一词,将“高峡出平湖”的壮丽远景展现到全世界面前。

1958 年 1 月,鉴于对建设三峡的两种不同意见,中共中央专门安排双方代表到南宁会议上进行论辩发言。其后,毛泽东提出了“积极准备,充分可靠”的三峡建设方针,并于同年与主抓三峡工程工作的周恩来分别考察了三峡坝址。

1959 年,毛泽东针对战争状态下三峡工程怎么办的问题,在三峡建设“积极准备,充分可靠”的八字方针后又增添了“有利无弊”4 字。随后,长江水利委员会组织开展了三峡坝址防护研究。

1960 年,中央考虑到当时国家的经济情况和国际形势,决定调整三峡工程建设的进程。这年的 5 月 15 日,国家主席刘少奇偕夫人王光美乘江峡轮,在航川轮护航下离渝赴汉,顺江而下考察三峡工程——

立夏之后的夜晚,有些许暑意,美丽的月光,给万物抹上了一层冷银色,也给江面湿润的空气中平添了一丝清凉。在并不宽敞的江峡轮会议室里,合着机舱里传来的机器轰鸣声和江水拍打船舷的哗哗声,刘少奇正饶有兴趣地听取林一山关于三峡工程建设方方面面情况的详细汇报。

刘少奇很关注长江的防洪问题,向林一山询问历史上长江究竟有过多大的洪水。

林一山汇报了长江水利委员会组织力量,系统整理长江历年水文资料的情况,并具体汇报了 1560、1788、1870 等年的特大洪水的调查结果。他说:已经查到历史上有记载的最大一次洪水,发生在 1870 年(清同治九年),根据资料分析,当时宜昌流量为 11 万秒立方米。他还说:三峡工程建成后,只要调度得当,就能够防御同样大的洪水。

刘少奇听了,高兴地说道:“你们用唯物的方法认证洪水,这个方法好。已经查到了 400 多年前的资料,这该是我们最珍贵的水文资料了,证明你们工作是很有成绩的。”

林一山接着向刘少奇汇报了三峡工程在防洪、发电、航运、引水等方面可能产生的巨大经济效益的情况。当听到三峡施工中可以利用围堰提前发电时,刘少奇兴奋地从桌旁站起身来,走到“长江流域规划”和“三峡工程鸟瞰”挂图前说:“三峡工程是项伟大的工程,从三峡工程可以看到我们国家的光辉前景。”

在听取汇报的过程中，刘少奇还提出：除了三峡工程，对其他重要支流的开发也要抓紧。他同时强调，不能让洪水打乱了经济建设的总部署。

2. 考察五〇五工程坝址

16 日清晨，随着汽笛一声长鸣，江峡轮从万县启航，驰向三峡。

7 时许，刘少奇来到驾驶室，纵览雄奇秀逸的三峡画卷。

船行瞿塘峡中，刘少奇在驾驶室里接见了江峡轮船长莫家瑞[①]和女驾驶员石若仪[②]。他对莫家瑞说，要无保留地把技术传授给下一代。他对石若仪提出要求：要虚心地向老师傅学习，在技术上要精益求精。

1960 年 5 月 16 日，刘少奇在三斗坪考察拟议中的长江三峡坝址

时过中午，“江峡”轮停靠秭归和宜昌交界的三斗坪。船刚停稳，刘少奇身着白衬衫、下穿吊带裤走向岸边，和林一山等人兴致勃勃地徒步径直向拟议中的上坝线走去。

这时，艳阳高照，阳光灼灼，加上所经之地是一片沙滩，发烫的灰黑细沙埋齐脚踝，行走十分吃力。时间一长，上烤下蒸，刘少奇一行便汗水涔涔，衣衫透湿。

到了拟议中的坝址工地，刘少奇顾不上休息，在林一山等人的引导下，察看了

① 莫家瑞（1905—2005），重庆江北人。新中国成立后，历任长江航运管理局人民一号、江峡轮、昆仑轮船长。1956 年、1959 年两次荣获全国劳动模范称号。曾为修建新中国第一条铁路——成渝铁路运输物资，首开川江上水夜航记录；为抢运抗美援朝军运物资，首开川江下水夜航记录并首创川江驾引合一。他还打破高洪水位、枯水位航行禁区，凭高超的驾引技术，为进出川物资运输创造骄人业绩。

② 石若仪（1935— ），广东汕头人。原“东方红 31 号”客轮船长，新中国航运史上第一位女船长。20 世纪 50 年代后期，在原江峡客轮上当三副，曾多次迎送过毛泽东、周恩来、刘少奇、朱德、董必武、陈毅等老一辈无产阶级革命家。

1960 年 5 月 16 日，刘少奇调研三峡地质结构

整个坝址钻探工地，了解了施工布置。在 40 多米深的竖井旁，当他得知要从这里打过江平洞，进一步弄清整个河床地质情况时，刘少奇一再叮嘱：要防止平洞漏水，保证工人的施工安全。

在临时陈放岩芯的沙滩上，刘少奇随手拿起其中一节，仔仔细细地察看着，并接过陪同人员递过来的地质锤，使劲敲打着，侧耳听着岩芯发出的坚实响声，边敲边连声说“好”。少顷，又不放心地向林一山问道：“这里花岗岩的岩层厚不厚？该不是岩脉吧？”

林一山回答说：我们现在所处的三斗坪一带，位于黄陵背斜核部结晶岩出露区，岩石坚硬，完整性好，历史上没有地震，是一个相对稳定的地段。

刘少奇听了十分高兴地说道：“这个地区地质情况很好，很好!我看现在就进行五〇五工程的施工准备是没有什么问题了。”

临上船之前，刘少奇意犹未尽，目光久久停留在拟议中的坝址上。

3. 畅谈发展航运事业

刘少奇一行回到江峡轮，继续着如何发展长江航运事业的话题。

长江素有“金色航道”之称，与黄河一起并称为我国的“母亲河”，全长 6397 公里，流域面积达 180 万平方公里，占我国陆地面积的 18.8%，发展水运意义十分重大。

刘少奇向同行的长江航运管理局的同志询问了长航党组织建设和工人生活情况，回顾了当年武汉人民收回英租界斗争的壮举，他说：中国海员工人富有光荣的革命传统，长江海员工人在大革命时期，在收回汉口英租界的斗争中表现非常英勇，现在更要以主人翁态度从事社会主义建设。

交谈中，刘少奇了解到长江航运事业的发展同“金色航道”的地位不相称的原因有两个：一个是有些单位宁愿向铁路方面托运货物，却不愿走水路；另一个是航运部门缺乏投资进行基本建设，航运条件没有得到进一步的改善。为此，他慎重地对长江航运管理部门的同志说：同志们，这是一个很重要的问题，是一个生产关系问题，现在可以把生产关系改一改嘛，你们上交给国家的利润可以不交了，留给你们多进行一些基本建设。是的，有的部门不想利用水运，可是你们要使别人想啊！应该记住，这是个生产关系问题，你们应当努力创造条件，给他们多修码头，造船舶，赶时间，给他们包成本，包运输，包起卸。这才会促进有关部门充分利用水运。

刘少奇还说：当然，我们也要要求计划部门、建设单位把厂矿企业布置在沿江两岸，为充分利用水运创造更有利的条件。

1960 年 5 月中旬，刘少奇乘江峡轮视察长江

在谈到长江客运时，刘少奇说：客运也要改善服务态度，船上要简朴、清洁，使人到船上有舒适的感觉；旅客的伙食也要搞好。

最后，刘少奇总结道：水运的充分利用是一个很重要的问题。将来修建三峡工程，不仅要把湘江、沅水、赣江等水系纳入统一的规划，还要使珠江、淮河、黄河等水系与长江水系组成一个完整的水运网。

在视察三峡的行程中，刘少奇还同湖北省委书记王延春、宜昌地委书记阎钧等同志坐在船舷旁交谈。交谈中，刘少奇特别询问了山区的建设和山区人民群众生活的情况。

谈话间，不觉夕阳西下。江峡轮携航川轮慢慢驰出“三峡至此穷，两壁犹峭立”的南津关时，不远处的宜昌城区已是万家灯火了。

4. “更应该去抢救群众”

17 日，江峡轮和护航的航川轮离开宜昌继续东行，直驶武汉。

“立夏到夏至，热必有暴雨。”两船行至龙口水道，大风骤起，霎时天空乌云密布、江面波涛翻滚。轮船在颠簸中坚持前行，至杜家洲水面时，风力还在不断增大，为安全起见,江峡轮决定在江北岸抛锚避风。

停泊在岸边的江峡轮,在越刮越猛的狂风中摇晃着,锚链发出沉重的“喘息”声,巨浪也开始冲上甲板,漂浮起船员摆在上面的鞋子、用具……

风浪里,船员们不约而同地走进驾驶室,而随行人员则自觉聚集在紧靠驾驶室的政委办公室,随时准备着处理可能发生的险情。这时,在三楼客舱的刘少奇也不得已放下了手头的工作,静静地待在自己的房间里。

突然,“哐”的一声,驾驶室的大门被推开,在风雨中担任警卫的同志进来报告说:有一只被暴风刮翻的小木船从上游漂来,两位落水的船民正抓住船帮,发出求救的呼喊声。

驾驶室里,船长同值班驾驶员及随行人员紧急商定:由船小马力大、行动更灵活的航川轮实施抢救。

他们没想到的是,此刻航川轮正处于危难之中——由于船小颠簸大,舱底装有170多公斤机油的大油桶已经被颠翻了。航川轮当即如实报告了自己的情况。一时间,“人到底救不救？应当怎么救”的难题,一下子摆到了江峡轮驾驶室及政委办公室里所有人的面前……

消息很快传到了三楼客舱。刘少奇站起身来,对夫人王光美和秘书吴振英坚定地说:正因为是国家主席乘坐的船,更应该去抢救群众。他要吴振英迅速转达他的意见:立即全力抢救!

航川轮值班船长方云,通过无线电话接到“立即全力抢救”的命令,立即通知大副杜必贵组织船员救援,并迅速指挥轮船起锚调头,迎着大风大浪向下游急驶,全速追赶已被狂风巨浪裹挟着向下游漂去的遇难船民。

在大浪拍打着的甲板上,船员胡清明、李正声、吴泉根等人身着救生衣,手持挽篙、救生圈,全然不顾满脸的雨水和湿透的衣衫,顶着狂风暴雨,集中精力注视着前方,双眼紧紧跟随着轮船上移动着的探照灯光柱,在江面上紧张地搜索着……

“看,左前方好像有个什么东西!”不知是谁叫了一声。果然,在航川轮左舷前方不远的浪尖上,探照灯迅速捕捉到翻掉的小木船,但眨眼间小木船又消失在浪谷之中……

高速行驶的航川轮很快又用探照灯找到消失的小木船,并迅速向小木船靠拢。船员们顿时兴奋起来,大家自觉拧成一股绳,合力救援,终于截住了早已掀翻的小木船,并向两位落水的船民抛出了带绳的救生圈——船与船民都得救了!

风雨中，惜船如命的船员们的救援仍在继续：他们设法将翻掉的小木船扶正，合力用桶舀干船舱中的积水，并拖到岸边，牢牢地系在一棵树上，交给了两位得救的船民。

直到这时，一直不动声色坚守在自己岗位上的方云船长，才拿起手边的无线电话话筒，兴奋地向刘少奇报告了整个抢救经过。

……

不知过了多久，风雨终于停止了喧嚣，只留下江水不息的奔流声。天将破晓之时，东方天际出现了一抹鱼肚白。

在长长的汽笛声中，昨夜曾接受狂风暴雨洗礼的航川轮，正精神抖擞地护卫着搭载国家主席刘少奇的江峡轮，在江面上破浪而行，驶向武汉。

第十二章　提出两种劳动、教育制度

1964 年 8 月 5 日至 8 日，是刘少奇最后一次在武汉视察工作。在离开武汉的前一天，他在中共湖北省委扩大会议上作了《关于两种劳动制度、两种教育制度问题的报告》，为湖北武汉地区正在进行的教育改革注入新的动力，进一步指明方向，也为他与武汉之缘画上了一个圆满的句号。

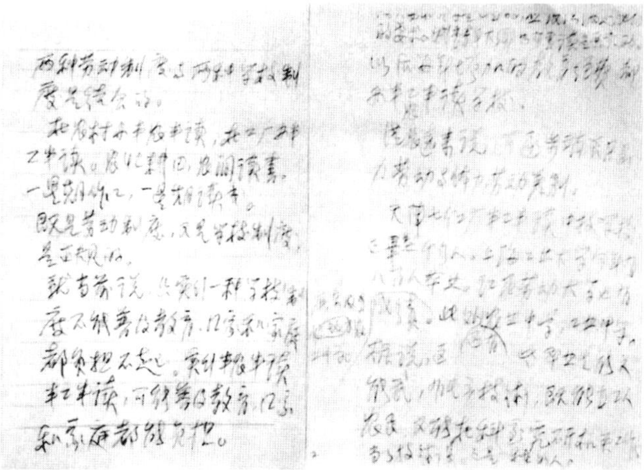

1958 年 5 月，刘少奇在武昌召开的中共中央政治局扩大会议上提出了两种劳动、两种教育制度的设想。图为发言提纲

1. 两种劳动、教育制度的由来

中华人民共和国的成立，为大力发展教育事业、全面提高全民素质提供了可能。1951 年，政务院颁布《关于改革学制的决定》，适应了当时经济建设的需要，推动了教育事业的发展。但随着时间的推移，单一发展全日制学校的弊端逐渐显现，主要体现为教育结构与经济发展脱节：一方面受制于国力，全日制学校难以迅速发展，学龄儿童不可能全部入学，中、小学毕业生不可能全部升入高一级学校，普及教育不能尽快实现；另一方面派生出大批不能升学的中、小学毕业生，缺乏必要的生产知识和劳动技能，难以安排工作或适应工作的需要。

这些问题，久久困扰着作为新中国领导人的刘少奇。

1955 年 9 月 4 日，中共广东省委在《关于在初中增加农业课程问题的报告》中提出建议：既然初中毕业生肯定大多数不能继续升学，只有参加农业生产之一途，而今天合作社大发展又需要大量的会计与农业技术员，因此，“必须改变现在初中仅是为了考高中深造的教学方针”，而“把初中实际上当作初级农业技术学校来办，减少些为考高中而设的课程，增加一些农业技术课程”。这样，一方面使大部分学生明确自己初中毕业后，将参加农业生产；另一方面他们有了一些农业生产知识和技术，可以弥补体力劳动差的缺陷，为合作社所欢迎。

对此，刘少奇于 9 月 8 日作出批示：请国务院文教办公室加以讨论，问题是要确定我国目前农村和城市义务教育的目的，同时又不要妨害升学。课程的安排是要保证实现这个目的。

如果说，1955 年是刘少奇提出两种劳动制度、两种教育制度主张的萌芽期，那么，1957 年便是刘少奇提出两种劳动制度、两种教育制度主张的探索成长期。

1957 年 4 月 8 日，《人民日报》发表了根据刘少奇 3 月 22 日在湖南的一次讲话整理而成的社论《关于中小学毕业生参加农业生产问题》，将“我国各种条件的限制，现在还没有可能实行普及中学教育。至于高等教育，本来不属于普及教育的范围，它的发展当然要受更多的限制。因此，小学毕业生和中学毕业生都要有很大的部分转入生产”等问题，向全国人民交了底。

5 月 5 日，《中国青年报》又发表了根据刘少奇 2 至 4 月在河北、河南、湖北、湖南、广东等省的几次讲话精神整理的社论《提倡勤工俭学，开展课余劳动》，强调在学生中应当提倡勤工俭学、开展课余劳动，这不仅可以解决学生们的学习费用不足的问题，增加学生们的就学条件，而且可以帮助学生学习劳动技能，养成劳动习惯，通过实际劳动操作去体会人类劳动的伟大作用，增强对劳动人民的了解和对劳动人民的情感；可以培养艰苦奋斗、勤俭朴实的思想作风，帮助他们培养独立生活的能力。

11 月 8 日，刘少奇看到《参考资料》上刊载的一篇文章，谈到“美国大学生中，几乎有 2/3 是半工半读，整年除了孜孜于学业之外，还要忙于食物和筹划应交的学费”。他随即将此件转给共青团中央并批示：“中国是否可个别试办，请你们研究。”

1958 年 1 月，毛泽东在《工作方法六十条(草案)》中明确提出了“学生实行半工半读”。这是他在 1934 年就形成的“使教育与劳动联系起来”的思想的延续①。

---

① 1934 年 1 月 23 日，毛泽东在《中华苏维埃共和国中央执行委员会与人民委员会对第二次全国苏维埃代表大会的报告》中指出：苏维埃文化教育总方针在什么地方呢？在于共产主义的精神来教育广大劳苦民众，在于使文化教育为革命战争与阶级斗争服务，在于使教育与劳动联系起来，在于使广大中国民众都成为享受文明幸福的人。

同年5月27日，天津市创办了第一所厂办半工半读学校。5月30日，刘少奇在中共中央政治局扩大会议上，正式提出了“我国应有两种教育制度、两种劳动制度”的意见，标志着刘少奇关于两种教育制度、两种劳动制度的主张进入成熟期。

6月20日，正值全国教育工作会议召开之际，中共中央政治局听取了中央文教小组组长陆定一关于全国教育工作情况的汇报，刘少奇发表了关于教育与劳动结合的讲话，并于次日写信给马文瑞(时任中华人民共和国劳动部部长)，强调教育必须为政治服务，必须同生产劳动相结合。

刘少奇关于两种教育制度、两种劳动制度的主张，得到了毛泽东的明确支持。8月13日，毛泽东在视察天津大学时，肯定了该校勤工俭学的做法。16日，毛泽东审阅修改了陆定一《教育必须与生产劳动相结合》一文，并批示：很好①。22日，毛泽东审阅同意了中共中央、国务院关于教育工作的指示草案，指示“似宜印发各主要民主人士，并同他们座谈一次，然后公布。”

9月19日，中共中央、国务院发出《关于教育工作的指示》。《指示》明确指出：“党的教育工作方针，是教育为无产阶级的政治服务，教育与生产劳动相结合。”“在一切学校中，必须把生产劳动列为正式课程”，“今后的方向，是学校办工厂和农场，工厂和农业合作社办学校。”这表明，刘少奇关于两种劳动制度、两种教育制度的主张，已经成为党和国家的方针政策。

2. “这个问题不能迟了”

1958年以后连续三年的自然灾害，延缓了两种劳动制度、两种教育制度的实行。

1964年2月13日，刘少奇参加了由毛泽东召集的教育工作座谈会。毛泽东在会上提出学制要缩短，现行的课程设置、教学方法、考试方法要改变等思想。

同年5月，刘少奇在中央工作会议上，再次将推行两种教育制度、两种劳动制度的意见提到了中央工作日程，并从6月底起，连续用了近两个月的时间，先后到天津、河北、山东、安徽、江苏、上海、河南、北京、湖北、湖南、广东、广西、贵州、云南等地推动两种劳动制度、两种教育制度的落实。

---

① 1958年9月24日，毛泽东在9月1日出版的《红旗》杂志第7期的封面上批示江青：“陆定一的文章极好，必须看，至少看两遍。”这一期《红旗》杂志发表了陆定一的《教育必须与生产劳动相结合》一文。

1958 年 11 月,刘少奇、周恩来在武汉

8 月 7 日，刘少奇在中共湖北省委扩大会议上所作的关于两种劳动制度和两种教育制度的报告,是他这一期间在各地专题报告中的一场,这个报告结合我国及湖北武汉的实际,全面阐述了两种劳动制度、两种教育制度的主张。

报告中,刘少奇开门见山地谈到推行两种劳动制度、两种教育制度问题的迫切性。他说:最近在中央工作会议上提出了两种劳动制度和两种教育制度的问题。几年以前我提出过这个问题,现在试验的地方还不多,经验没有总结。我感觉,这个问题不能迟了。现在还不着手在各省,各大中城市进行试验,就迟了。

他进一步阐释说:问题是这样的:如果我们现在着手试验,10 年后可以推广;如果我们不着手试验,20 年、30 年也不能推广。如果再等 30 年,那我们国家革命胜利就是 45 年了。45 年之后,大批的新知识分子出来了,他们阻碍这三种差别[③]的消灭,反对消灭脑力劳动和体力劳动的差别,他们的力量就会很大。所以,现在不着手试验,将来阻力越来越大,你们相不相信?大体上会和今天苏联的情况差不多一样。苏联现在消灭脑力劳动和体力劳动的差别就很困难。有鉴于苏联的这种情况,所以我们不要走苏联那条道路。所以我今天讲,如果现在我们不着手搞试验,取得经验,就迟了。现在着手试验还不迟。5 年初步总结,10 年后推广,再过 30 年、40 年、50 年后大批半工半读的知识分子起来了,那时旧知识分子的势力就小了。因此,我主张每一个省、每一个大中城市现在就着手试验,试验时不要搞多,一下铺开,将来又大批垮台。不要搞得太多,但也不是搞一个,要多搞几个,准备一个失败。

---

① 三种差别,即三大差别,指工农差别、城乡差别、脑力劳动和体力劳动的差别。

3. 是劳动制度,也是学校制度

在报告中,刘少奇通俗明了地解释什么是两种劳动制度和两种教育制度。他说:我讲的两种劳动制度和两种教育制度,有一部分是结合的,既是劳动制度,又是教育制度。劳动制度和教育制度结合起来,就是在农村中办半农半读的学校,在工厂或在中等技术学校里办半工半读的学校。在农村中办的,农忙种地,农闲读书,大约种半年地,读半年书;在南方,也可以读四个月到五个月的书,种七八个月的地。在工厂中,可以是一个星期作工、一个星期读书,或两个星期做工、两个星期读书,也可以读半天书、做半天工。这样的半农半读学校和半工半读学校,既是劳动制度,也是学校制度。

接着,他讲到自己在保定留法预备班搞勤工俭学的经历,他认为:工厂里面读半天书,做半天工,是完全可以做的。并要求大家要把这种制度看成是正规的劳动制度,正规的教育制度、正规的学校制度,不能把这看成是不正规的。

讲到为什么要搞半工半读,刘少奇认为主要有两大原因:一是普及教育的需要;二是可以逐步消灭脑力劳动和体力劳动的差别。

他说:就当前来讲,我看,只有执行这种学校制度,才能普及教育。执行这种学校制度,普及教育,国家负担得起,家庭也能够负担得起。否则,都负担不起。

刘少奇在询问了湖北适龄儿童入学情况后,给大家算了一笔账:现在农村中适龄儿童入学的不到50%,不能入学的绝大部分是贫农、下中农的子女,现在还在大量产生文盲咧!假若是你们家里有四五个小孩升学,有的上小学,有的上初中,有的进高中,有的上大学,而你们是高级干部,不好请国家补助,都需要你们家庭负担,我看你们家里也会感到很紧张,也会发生困难的。一般的工作人员有四五个小孩要入学,负担不起,工人家庭负担不起,农民家庭负担不起,国家也负担不起,国家补助不起嘛!所以,照目前的教育制度,不能普及教育。我们无产阶级专政的国家,社会主义国家,搞了十多年了,到现在普及教育根本没有希望,我心里不好过。

在谈完半工半读是普及教育的需要后,刘少奇说:这是从当前讲的。从长远来说呢,可以逐步消灭脑力劳动和体力劳动的差别。

他说:社会主义时期是相当长的历史时期,在这个长的历史时期内,要消灭三个差别:第一是脑力劳动和体力劳动的差别,第二是工人和农民的差别,第三是城市和乡村的差别。而消灭这三个差别,最主要的是消灭脑力劳动和体力劳动的差别。这最困难,又最要紧。

他批评那些半工半读的反对者说:刚才说劳动部门反对……校长也反对,教育厅也反对,工厂厂长也反对,工业局也反对。当然,现在是认识问题,但是有许多人就是要保存脑力劳动的特权,保存知识分子的架子,不愿下乡,愿意待在城市。为什么待在城市呢?这实际上就是说城市和农村有差别,而且有特权,要保存城市的特权。

4. 提出多种办学方式

"怎么办法?"刘少奇向大家提问,并回答说:

在农村里面是不是可以这样:初小可以多办一些全日制的学校,少办一些半农半读的学校。到高小,就要办半农半读的。办了小学,还要办初中,仅仅办农业中等技术学校还不够,还要办农业初级技术学校。初中要办成初级农业技术学校,把农业中等技术学校的课程简化一点,土壤学、栽培学、兽医……都要学一点。教学内容各省不一样,各地也不一样,北方种麦子,南方种稻子,北方有苹果、枣子,南方有荔枝、香蕉,北方有山羊、绵羊……农业中等技术学校,四年毕业或四年半毕业。办到毕业继续办农业大学,不能一个大队办一个,可以一个县、一个区、一个公社办或者国营农场办。

说到这里,刘少奇将话题更深入了一步。他具体描述说:

这种半农半读学校,可以两种方式:农忙种地,农闲读书;晴天种地,雨天读书。家离得远的,半年读书,半年种地。不要像普通学校那一套规章制度,什么寒假、暑假,一个月不要四个礼拜,照老样子,初一、十五放假,节日也可以不放假或少放假(三八节、儿童节、国庆节)。打破这个老规矩,农村是比较容易办一些。国营农场也可以办中等技术学校,可以把农场工人叫他回家去生产,用两个学生顶一个工人。至于说劳动力,农忙整地,农闲读书,两个学生顶一个工人有多的,农场愿意干的。当然,也要有少数的长年工人。毕业生可以留在农场里,在上了中等技术学校以后,再进农业大学。大学那就要分科了,大多数要学技术,少数学马列主义,学经济学,学文学。

刘少奇随之将"怎么办法?"的话题转向城市,他说:大中城市有一些工厂可以办中等技术学校,半工半读,四年或四年半毕业,上中等技术学校的课程;有的工厂也可以把现在的技工学校改为半工半读的中等技术学校,也是四年或四年半毕业;

也可以把过去停办的中等技术学校改为半工半读的中等技术学校，一律招收初中毕业生,不要招高小毕业生(因为初中毕业生有多的)。不过,工业中要注意,各行业要有计划,不要偏僻的行业招的大多,不好分配工作,工厂用不了,国家分配不了。大体上要搞最普通的机器、机械制造、电工、化学工业、土木建筑等几项专业……到处有地方要。而这种毕业生,不论是农村毕业的,中等技术学校毕业的,工业技术学校毕业的,国家要分配。开始一两批,工厂自己就要,工厂用不了的,国家包下来。只包大学毕业生,包中等技术学校毕业生,甚至包技工学校的毕业生,师范学校的毕业生,这种学生不包,这真是岂有此理嘛!这样的学生最容易包,既能当工人,又能当农民,既能搞脑力劳动,又能搞体力劳动,这种学生是最容易分配的。工业要注意一下行业,现在还不怕,现在不论哪个行业,开始办几个试验的时期,总不会满足需要的。

谈到这里,刘少奇高兴地说:是不是可以这样设想:再过 50 年到 100 年,武汉市的工人 80%都是这种中等技术学校毕业的普通工人。大概 50 年后,现在的青年工人就都不在了,每年补充一部分新工人,这些新工人都是中等技术学校毕业的。如果这样,再过 50 年、100 年,我们工人阶级 70%到 80%是中等技术学校毕业的,一部分是大学毕业的,农民在半数以上是中等技术学校毕业的,有一些是初级技术学校毕业的,甚至是大学毕业的,到那时候,我们中国的情况就和现在苏联的情况大不相同了,消灭这三个差别的阻力就小得多了。因为这些人,既能脑力劳动,又能体力劳动,他们可以当小组长、工段长、车间主任、厂长、党委书记、市长、县长等等,最好都不完全脱离生产,都是半天做工,半天坐办公室。小组长可以完全不脱离生产,工段长八个钟头劳动七个钟头,车间主任劳动六个钟头,大厂的厂长四个钟头办公,四个钟头劳动。只要参加了生产,思想问题解决了,不通的事情通了,麻烦事情没有了。

5. 这种制度符合马克思的话

面对听报告的湖北省直机关干部,刘少奇将自己的设想延伸到更远的将来。他说:我们可经设想,到将来共产主义社会劳动制度和教育制度是个什么样子? 马克思说过,列宁也说过,共产主义社会体力劳动每人只要四五个钟头就够了,不需要八个钟头,那么,其余的时间干什么呢? 现在,报纸讨论业余的八小时怎么过? 到那时,业余时间不止八小时了,工作、劳动四五小时,睡觉八小时,还有十多个小时怎么过？玩呀，跳舞呀，打牌呀，那不得了，要打架，要打得一塌糊涂的。到那个时候，势必很多人要求学习、读书，或者坐办公室，或者教书，或者当演员，或者画画，或者唱戏，或者写小说……都是业余劳动，不是要那种专业画家、专业演员、专业歌唱家、专业作家，专业的研究人员也没有了。因为许多的工人、农民都可以做研究工作，所有的工厂、农村都可以办研究室，工作四五小时后都可以到研究机关里去研究。要突破某种紧急的、关系重大的研究课题时，可以调一部分人，免除体力劳动，搞一年、两年、几个月，把研究课题完成。那叫做临时工。因为他是业余的。那时候所有的人全部要参加体力劳动四五小时，都不能免的，只有特殊情况才能免。马克思说过，将来的儿童，九岁以后作两小时体力劳动，十三岁以后作四小时。如果九岁、十三岁都要参加几小时体力劳动，那就是我讲的这种半工半读的学校。

刘少奇在 1964 年

为此，刘少奇充满自信地说：我所设想的劳动制度和教育制度，符合马克思的话。他接着说：列宁也讲了，十月革命后要进行综合技术教育。什么叫综合技术教育？第一个综合，就是体力劳动和脑力劳动的综合，并不是各行各业的综合，既学了电机，又学化工，还学农业。各行各业都综合，那不可能，将来也不可能。我想，列宁讲的也是这种又劳动又读书，半工半读的学校。

联系到当前的教育制度，刘少奇说：苏联现在的教育制度和我们中国现在的教育制度是不好的，是不符合马克思和列宁所讲的那种教育制度的。我们的教育制度是资产阶级遗留下来的，有的还是封建社会遗留下来的。苏联有一些教育制度还是沙皇时候留下来的。所以，我们现在的教育制度，必须加以改革。

如何改革？刘少奇的意见是：

现在的全日制学校，小学、中学、大学还是必要，不能不办，但是，可以不再增加，或者某些方面还可以缩小，改一改。半农半读、半工半读的学校可以办，在农村中可以多办一些，城市不能办得太多，要试办，不要大办，以后可以大办。要总结过去办农业中学的经验，光办农业中学还不行，还要办农业中等技术学校，10年以后不论农村、城市可以推广开来大办，20年、30年以后，相当一部分人的抵触情绪缩小，到将来呢，半农半读、半工半读成为主要的教育制度，而现在的全日制的小学、中学、大学，到将来逐步被代替了。

针对“现在办半农半读、半工半读的阻力很大，人们思想不通，也没有经验，有一些经验又没有很好总结起来”的实际，刘少奇开了两剂“药方”：

其一，我主张还应该增办一种高级师范和中级师范学校，专门培养这方面的教员。而这种高级师范和中级师范呢，他们就是半农半读、半工半读，也要他们种地，也要他们做工。恐怕高级师范是要办农业大学的。搞一个国营农场办个农业大学，半年读书，半年种地。搞两个国营农场办中级农业师范，准备培养初级技术学校的教员，将来他们可以当校长。工业呢，也可以办这样的师范学校，搞两个中等技术学校，或两个大学改，或技工学校改。他们将来也不完全教书，可以半农半教、半工半教。他们从这里出来的，他们比较通，而且有经验。

其二，还有工厂里的非生产人员，科室人员，包括厂长、党委书记，还有县里、市里机关的工作人员，所有的非生产人员现在是不是一律要参加体力劳动，参加生产，而且实行那个“三替一顶”，就是：两个人顶一个工人，或三个人顶一个工人。这个要看情况：小组长就不要顶，可以大体上不脱离生产；车间主任可以不止参加四小时，而且参加六小时；厂长参加四小时，如果有特殊情况不能参加生产的，个别批准，其余一律参加。中央批了山西省昔阳县参加劳动成为风尚的文件，县、区、社队干部都要参加劳动，市里各种机关坐办公室的干部是不是所有的人都去参加工业生产、农业生产劳动？参加半天，两个人顶一个工人，或三个人顶一个工人，半天坐办公室就够了。只要能够这样去参加生产，我看工厂的临时事、麻烦事就少了，为什么要坐8小时办公室呢？不需要。

6. “办这种教育是长命的”

刘少奇非常重视干部参加劳动的工作。他在报告中问道：现在非生产人员怎么减也减不下来，消灭脑力劳动和体力劳动的差别，一定要等我们的下一代开始呀？让半工半读从小孩开始呀？我们这一代就不能开始，带好一个头？如果我们这一代不开始，带好这一个头，你们的子女他也不干，他也要坐办公室，照我们的样子做了。带好一个头，在我们这一代就开始，坐办公室的人半天生产，将来消灭三个差别，特别是脑力劳动和体力劳动差别的阻力就小了，是不是可以呢？

刘少奇对机关人浮于事的情况洞若观火，他说：机关事情只有那么多。有一些人坐在办公室里没有事情做，在那里看报纸，打扑克，写打油诗。没有事情做，他们思想反而发生不好的变化，紧张一点，半天劳动，半天办公，他就没有时间打扑克，看报纸只有八小时以后看一眼。当然，年老体弱有病的，经过批准，不要他搞，其余一律参加，行不行。他强调：这也是一个斗争。这个斗争的意义很大，这也是挖修正主义的根子。参加劳动，公社干部、大队干部、支部书记参加劳动的意义那么大，工厂就不是这样？县、市机关就不是这样？北京机关就不是这样？第一个“十条”①讲了，首先以普通劳动者的姿态在群众中出现。如果我们现在不带好头，将来阻力很大。中央机关可以半天办公、半天做工，还有一些也可以半天办公半天读书，许多机关都可以办半工半读的中等技术学校，办大学。

刘少奇在报告的最后，将两种劳动制度和两种教育制度提高到反对官僚主义的高度。他说：列宁讲苏联为什么还有官僚主义，说了一些原因，原因中有这么一条，这一条最重要的，就是劳动人民文化水平不高。如果我们工人阶级有70%至80%的人是中等技术学校以上毕业的水平，农民有50%是中等技术学校毕业的水平，那劳动人民的文化水平就相当高了，再搞官僚主义就比较难搞了。那时一点官僚主义没有，也不可能，恐怕还是会有的，但是搞官僚主义难搞了，反官僚主义也容易了。

他强调：消灭三个差别，最主要的是消灭脑力劳动和体力劳动的差别。这个差别消灭了，我们对体力劳动、脑力劳动都习惯了，都可以搞，对我们国家，对我们工业、农业的发展，劳动生产率的提高，会是一个很大的帮助。

刘少奇对半农半读、半工半读学校寄予厚望，他说：这种学校办起来，可以少办中等技术学校，将来可以少办大学，慢慢的使这种教育制度成为主要的教育制度，将来要像马克思说的那样全部代替现在的教育制度。教育局、教育厅，你们是短命的，大概搞100年、200年、300年，你们这种学校大约就办不下去了。小孩要读书，要办教育，小学我看一万年以后还要办的，永远要办的。办这种半农半读、半工半读

---

① 第一个“十条”，即1963年5月20日《中共中央关于目前农村工作中若干问题的决定（草案）》，又称“前十条”。

的学校,办这种教育是长命的。

湖北省委书记王任重听到这里,说道:“所谓劳动和教育相结合,这才是真正的结合。”

刘少奇点了点头,从当下说到45年后,意味深长地结束了他在湖北的最后一个报告:现在必须着手试验,在城市、在乡村都办,农村可以多办一点,比较容易,垮了也不算什么,工厂里少办一点,但是必须试验。准备五年以后初步总结经验,扩大试验,十年以后总结经验,加以推广,那时革命胜利25年了,25年开始推广。再过10年,35年,推广已经10年了,有一批毕业生出来了,再过20年,45年了,这批学生就相当多了。那个时候,我看,要消灭三个差别的第一个最困难的关键已经打破了。

在中共湖北省委组织领导下,刘少奇关于两种劳动制度、两种教育制度的指示,迅速传达到武汉及全省各地。同年10月8日至14日,根据武汉市委指示,市人委(即市政府)召开全市试办半工半读工作会议。会议认真学习了刘少奇关于两种教育制度、两种劳动制度的讲话,决定在全市“坚决地、积极地、有计划地推行半工半读制度”,并结合武汉市的实际,着重研究了如何积极试办半工半读学校以及半工半读学校学生的劳动、教学、招生与毕业分配等方面的问题。此后,经过一年多时间的探索与实践,武汉地区半工(农)半读的初步布局基本完成,教学成效显著,其经验很快被推广到湖北全省。

附录

刘少奇文稿

工会代表会

（1926 年 12 月 26 日）

绪　　言

工会是“群众的”“奋斗的”机关，工会的权力，应该十分集中，才能奋斗；同时又一定要是“民主”的集中，才能容纳大多数人的意见，不致为少数人所包办，变成了专制。

所谓民主集权制，就是工会的权力，集中在大多数人的会议上，不是集中在个人身上，即凡事须经过大多数人的会议决定，一经决定以后，即可强制实行，各会员在一事未议决以前，均可自由的发表意见，若一经会议议决以后，则无论什么人均须服从。是这样，一方面可以容纳群众的意见；一方面又可一致的与敌人斗争。

有了上面的理由，所以每一个工会要有一个代表会，有了一个代表会，才可把工会的权力集中起来，同时又是民主的集中，不是少数人的专制，所以工会的代表会，是集中工会一切权力的机关，一切权力归于代表会！这样，于工人的团结，工会的前途，均有莫大之效益。

一个工会没有真正工人的代表会，这个工会就不能接近群众，就不是工人的工会，就变成了少数领袖的工会。工人与工会一有隔膜，工会的团结就不坚固了，敌人乘隙进攻，从事破坏，制造谣言，煽惑群众，工会前途，因而危险，所以代表会是任何工会不可少的组织。没有代表会，工会就危险；有了代表会，工会就坚固。

工会全体会员大会，应该是比代表会权力更高的机关；但事实上会员大会不能常开，且以人数众多，难于讨论各种问题，故在组织上反不及代表会之重要。

现在武汉的工会，没有代表会的很多，望各工会赶快按照下面的规定，把代表会组织起来。已有代表会的工会，望切实整理，使代表会真正能够行使职权，按期开会，各工会代表会的形成，就可使各工会的团结巩固，各工友、各工会的办事人不可不切实注意!

工会代表会

一、性　质

（一）每一个工会，要有一个代表会。

（二）工会代表会是常设的，不是临时的，各代表之任期为一年或半年，与执行委员会同时改选，每届改组，先改组代表会。

（三）代表会之代表，若有不正当行为或为其会员所不信任时，得撤回其代表资格，由该会员等另选人补充。

二、代表之产生

（四）代表会之代表，须从会员中选出，以各工会会员人数为比例选举之：

每工会会员人数在五百人以内者，每会员五人选举一代表。

每工会会员人数在五百人以上一千人以内者，每会员十人选举一代表。

每工会会员人数在一千人以上二千人以内者，每会员二十人选举一代表。

每工会会员在二千人以上五千人以内者，每会员三十人选举一代表。

每工会会员在五千人以上者，每会员五十人选举一代表。

（五）各工会有小组之组织者，若工会会员人数在一千人至二千人之间，即可以各组长为代表，组长大会即为代表会。

（六）在有特别情形之工会（如店员旅馆栈房及酒饭面馆与洋务等），可不拘定若干会员派一代表，可相当按照工作部门或地段的关系选派代表。（如店员在每店家有店员八人至二十人者，得派一代表，一店家有店员在二十人以上至三十人者，得派两个代表，在三十人以上者，每增加十五人得加派代表一人。其不足八人之店家，须联合附近数店家之店员选派一代表等。）

（七）选举代表时，须召集各支部会员大会选举之。（如某支部有会员二百人，应选举代表十人，即召集该二百人开大会，选出十人，为该支部之代表。）如以组长为代表者，不必如此选举。

三、代表会之组织

（八）由各支部选出之代表组织代表会，设主席三人，一人为该工会之委员长，余二人由代表会在各代表中推举之，开会时轮流主席。

（九）代表会应有记录一人，以记录各代表之发言及议决案。

（十）代表会开会时，工会各部主任均须到会，以备各代表之询问及报告各部办事情形，但无表决权。

（十一）代表会如遇有情形复杂尚待研究之问题，可推举数代表组织委员会专门研究之，由该委员会将研究之结果，报告代表会共同议决。

（十二）代表会之代表，须发给代表徽章。

四、召集会议及会期

（十三）代表会应每月开常会两次或一次，由各代表议定每月某日某时开会，应否再发通知书，看情形酌定。

（十四）代表会由主席召集，或由执行委员会召集亦可，有特别事故得开临时会。

五、职　权

（十五）代表会是执行委员会之上级机关，执行委员会应服从代表会。

（十六）代表会有下列之职权：

通过及修改工会章程；

宣告工会之成立或解散或与其他工会合并；

决定工会进行计划；

决定工人对于雇主方面之要求；

宣告罢工及复工；

通过工会经费预算及审查决算，并决定征收常月捐或基金之数目；

通过工会驻会职员及人数；

选举及撤换执行委员；

惩戒工会职员及会员；

接受执行委员会及各方面之报告；

执行上级总工会之命令，及选派参加上级总工会代表大会之代表；

议决其他重要问题。

六、记录及议决案

（十七）代表会之讨论及议决，应明白记录，在散会时记录人应宣读议决案，如有记录上之错误，立时改正。

（十八）各种议决案交执行委员会努力执行，并须在会内张贴公布，或油印散发各支部及组长，并报告总工会，但须保守秘密之议决案不可公布。

（十九）上次代表会议决案，若情形改变，在下次代表会议上，可相当议决改变。

七、代表任务

（廿）代表会之代表系代表群众意见支配工会，故各代表事项须征求群众意见，同时须将工会之情形及代表会议决情形向群众报告。

（廿一）代表会之议决，少数代表如有不同意见，仍须绝对服从议决案。

八、会议规则

（廿二）有全体代表过半数之代表出席，即为正式会议。

（廿三）每一代表有一表决权，但在特别情形之下或外埠代表，一代表亦可有数代表权。

（廿四）提案经出席代表过半数之通过，即为议决案，付表决方法由主席决定。

（廿五）会场次序由主席维持。

（廿六）讨论一问题，每代表发言以三次为限。

（廿七）代表发言须起立，不得争闹，如有两人同时发言，由主席指定发言之先后。

（廿八）开会时间以二小时为限，如须延长由各代表临时决定。

（廿九）开会时，各代表非经主席许可不得私自离席，尤不得私自相互言语。

（卅）如有扰乱会场秩序及争打等情，由主席派人带出会场，由大会共同议罚。

（卅一）会议规则由代表会议决施行，代表会得随时修改之。

工会经济问题

（1926 年 12 月 27 日）

绪 言

经济问题，是工会中时常发生的大问题，可以使工会分裂，可以使工会塌台，可以使工人不信仰他们的领袖及工友。所有的工友，尤其是在工会的办事人，应该懂得这个问题的重要，求得解决这个问题的方法，预防这个问题的发生。

工会无钱，经济困难，固然可以减弱工会的力量，但若为充裕工会的经济起见，勉强向会员征收多量之会费，引起会员之反感，则于工会前途，将更多不利。

工会有钱，若使用不当，支配不平，则所发生的问题更多且大。在工会无钱时，大家为工会尽义务，不要钱不吃饭，努力奔跑，十分齐心；若是工会有了钱，大家就不能尽义务了，不要钱不供饭吃不能跑了，因此就不齐心了，彼此争吵起来了，工会反而不好了，这样有钱不如无钱的好。有时工会职员并无黑幕，若买了一顶新帽，置了一身新衣，会员大家看了，心里就疑惑起来，以为这位职员一定在工会是揩了油，不然，何以置了新衣新帽呢？若有工会职员在一个地方打了一次牌，喝了一次酒，那更是了不起的事，马上就争吵起来了。何况真有不争气的职员，真的侵吞公款，弄出黑幕，有账目不清等事，工人群众，哪有不群起而攻之？如此一来，此帮彼派，互相争打，工会分裂了。工人领袖们！工友们！工会的经济问题，是工会进行中多么大的危险呵！

工会的钱，是在工人身上抽取来的极苦的血汗钱，工会办事人拿了这个钱，应该怎样的小心谨慎来使用！那里可以在门面上形式上浪费一文？那里可以把自己的津贴及生活费定得很多？领袖是为群众谋利益的，牺牲自己，努力作事，努力奋斗，是应该的。作事比一切人多，拿钱比一切人少，这才是工人的真正领袖。作事比人少，拿钱要比人多，这是一切工会职员所不应该的呵！

所有的工友都要懂得，工会中的经济纠纷发生了，是极困难解决的问题。大家要有很大的责任心去监督工会的经济，要订出很多的章程法则，预防这类问题的发生。这种技术的工作，是革命中很重要的工作，与工人阶级的幸福有极大的关系。

我因为看到这个问题的重要，特把这个问题写成一本小册子，望各工人领袖及工友们尽量采纳施行，工会前途幸甚。

工会经济问题

一、入会金

（一）入会金系工人在加入工会时所交纳之经费，工人交纳入会金，才得为工会正式会员。

（二）工会征收入会金，须分别工人工资收入大小征收。即工资多的多收一点，工资少的少收一点。普通入会金为该工人之一天工资，最多不能超过五天工资。在有些工人不便分别工资之大小者（如码头工人、花厂女工等）可一律平等征收，即每人一律交纳入会金若干。

（三）征收名誉会员或特别会员之入会金，可相当增多。

（四）职业工会为保障职业起见，对于日后加入会员的入会金，可相当增多，但不得超过普通会员之二倍以上。工会所收之入会金，除作工会之开办费外，应当一半作工会基本金。

二、常月捐

（五）工会会员每月应向工会交纳常月捐，以维持工会之开支及增加工会资金。但有特别情形之工人（如航行外国之海员等）亦可每年向工会交常年捐一次，下级工会亦须向上级工会交纳常月捐。

（六）工会征收常月捐，亦须分别工人工资之高低而征收之。普通为征收该工人工资之百分之一至半日工资。其不便分别工人工资之高低者，亦可一律征收若干。

（七）会员连续三月不交纳常月捐者，工会可予以相当之惩戒。

（八）常月捐最好由各组长征收，送交支部干事会转至工会，由支部干事会征收或由工会派人征收亦可。

（九）工会月捐非有不得已的情形，不可由工头或店东代收。

（十）工会须制定月捐征收簿发交各组长，由各组长填写。

（十一）工会须亦一小组一览表，以便审查会员是否已交月捐。

（十二）会员如有一月或二月不交月捐者，工会须去信警告并催交，如有特别情形（失业或生病）者，可报告工会免收或减少。

三、基本金

（十三）工会应储存大批基金，以备有特别事故发生时使用，如罢工基金等。

（十四）征收基金，应在工会基础稳固，工人对工会有信仰时方能征收。工会尚未成立或工人对工会尚无好信仰，不可向会员征收基金。

（十五）工会向会员征收基金，应在工人特别收入项下抽取之（如年终双薪内抽取之等），方不影响会员生活。又在其他方面正当征集之或在月捐内按月存集亦可。

（十六）工会征集基金，其数目之多少，须经代表会决定，多数会员之同意，并报告总工会批准后方能从事征集。其数量如每人捐抽工资若干，或每人收大洋若干元均可。

（十七）基金须妥慎储存于银行钱铺，或以之开销合作社等于工人有利益之事业。动用基金须经代表会之通过。

四、特别捐

（十八）工会如有某种特别事故发生（如援助其他工会之工人，或举办学校宿舍等），经代表会之通过，可向会员征收特别捐。

（十九）征收特别捐，由工会经济部办理。或另组委员会办理均可，但须另立账簿，以便向会员公布。

（廿）工会可举办游艺会或其他娱乐事业征收特别捐。

（廿一）非有特别重大事故，工会不可向外界募捐。

（廿二）工会可向厂主等要求津贴工会之教育经费。

五、救济金

（廿三）工会可代会员办理失业救济，疾病救济，死亡救济及被难救济等事业。

（廿四）救济费可在工人月捐内抽取之，或临时抽取，或在基金内拨一部分为救济金均可以救济被难会员。如救济被难会员则临时抽收为收。

（廿五）失业救济，即工会会员有失业者，工会每月给该工人伙食费若干，疾病救济，即会员如疾病，工会每月给医药费若干。死亡救济，即会员死亡时工会给以帛金或抚恤其家属若干。工会如举办经常救济事业，须讨定详细章程办理之。

六、罚　款

（廿六）会员如有违背会章及纪律时，工会可处以一元或五日工资以内之罚款。罚款均须另外收存，每年总结及公布，以该款办理于工人有利益之事业。工会收入罚款须给收条。工会不得罚会外人之款项。

七、管理经济的组织

（廿七）工会经济支配权，属执行委员会及代表会。

（廿八）执委会之下应专设一部管理经济上出纳及账目，或以三人至七人组织财政委员会管理之。并须分会计、庶务及记账等职，工会会计负收支及保管银钱与制定预算及决算之责，庶务负采买等用钱之责。庶务账目须向会计处报告。

（廿九）工会为慎重起见，须由代表会推举五人至九人组织经费审查委员会，按月审查工会银钱账目向代表会报告。经费审查委员会不受执行委员会之支配，但只能审查账目，不能支配经济。

八、预算及决算

（卅）预算是工会预先计算收钱若干、用钱若干的数目。预算决定以后，即照预算收用，使工会用钱不致漫无限制，

（卅一）每工会均应有预算，规定预算时应特别注意，不可规定太多，须知收来工人的血汗钱不要浪费一文。预算并须经代表会通过报告总工会。规定预算，可以一年为限，或一月数月办理。

（卅二）决算是工会已经用过了钱所记的账目。决算须经审查后公布，并报告总工会。

（卅三）预算决算应分为下列各项：

1. 职员薪水津贴；

2. 房租水电及警捐；

3. 伙食；

4. 宣传印刷费；

5. 文具费；

6. 交通费；

7. 交际费及其他特别费；

8. 邮电费；

9. 添置及修理费；

10. 什费。

九、职员津贴及生活费

（卅四）工人领袖牺牲个人利益替工人群众谋利益的，故在工会办事的职员，非有不得已的特别情形，不可在工会支领生活费或津贴。

（卅五）工会规定职员生活费，其数目不得超过普通工人之工资，最高以卅元为

限。职员如支领生活费,不得再支办公等费。职员在工会办事,工厂若不扣除工资,不得再在工会支生活费。

(卅六)工会职员歇工一天,在工会办事一天,可在工会支领相应津贴。

十、收 钱

(卅七)工会各种收入须由会计处经手,会计处收入各种银钱,须给以正式收据。

(卅八)会计处如遇有疑问之收入,须经委员长或某部负责人签字方得照收。

十一、领 钱

(卅九)一切银钱须向会计处领取,会计处须有领款人签字盖章及规定之工会负责人签字盖章之领条,方得照发。会计处即存该领条为凭证,无正式领条会计处不得发钱。

(四十)领条上照例须有委员长及某部负责人之签字。会计在发钱时,应时时记着,不要超过预算。

十二、用 钱

(四十一)工会用去各种银钱或买东西,除极小者外,应有店家等之凭单。

(四十二)用钱者宜以一二人经手,不可有很多的经手人。

十三、存钱及保管

(四十三)长存在工会之钱不可太多,以一二百元或三四百元为限。工会有积钱很多时,须储存于银行钱铺或总工会以昭慎重。

(四十四)工会向银行等存钱领款时,须有四五人共同签字负责,不可一个人存钱领款以免意外。

十四、借贷及长支

(四十五)工会非有不得已时不得向外面借款。

(四十六)无论何人不得向工会借钱。工会不得贷款于任何会员或外人,尤须禁止工会职员向工会借钱。

(四十七)工会职员不得向工会长支生活费或津贴。

十五、记账查账及公布账目

(四十八)工会账目能用新式簿记为好,或用旧式记账法亦可,但须特别详明。并分别记明姓名、价目、件数、用途等项。

(四十九)工会账目除流水外,应有总薄,照预算所分门类,按月结算一次。

(五十)工会账目应经代表会或经费审查委员会查算,并须有各种收条凭条为据。

(五十一)工会账目须按月公布,在工会内张贴,或印刷分发各支部及会员,并报告总工会存案,以昭信守。

(五十二)经手人如有更换时,须将各种账目及手续,明白移交并签字负责。

十六、举办事业

(五十三)工会经费充足时,可举办工人学校、工人澡堂、工人医院及宿舍、俱乐部、图书馆、合作社等。工人可免费或减费享受工会举办各种事业之权利。

(五十四)工会举办各种事业时,尤须特别谨慎,并须另订详细章程办理之。

十七、集中工会的经济

(五十五)工会经济利于集中。各分会各支部所收之会费,须全部送交工会,由工会支配及保管。各分会及支部之正当用费,可造具详细预算,由工会津贴。

(五十六)各分会或支部不得单独向会员增加会费。

十八、勒索及敲诈

(五十七)擅自订立章程,假借名义向会员或外人强行抽取者为勒索。无真实情节及理由恃强力向外面人索款骗物者为敲诈。工会不得有勒索及敲诈等行为。

(五十八)工会不得在平时派遣纠察向会员收会费。

(五十九)工会会员及职员如有勒索敲诈等情事按情节之轻重,拿送法院依法惩办,判处徒刑。

十九、津贴及受贿

(六十)工会可接受上级工会及政府与党部之津贴,私人津贴或捐助须经代表会之通过方可接受。

(六十一)工会职员或会员,私人秘密接受雇主或外面人之津贴及运动费为受贿。行贿受贿者,可送法院依法惩戒。

二十、侵吞拐骗

(六十二)以少报多,从中舞弊,挪用公款,卷款潜逃者为侵吞拐骗。工会职员及会员有以上情事发生,除勒缴欠款外,送法庭依法惩办。

(六十三)工会职员及会员如有勒索敲诈受贿行贿及侵吞拐骗等情,除撤销职务,开除会籍送法院惩办外,并在总工会备案通告武汉及全国各工会,永远不得为工会会员及职员。

工会基本组织

（1926年12月28日）

绪　　言

工会是群众奋斗的机关，在革命中所负的责任，极为长久重大。因此，工会必须有严密的组织，才能克尽所担负的使命。所谓严密的组织，就是在执行委员会之上，有真正的工人代表会；在执行委员会之下，有群众中的支部基本组织。

工会的群众很多，若无支部等基本组织，而仅有工会的执行委员会和工会的招牌，即会员愈多愈加散漫。这样的工会，是不能奋斗的，执行委员会是无法统率群众的。比如军队，若只有一个司令部，底下没有营连排等下级组织，则这个军队就没有法子进行战争。所以，一个工会若没有支部、小组等基本组织，或有支部、小组而不能起作用，则这个工会组织就不健全，行动的时候就必感觉很大的困难。我们要懂得，支部、小组是工会的基础，工会是建筑在支部、小组之上的，支部、小组若不坚固，工会的基础就不坚固，有了好的支部和小组，工会的基础就有了保障。

工会有了支部及小组之后，工会的行动即非常敏捷便利。一旦有紧急的事情发生，执行委员会议决之后，即刻通知各支部及组长与会员，在一二小时内，全体委员均可动作，而在形式上不费什么手续。若无支部及小组，如要使全体会员动作，则非开大会、发传单或出布告不可。在此，费一二日之时间不能使会员全体知道，但若费去一二日之时间，时机已过，虽行动亦无效果了。这于工会有何等大的损失啊！

此外，在工会有支部及小组，可使工会的行动秘密起来，不致为敌人所破坏。工会对于工人的训练和教育，也可便利施行。各方面的消息亦极灵通。工会易明了工人的真实情形，工会的工作情况也常向各支部报告，使工人与工会之间关系密切起来，不致发生什么误会和隔膜，于群众的团结亦有极大的效益。工会若无支部等组织，则工会的行动无法秘密，工人训练与教育亦难施行，消息既不灵通，情形又多隔膜，如此而想工会有力量，团结得坚固，实为不可能。所以基本组织在工会中真有极大之功效。凡各工会及工友不可不努力进行组织。

工会代表会、执行委员会及支部均是工会必要的组织，缺一不可。现在，武汉工会的执行委员会已经通通有了，但还有很多工会没有代表会及支部。同时工会的经济问题也极为重要。我们为使武汉的工会在加过工资之后，更进一步地团结和巩固起来，并消除内部的危险，特费了几夜的功夫，很简要地写成《工会代表会》《工会经济问题》及《工会基本组织》三本小册子，交总工会宣传部印行，以备各工会工友之采纳施行。望我工友过细观看，采纳施行，如有错误之处，仍希指正。

工会基本组织

一、总 纲

（一）每一个工会，均应有他的支部做基础。

（二）工会的支部及小组不是有形式的机关，而是在工人群众中活动的中心，领导群众行动的头脑。

（三）支部应服从工会执行委员会的命令，不得单独行动。支部所收之工人会费，须送缴工会，不得自行支配。

二、支 部

（四）在产业下每一工作处之工人，组织一支部（如铁路之每一处成立一支部，纱厂之每间成立一支部，海船上之每船成立一支部，机器店之每厂成立一支部，码头工人之每码头成立一支部，建筑工人每营造公司成立一支部等）。每支部组织一干事会，由支部会员大会或支部代表会推举三人至五人组织之。并互推干事长一人（兼任文书），其他各干事分担组织与宣传。但若支部人数太少，在二十人以下者则不设干事会，仅推支部书记一人。

（五）手工业工人组织支部，须先成立小组，如每公司每店家每酒饭馆有三个小组以上者，则可单独成立一支部，否则联合附近三数小组（或十余组）成立一支部。每支部亦须设一干事会，组织与前同。

（六）以前泥水、缝艺、酒饭面馆等以帮口界限成立之支部，立即将支部改为分会，再依照各街头各公司店家等组织支部。支部设干事会，分会设委员会，工会设执行委员会。

（七）支部不得单独对外发出信件及宣言、传单等，尤不得以支部名义向雇主提出要求条件。一切对外关系，以工会为代表。

（八）支部不得单独行动或罢工，不得单独订立条规，一切须服从工会之命令决议。

（九）支部不得在工会征收会费之外，加收会费，支部所需用笔墨纸张表册等，由工会发给，工会亦可发给各支部少许必需费。

（十）支部干事会之任务如下：

1. 执行工会命令及议决案；

2. 受工会之指导，领导该支部工人作一切行动；

3. 解决该支部之问题及处理临时发生之紧急问题（组织即刻报告工会）；

4. 讨论关于该支部之一切问题或工会一切问题并建议工会；

5. 调查工厂或雇主反动派之一切情形，报告工会，如调查工厂如何剥削和压迫工人，每月生产若干，销售何处，原料何处来，储存若干，价格若干。如店员应调查市面情形等，物价涨落，各旅馆、澡堂、酒饭馆、厨业、摊担里市照料等，工人应特别调查反动派之机关行动或言语会议等，报告工会；

6. 征收会员会费；

7. 分发工会刊物，张贴工会标语；

8. 召集支部会员大会；

9. 解释工友对于工会之误会；

10. 向会员作各种报告及讲演（如政治报告、会务报告、财政报告及各种理论的主义的讲演等），训练工人群众；

11. 传达工会命令；

12. 纠查工人之不正当行为。

（十一）支部干事会及支部会员大会开会时应先报告工会执行委员会，派人参加；

（十二）支部干事会应随时清查会员已否交纳会费并不时催促缴纳；

（十三）支部干事会备有支部之会员及小组一览表一份，办事方能便利；

（十四）支部不一定要有办事处，即在工厂或工人寄宿舍与工人住宅可以办事；

（十五）支部之下有小组长干事会，应时常召集各组长开联席会，报告一切；

（十六）支部干事一定以在本支部工作之工人充当，且须工作很久、熟悉情形、诚实可靠者，切不可以外面人或其他工作处之工人充当，包工头不可充当干事。

（十七）工会应制定支部界限，分途召集各工作处之工人开大会，选举支部干事会成立支部。

三、小　组

（十八）产业工会之支部如人数太多者，可在支部之下，再分为若干小组，举组长一人。

（十九）每组人数以五人至二十人为限。组织小组亦须按照自然的工作界限或班次而成。

（廿）店员及各店家之工人与旅馆、酒馆面馆、洋务等工会，每店每馆有工人五人以上至二十人者即成立一小组，有工人二十人以上至三十人者，成立二组。卅人以上每增加十五人，即成立一组。其不及五人者则联合附近之数店数馆成立一小组。

（廿一）车夫码头工人、花厂蛋厂女工等可每十人成立一组（即十人组）。

（廿二）组长之任务为传达命令、收取会费、分发刊物等。

（廿三）工会须印就一种小组表，派人分发各工友填写，送交工会。同时，组织小组（工会如有月捐簿交组长收存者，组长即以月捐簿上之名单为凭）。

小组表之样式如下：（略）

（四）工会委员会或分部委员会

（廿四）工会管理几个工厂，一工厂有二个以上支部者，则可成立一工会委员会。由工厂会员大会或代表大会，选举五人至七人组织之。

（廿五）手工业工会一工会所辖地域太广，可按照地段组织分部委员会。

（五）会议

（廿六）支部干事会，每星期开会一次，由干事长召集并主持。

（廿七）支部委员大会每月开会一次，由干事会召集，干事长主持。

（廿八）支部组长大会每月开二次，由干事会召集，干事长主持。

（廿九）小组会及无干事会之支部大会，每星期开会一次，组长或书记召集并主持。

（卅）每次会议以一小时至一小时半为限。每次会议，除讨论各种问题外，应有一半之时间作政治报告、会务报告及各种讲演。

论陈赞贤同志在赣被害事

（1927 年 3 月）

工人是革命的先锋队，中国的革命发展了，我们工人阶级的热血实在流得不少，尤其是工人的领袖死于军阀帝国主义者刀枪之下的更是很多。可是没有象陈赞贤同志这样死得奇怪的。

陈同志是江西人，曾充广东南雄县总工会的委员长，兼县党部的常务委员。去年七月间他到广州中华全国总工会和我谈话。他说“现在国民政府北伐，江西的工人，没有很多组织，请全国总工会派我回江西，先到赣州去秘密组织。将来一方面在战争上可以帮助国民革命军，一方面在公开后工会就有了基础”。当时我以他能舍去现任委员长，去江西秘密的工作，很是佩服他，就即刻写了一张委状给他，委他回江西工作。不久我到汉口来了，没有接到他的报告。

陈同志工作是很努力的，到江西没有数月，就组织了数万工人，又被选为赣州总工会委员长，我们都以为在蒋总司令坐镇的江西，得到政治上相当扶助，陈同志将来正是未可限量的。但现在竟以被秘密枪毙闻！

陈同志是革命工人的领袖，在革命的蒋总司令坐镇之江西，在革命军新编第一师驻防地赣州，是如何被枪毙的呢？这不得不使我们奇怪！在孙传芳张作霖统治下的上海、天津，枪毙工人领袖，固然是常事，但我们从没有把现在的江西放在上海、天津同一感觉之下，如今事实上的表现，却不得不改变我们对于江西前此的观念了。

查陈同志完全是死于反革命封建军官之手。这些反革命的军官在江西拼命分裂工人的组织，勾结旧封建势力压迫真正工人的运动，枪毙陈赞贤就是反动派最猛烈的进攻。我们看枪毙陈同志的原因，据二月十二口赣州总工会向国民政府请愿书上说：“赣州工会自组织以来，迭遭旧社会一部分人之诬陷。如洋货绸缎布匹店员因往二女师看戏被拒，在校门上写了二句骂刘淑贞之文字，乃系工人个人一时错误行动，而该校长欧阳魁即电上峰解散工会……并归罪于陈赞贤……。又赣党部筹备处谢溥泉等违法舞弊引起同志不满，致代表大会未开成，乃纯系党内之事，而代表许迪猷等电蒙上峰，诬工人代表推翻桌椅，痛殴书记，并牵涉与此事毫无关系之总工会委员长陈赞贤。而倪党代表(新编第一师倪弼)乃利用旧社会一部分人……借解决纠纷为名,制造纠纷,诬及赣州总工会委员长陈赞贤……秘密严缉。……借此摧残工会……。”我们看了上面的话,就可知道枪毙陈赞贤的罪状了。请愿书上又说:“倪党代表往工会讲演谓‘各工人工会皆甚好,唯有陈赞贤不好,如你等能打倒陈赞贤,我当时常来指导你等’。工人不服,又谓‘你们拥护陈赞贤便是反革命’。”请愿书云:“陈赞贤是国民党员又负有党的重要职务……。陈赞贤是工人的真正拥护者,若倪责其不应真正拥护工人,我们即俯首帖耳任人宰割可也。我们只知拥护陈赞贤为自身谋解放,他人之离间中伤,不与计较。”由此可知工人是如何拥护陈同志,反动派是如何去分裂工人的组织了。

现在江西的党部中军队中有少数的反动派把持,不承认真正的工会,把应给工会的津贴去培植一班反动派,去组织假工会。他们曾说,凡没有经过他们备案的工会,都要解散。可是真正的工会去备案他们又不肯。现在江西反动派十分猖獗,已经在总司令的面前有军官枪毙工会委员长,这件事的发生,值得国民政府及全国革命民众严重注意。蒋总司令如果没有改变他前此拥护工农拥护民众利益的主张,断不能纵容一班反动派如此凶横残杀工人领袖。应该采取断然的手段,枪毙凶手,肃清一切反动派,保护真正工人的工会,并从优抚恤死者。如其不然,那我们不能不怀疑现在总司令所坐镇的江西了。

建筑在革命民众上面的国民政府,对于这件事实的发生,应实行其最高威权,严令江西当局肃清一切反动派。同时并应有政府自行解决的办法。

全国革命团体及革命民众应该认为江西这事件的发生,是摧残革命,是革命战线内反革命的开始,大家应一致起来斗奋,督促政府及党部肃清一切反动派,并竭力援助江西的革命民众,务必达到国民革命之完全成功。

在太平洋劳动会议讲演词

（1927 年 5 月 22 日）

各位同志：今天我代表中华全国总工会，代表中国全体工人阶级，向太平洋劳动大会，谨致革命的敬礼！

中国工人阶级，自从被帝国主义侵略以后，几十年来，处在非人的生活状态之下，这种非人的生活，至现在始终渐渐走向改善的道路，因为受了世界革命高潮的影响，使中国工人阶级觉悟起来，团结起来，向帝国主义进攻，向反革命派进攻，一方面改善自己的生活，同时变为世界革命的生力军。我们中国工人阶级的生活是怎样？虽然经过六七年的奋斗，经济的斗争，然工作时间仍在十二小时以上，所得工资不过四毛五毛，一切设备，如卫生教育保险等等……皆是没有。我们举例来说，如武汉有二十纱厂女工，他们工作时间，每日有十二小时，每日所得不过二毛五。又如中国应城的矿工，他们的工作二十四小时一班，所得工钱不过一千三百文，一下矿坑十天至五六个月，不得出洞口。我去年曾经看见他们四百多人，从矿洞里爬出来，头发差不多有二寸长，行路时跛着，他们有好几个月没有出矿洞的。从这里看来，可知中国工人的生活是如何的痛苦！

我们中国工人在这种生活状态之下，这种痛苦是帝国主义所给予的。帝国主义勾结中国军阀，造成中国的内战，并屠杀工人，资本家如是也加重工人的剥削。我们为谋改良我们的生活，为谋解除我们的痛苦，唯有向帝国主义进攻，唯有打倒帝国主义。我们中国工人阶级知道组织、加入工会，曾经罢过几次工，改善一点生活和待遇，但是比西欧工人尚差得很远。世界帝国主义者则大声疾呼，中国工人在造反了！共产了！是不合理的过分的要求。如是关闭工厂，停止轮船，实行经济的封锁，说是有了工会，他们不能营业了，若要他们开船，他们就说非要把以前和工人订的合同修改不可，这是英国领事向外交部长陈友仁正式的声明。至中国资产阶级，亦天天造谣，说工人要共产，挑拨社会的一般人，使他痛恶工人。如近来上海、武汉的谣言，蒋介石、李济深的屠杀，这是世界帝国主义与中国资产阶级联合起来，进攻中国工人，不许中国工人有正当的改良生活，解除痛苦的反动。所以我们为改良我们的生活，非联合世界无产阶级，尤其是太平洋各国的无产阶级把世界帝国主义从中国滚蛋出去不可！帝国主义者将工厂轮船停闭之后，资本家与和他的货物离去汉口以后，换来了许多兵舰、大炮、飞机，向准着中国工人阶级："你们服从不服从？不服从，我们的大炮就开炮了。"中国资产阶级的代表如蒋介石、李济深亦同时联合。所有反动势力，向武汉国民政府进攻，向中国工人进攻……亦在说："看你们服从不服从，要罢工不要！不服从则屠杀、腰斩！"

各国代表各位同志！我们中国工人处在这样威吓状况之下，我们还是怎样？还是屈服，还是向前奋斗？向世界帝国主义与中国资产阶级奋斗！这样，只有更加增长我们的革命的勇敢。帝国主义者已经联络一致对付中国无产阶级，对付中国革命运动，尤其是无产阶级领导的革命运动，他们勾结中国军阀，联合反动派，向中国无产阶级进攻，我们在反动派联合进攻之下，我们只有联合世界无产阶级对付世界反动派，我们只有在太平洋劳动大会的共同利害之下，巩固的联合起来，才能打破世界帝国主义与中国军阀联合进攻的危险！同时世界帝国主义者，因各种冲突，将发生第二次太平洋世界大战，首遭牺牲屠杀者是太平洋无产阶级，尤其是中国无产阶级。我们为制止世界第二次大战，唯有太平洋劳动阶级亲密的团结起来。我今天代表中国工人阶级，很负责任地要与太平洋工人阶级在赤色职工国际之下，亲密地团结起来，制止世界第二次大战，反对世界帝国主义对于太平洋工人的屠杀，改良中国工人阶级生活，及各国工人阶级的生活。在这种联合之下，我们太平洋各国工人阶级，在太平洋上要达到主人的地位。我以此代表中国工人阶级庆祝太平洋劳动大会，高呼，改良中国工人阶级的生活状况！反对世界第二次大战！打倒一切帝国主义！世界革命成功万岁！

刘少奇与武汉大事记

1922 年

9 月 9 日　参与领导粤汉铁路(武汉、长沙段)工人罢工斗争。

12 月 10 日　在湖北汉阳举行的汉冶萍总工会成立大会上，被选为汉冶萍总工会执行委员。

1924 年

5 月至 6 月　与李立三在赴上海途中到黄石大冶，听取中共黄石地方组织有关的情况汇报，指导正在进行的大冶厂矿工人罢工。

6 月　撰写《救护汉冶萍公司》一文。同年 8 月 20 日，该文发表于《新建设》第二卷第二期。

9 月　在安源召开的汉冶萍总工会第二次代表大会，被选为汉冶萍总工会委员长。

1925 年

4 月 12 日　代表汉冶萍总工会出席广州各界举行的孙中山先生追悼大会，并发表演说。

5 月 1 日至 7 日　出席在广州举行的第二次全国劳动大会。在执委会第一次会议上，当选为副委员长。

1926 年

9 月 17 日 中华全国总工会在汉口设立办事处，李立三任主任，刘少奇任秘书长(10 月 21 日到职)，负责指导鄂湘川豫皖赣六省的工人运动。

10 月 10 日 国民革命军攻克武昌。同日，湖北全省总工会成立。

10 月 21 日 携夫人何宝珍到达武汉。

10 月 24 日 出席湖北全省工人代表大会为欢迎广东省工农代表团召开的会议，代表中华全国总工会致答词。

10 月 28 日 出席中华全国总工会召集的武汉各委员会议。会议议决设立中华全国总工会汉口办事处有关事项。

11 月 6 日 出席汉口既济水电公司在汉口新市场举行的成立大会，并发表演说。

11 月 10 日 与许白昊前往汉口英美烟草公司六合路工厂，指导工人罢工斗争，支持厂工会成立罢工委员会。

11 月上旬 到汉阳铁厂、汉阳兵工厂进行社会调研，推进汉阳地区工人代表会的建立。

11 月 11 日 出席武汉邮务工会罢工委员会在汉口新市场召开的邮务员工大会，并发表演说。

11 月 13 日 会同国民革命军总政治部、邮务工会等方面的代表与湖北邮务总局代理邮务长进行谈判。资方被迫答应罢工委员会提出的大部分条件，罢工取得胜利。

11 月 20 日 与项英、许白昊等到汉口既济水电公司大王庙电厂看望工人，听取公司工会秘书长钟苗夫的工作汇报。

11 月中旬 当选为湖北全省总工会劳资争议委员会主任。

11 月 25 日至 26 日 主持调解洋务工会和日资本家劳资争议案件。最终劳资双方各作让步，洋务工会于 28 日复工。

11 月 30 日 主持调解日商经营的轮船趸船、铁木驳船的全体船员与日商的劳资纠纷，促进劳资双方打破僵局，达成解决意见。

12 月 12 日 武汉工人运动讲习所速成班正式在武昌开班。开班期间，先后向学员讲授工会组织法(八学时)、工会技术工作(四学时)和中国三次劳动大会(四学时)。

12 月 26 日 编写《工会代表会》小册子,规定了工会代表会的性质、代表之产生、代表之组织、召集会议及会期、职权、记录及议决案、代表任务、会议规则等内容。

12 月 27 日 编写《工会经济问题》小册子,规定了工会的入会金、常月捐、基本金、预算及决算、职员津贴及生活费等 20 个方面的问题,阐述了工会经济问题的重要性。

12 月 28 日 编写《工会基本组织》小册子,分为总纲、支部、小组、工厂委员会或分部委员会、会议五部分,对工会的各级组织及作用作了具体的论述。

12 月 31 日 与许白昊等出席英美烟厂工会在汉口慎昌洋行召开的庆祝烟厂工人罢工胜利大会,并表示祝贺。

12 月 撰写《怎样罢工》一文,论述罢工策略的运用、罢工前的准备和罢工中、罢工后应注意的事项。

冬季 到应城膏盐矿区,与矿工党员邓先柱一起下矿井、走家串户进行社会调查。

1927 年

1 月 1 日 国民政府明令以武汉为首都,宣布在汉正式办公。同日,出席湖北全省总工会第一次代表大会开幕式,当选为主席团成员。

1 月 3 日 在湖北全省总工会第一次代表大会上作组织报告。大会根据组织报告作出了《组织问题决议案》。大会进行中,惊悉发生一三惨案,即与李立三、项英、林育南、许白昊、向忠发等赶赴惨案现场,了解情况,保护与疏散群众。

1 月 4 日 湖北全省总工会第一次代表大会发出《为反对英水兵惨杀同胞通电》,提出请政府自动收回英租界等六项要求和实行抵制英货、封锁英租界等五项办法。

同日,出席武汉工农商学各界联席会议。会议在湖北全省总工会第一次代表大会通电提出的要求与办法的基础上,提出解决一三惨案的八项要求,并决定于 5 日下午举行对英示威大会。

1 月 5 日 出席有 30 万群众参加的追悼一三惨案死难同胞暨反英示威大会。

在会后举行的示威游行中,群众冲入租界,赶跑巡捕。

同日晚,出席国民党湖北省党部、汉口特别市党部在汉口江汉路普海春饭店招待全省工人代表的会议并发表演说,提出“我们应当联合力量,共谋此种共同利益。”

1 月 9 日 在湖北全省总工会第一次代表大会上作修改工会章程的报告,强调“全省总工会以团结全省工人,图谋全省工人福利为宗旨。”

1 月 10 日 出席湖北全省总工会第一次代表大会闭幕式。大会通过关于执行委员会会务问题、组织问题、宣传及教育问题、经济斗争、纠察队等 27 项决议案和大会宣言;选举李立三、向忠发、刘少奇、许白昊等 35 人为湖北全省总工会执行委员。刘少奇任秘书长。

1 月 21 日 出席在汉口宁波会馆举行的武汉工人运动讲习所第一期培训班开班典礼,并发表演说。培训期间,刘少奇讲授“工会组织工作”和“工会经济工作”。

1 月 22 日 代表湖北全省总工会出席武汉市总工会第二次代表大会,报告湖北全省总工会第一次代表大会的经过及决议案。同日,出席湖北全省总工会第三次执行委员会会议。会议讨论了京汉路问题、停业问题、办事细则、组织计划以及中华全国总工会迁鄂问题等。

2 月上旬 主持召开全省总工会执委会,就少数工人的一些越轨行为进行专题讨论。会后,刘少奇根据会议精神,组织制定并发布了严肃工会纪律的《通告》。

2 月 11 日 中华全国总工会由广州迁到武汉,开始办公。

2 月 19 日 出席湖北全省总工会第四次执行委员会会议,作有关常委会决议案的报告。会议通过了组织职业介绍所、办理职业教育事业,以及本月 24 日召开欢迎全总由粤迁鄂的群众大会等决议案。

2 月 20 日至 25 日 出席中华全国总工会执委扩大会议。会议确定全总常务委员未到齐之前,由朱少连、项英、刘少奇、李立三和新选举的委员申耀、邓少山组成临时常委会,负责日常工作。会议确定李立三代理委员长。会议通过了《全国工人阶级目前行动总纲》等 30 多个决议案;决定第四次全国劳动大会和太平洋劳动会议拟于 5 月 1 日在汉口举行。

2 月 23 日 主持湖北全省总工会召开的有 1500 余人参加的大会,声援上海工人为反对英军派兵来华及军阀孙传芳的压迫而举行的罢工。刘少奇报告开会意义,李立三报告了上海工人总罢工的经过。

2月26日 参加在省总工会院内举行的湖北全省总工会劳动童子团总部成立大会。

2月28日 为反对英国派兵来华干涉中国革命,在中华全国总工会的统一部署下,武汉三镇工人同时举行一小时总罢工。全国共有7省200多万工人参加此罢工活动。

3月6日 同李立三出席中华全国总工会和湖北全省总工会为欢迎全国邮务总工会代表及全国电报工人代表而举行的宴会,并分别致欢迎词。

3月7日 在湖北全省总工会召集的武汉三镇工人、学校教职员会议上,作题为《中国职工运动过去现在及策略》的报告。

3月9日 出席全国邮务总工会第一次代表大会,以中华全国总工会秘书长身份,报告全总执委扩大会议经过及《全国工人阶级目前行动总纲》。

3月10日 主持中华全国总工会和湖北全省总工会为欢迎湖北全省农民代表大会代表及河南武装农民代表大会代表而举行的宴会,并致欢迎词。

3月13日 以中华全国总工会名义发出《为赣州驻军枪杀赣州总工会委员长陈赞贤事件通电》。

3月17日 在《汉口民国日报》发表《论陈赞贤同志在赣被害事》的代论。文章指出,这件事的发生,是摧残革命,是革命战线内反革命的开始。大家应一致起来奋斗,督促国民政府及国民党党部肃清反动派,并竭力援助江西的革命民众,务必达到国民革命的完全成功。

3月中旬 与项英等人参加由蒋先云在汉口血花世界举办的“工人武装训练班”开学典礼,并发表讲话。

3月20日 代表湖北全省总工会出席在汉口血花世界总理纪念堂举行的武汉新闻记者联合会成立大会,并致词。

3月25日 出席武汉印刷工会举行的各机关团体代表招待会,代表湖北全省总工会发表演说,表示支持武汉印刷工人的反帝罢工,认为这次罢工与上海政治罢工有同样的意义和价值。

3月30日 与中华全国总工会及各团体代表400人前往汉口码头,欢迎国际工人代表团抵达武汉。

4月3日 主持武汉各界欢迎国际工人代表团及中华全国总工会苏兆征委员长大会,并致欢迎词。大会通过致全世界无产阶级及被压迫民众公电及致全国宣言。参加大会的群众有 50 万人。

傍晚,闻讯汉口日租界发生日本军警枪杀中国工人事件(亦称四三惨案),当即指挥工人纠察队赶往现场救助工人和维持秩序。在其指导下,湖北全省总工会连续发出抗议日兵暴行的通电和根据中共中央指示精神稳定斗争阵势的布告。

4 月 4 日 出席武汉各团体紧急会议,报告对四三惨案遇难人员的安置及对日租界采取的办法。会议决议由国民党湖北省党部、汉口特别市党部、中华全国总工会、湖北全省总工会等 17 个团体组成武汉人民对日委员会,并向政府提出“即刻撤退日本水兵”等六项要求。

晚 7 时,出席中华全国总工会召集的各工会联席会议,报告武汉各团体紧急会议经过。会议通过“拥护武汉各团体联席会议所提出之六项要求”等三项决议案。

4 月 6 日 湖北全省总工会联合商学各界开展罢工、罢课、罢市,抗议日本帝国主义在汉口的大屠杀,要求收回汉口日租界。

4 月 7 日 与李立三等以中华全国总工会与湖北全省总工会的名义,发动武汉各界人民分别在汉口、武昌两处举行追悼“四三”惨案遇难人员大会。

4 月 8 日 应邀出席中国国民党中央执行委员会常务委员会第六次扩大会议。在会上报告“四三”惨案中日双方斗争现状,提出:(一)中央对日提出抗议;(二)拨款救济工人;(三)日人已走,将所存货物暂时保留,如不解决实行扣货;(四)日人工厂虽是停工,但原料机器皆有,中央及各团体令其继续开工。

4 月 9 日 出席中华全国总工会在汉口血花世界召集的工人代表大会,作反抗日本帝国主义的屠杀和反对妥协的报告。

4 月 12 日 蒋介石在上海发动反革命政变。18 日,蒋介石在南京建立反革命的“国民政府”,同武汉国民政府相对立。

4 月 17 日 湖北全省总工会发出讨伐蒋介石的通电。通电列举了蒋介石镇压工人运动、强行解散工人纠察队、破坏孙中山的三大政策等六大罪状,表示决心率领全省 40 万有组织的工人,打倒叛党叛国残杀工人的新军阀蒋介石,以期北伐早日成功。

4 月下旬 同共青团湖北省委书记贺昌应邀参加湖北劳动童子团举行的声讨蒋介石四一二反革命政变的示威大会,并代表湖北全省总工会在会上讲话。

4 月 何宝珍生下了她与刘少奇的第二个孩子,起名爱琴。

4 月 27 日至 5 月 9 日 出席在武汉举行的中国共产党第五次全国代表大会。

当选为中国共产党第五届中央委员会委员。

5月6日 与项英等一起制定全省劳动童子团七项纪律要求。要求各工会即行召集童子团会议,宣布遵守各项纪律。

5月8日 同共青团湖北省委书记贺昌应邀参加武汉三镇劳动童子团第一次大检阅,并发表演讲。

5月14日 中共中央召开政治局常委会议。会议在讨论太平洋劳动大会工作问题时,认为刘少奇担任全国总工会秘书长和湖北全省总工会秘书长两项工作,任务太重。决定全国总工会秘书长职务由林育南接任,刘少奇着重做湖北全省总工会和汉口市总工会的工作。

5月15日 湖北全省总工会发表巩固北伐武装工友宣传大纲。代表中华全国总工会出席京汉铁路江汉工会改选大会,并发表演说。

5月16日 中华全国总工会常委会议决定:秘书长刘少奇因湖北全省总工会职务重大,改由林育南担任;宣传部长由刘义担任;组织部长由李立三担任;太平洋劳动大会秘书长由林育南担任。

5月16日、22日 湖北全省总工会全体执行委员与汉口特别市商民协会全体执行委员举行联席会议。会议通过改良店员待遇等15个决议案;决定召集工商联合代表大会,发表工商联合宣言,由湖北全省总工会和商民协会各推3人组成筹备委员会负责办理。结果,湖北全省总工会推派向忠发、刘少奇、董锄平参加;汉口商民协会推派刘云生、刘一华、毛晋阳参加。。

5月17日 出席湖北全省总工会欢迎赤色职工国际委员长罗佐夫斯基及太平洋劳动会议代表的大会,并致词。

同日,武汉国民革命军独立第十四师师长夏斗寅率叛军进攻武汉,直抵距武昌20公里的纸坊。武汉卫戍司令叶挺率部平叛,于19日将叛军击退。平叛期间,武汉工人纠察队予以全力配合。

5月18日 出席武汉店员总工会非常代表大会,并发表演说。大会决议:发表拥护太平洋劳动大会宣言;要求中央党部及政府下令讨伐夏斗寅;将今日的非常代表大会,改为讨伐夏斗寅大会。

5月19日 参加在汉口举行的声讨夏斗寅大会,与苏兆征、向忠发等同为会议主席。大会一致决议:要求国民政府下令拿办夏斗寅,以伸公愤,号召革命将士和革命民众一致团结,灭此朝食,巩固后方,完成北伐。

同日,湖北全省总工会发出第 198 号通告,命令“各工会负责人在此严重时期,应当领导全体工友团结在本会的指导之下,共同努力,以镇压一切反革命势力”。

5 月 20 日 与苏兆征等 15 人作为中国工人代表团的成员出席太平洋劳动会议开幕式。23 日发表演讲指出,中国工人阶级必须联合全世界无产阶级,尤其是太平洋各国的无产阶级,把帝国主义从中国赶出去。

下午,列席中共中央政治局常委会议。在会上汇报工人纠察队、裁判委员会等 13 个问题。会议确定刘少奇为经济斗争问题负责人。

5 月 23 日 同李立三一起邀请参加太平洋劳动会议的各国劳动代表团参加在汉口前辅德中学举行的中华全国总工会创办的高级劳动学校开学典礼。

同日,与向忠发等出席湖北工商联合代表大会筹备会第一次会议。会议决定于 5 月 28 日召开工商联合代表大会,报告工商联席会议决议案,发表工商联合宣言。宣言由刘少奇负责起草。

5 月 26 日 出席武汉店员总工会第五次代表大会,就工商联合的意义及工商联席会议决议案作报告。

5 月 27 日 列席中共中央政治局常委会议。会议讨论马日事变后的湖南政局及军事工作。在会上报告汉阳兵工厂的生产情况。

5 月 28 日 出席工商联合代表大会,与向忠发、许白昊等九人被推选为主席团成员,并发表演说。大会通过了《湖北工商联席会议宣言》。

5 月 29 日 列席中共中央政治局常委会议。会议讨论各地军事工作和群众工作问题。

同日,出席国民政府外交劳资委员会第七次会议。会议讨论通过有关救济及安置失业工人的决议案。决定将湖北全省总工会所拟的救济及安插失业工人计划书呈请政治委员会审议批准后,交各省关系机关分别酌量办理。

5 月 30 日 中共中央常委会决定成立中央工人运动委员会,由李立三、林育南、苏兆征、项英、刘少奇、王荷波、许白昊七人组成。

同日,出席湖北全省总工会与武汉市商民协会联席会议,讨论贯彻执行工商联合代表大会议决案及筹建工商俱乐部问题。

5 月 31 日 同李立三一起出席汉阳兵工厂工会为民国二年罢工中梁汉生、黄士显烈士牺牲的 14 周年举行的纪念会,并发表演说。

5 月湖北全省总工会将刘少奇关于工会组织的讲演汇编成册出版。此书内容包括:(一)工会的作用及其组织的范围;(二)工会的组织系统;(三)工会的基本组织;(四)工会中的各级组织的职权;(五)工会可举办之事业;(六)经费问题;(七)工会的变相的组织与组织工会应注意之点。

6月1日 列席国民党中央执委会政治委员会第二十六次会议。会议听取有关“马日事变”的汇报,并讨论处理办法。

6月3日 湖北全省总工会通电声讨许克祥。指出:长沙事件真相系许克祥抢劫纠察队枪枝,包围省总工会及农会,枪杀工农30余人,解散省党部,另组非法团体。此不但反农工,根本是反革命、反政府、反党部,与蒋介石如出一辙。

6月6日 列席中共中央政治局常委会议,讨论湖北工作问题。在会上汇报了湖北省工会工作情况。

6月10日 在湖北全省总工会召集的手工业工人代表大会上作政治报告,阐述了工商联合之必要、革命之策略与工人阶级最后利益等问题。

6月14日 在湖北全省总工会代表大会上作政治报告。会议通过《武汉工人目前政治主张》的决议案,提出明令拿办许克祥、解散一切反革命机关、发还工人纠察队与农民自卫军的枪械、保障工农组织的绝对自由、严惩一切摧残工农运动的反革命分子、实行讨伐蒋介石等八项主张。

6月15日 湖北全省总工会以“欢迎国民革命军凯旋”的名义,举行罢工和示威游行,抗议镇压工农革命运动的反革命叛乱活动。

6月18日 出席第四次全国劳动大会预备会议,当选为大会主席团成员、产业工会决议审查委员会主任、负责起草组织决议案的组织委员会委员。

6月19日 出席第四次全国劳动大会开幕式。到会代表372人。大会的中心任务是动员和组织全国工人,团结各阶层人民,反对帝国主义破坏革命和蒋介石的叛变,挽救革命。

6月23日 向第四次全国劳动大会作中华全国总工会会务报告。与会代表对于中华全国总工会过去一年多的工作表示非常满意,通过了《中华全国总工会会务报告的决议案》。

当晚,湖北全省总工会、湖北省农民协会在汉口普海春饭店欢迎出席第四次全国劳动大会的代表。蔡以忱、刘少奇、向忠发等先后致词。

6月27日 在第四次全国劳动大会上提出工会组织问题案,被会议决议通过。决议案强调,中国工人运动的发展,已进一步与工人阶级的敌人短兵相接,并已由单纯的经济斗争发展成为政治的武装斗争，因而工人的武装组织更为重要。

6 月 28 日 陈独秀召开中央紧急会议，就中央军事部紧急报告国民革命军第三十五军军长何键准备暴动商议对策，决定为了消除何键制造事端的借口，率性公开宣布解散武汉工人纠察队。

接到中央指示以及经中央负责同志解释后，当日与向忠发召集省总工会执委会委员会议决定立即贯彻执行，一是发布《解散纠察队的布告》；二是分别向国民政府军事委员会和武汉卫戍司令部发出自动解散纠察队的公函。

晚 10 时，知悉李品仙的第八军和何键的第三十五军于晚 8 时左右派兵非法强占、搜掠了中华全国总工会和武汉部分产业和其他行业总工会驻地后，陪同全总委员长苏兆征就这一严重事件向武汉当局提出抗议及交涉，严正要求当局立即撤走军队。

6 月 29 日 与李立三前往国民政府，代表湖北全省总工会和中华全国总工会抗议军队无理占驻省总工会和全国总工会办公地点的行为。国民政府负责人当即电话询问此事，李品仙解释此事出于误会，下令撤走了军队。

同日，第四次全国劳动大会公布选举结果并举行闭幕典礼。李立三、邓中夏、林育南、刘少奇、项英、苏兆征等 35 人当选为第四届中华全国总工会执行委员。

6 月 30 日 中华全国总工会第四届执委会召开第一次全体会议，选出苏兆征、向忠发、李立三、王荷波、邓中夏、陈寿昌、罗珠、郑复他、林育南九人为常务委员，刘少奇、董锄平、杨人杞、马超凡、黄钊五人为候补常务委员。选举苏兆征为委员长，李立三为秘书长。

6 月 中共中央鉴于武汉国民政府叛变革命、实行宁汉合流的反革命面目日益暴露，决定将聚集在武汉的干部实行疏散。刘少奇和湖北全省总工会根据这一精神，将公开活动的党员干部，有的隐蔽、转移，有的派往贺龙、叶挺部队。同时，又新调进一些没有暴露政治面貌的干部坚持工作。

7 月 2 日 出席湖北全省总工会代表大会，作政治报告。向忠发主持会议并报告会务及自动解除工人纠察队武装的原因和经过。

同日，出席中国国民党工人部、中央工人运动委员会第二次会议。会议决议，整理工会组织系统案由刘少奇起草，交下次会议讨论。7 日召开第三次会议时，因刘少奇生病未能出席。关于整理工会组织系统问题没有讨论。

7 月 12 日 肺病复发。经中共中央批准，离开武汉去庐山养病。

7 月中旬 中共中央临时常委派中共前敌军委书记聂荣臻到庐山，将中央关于举行南昌起义的决定通知刘少奇。

10 月 病情稍有好转。化装成水手,从庐山脚下星子县乘船秘密去上海。这时,中共中央领导机关已由武汉迁回上海。

10 月 26 日 中共中央临时政治局常委会议决定:刘少奇留在上海医院养病。

1928 年

1 月 7 日 与项英、许白昊致信中共中央,请中央清查大革命时期湖北全省总工会存于中共湖北省委的款项。

1951 年

2 月 12 日 为中共中央批转武汉市委关于土改期间城乡关系问题的简报,在批语中就乡村地主非法转移财产、工商业者窝藏犯罪的恶霸地主问题指出:“农民在土改中追回这些财产,并逮捕这些恶霸地主,是完全正当的。”要求“各县市人民政府应即和省市县农民协会及工会、工商联合会建立城乡联络委员会及联络处来有秩序地适当地处理这些问题。”

1952 年

1 月 4 日 离开杭州去江西,然后在南昌、长沙、武汉作短期停留。

1954 年

11 月 26 日 途经武汉时,同毛泽东、周恩来一起,在火车上听取长江水利委员会主任林一山关于长江流域和三峡工程设计工作的汇报。

1957年

3月7日 到达武汉。下午，同中共湖北省委书记王任重谈话。

3月9日 听取随行调查组的汇报。

3月10日 同中共武汉市委负责人谈话。

3月11日 听取王任重关于大学工作的汇报和王延春关于农村工作的汇报。指出群众闹事的原因主要是领导有官僚主义；强调合作化是基本的，没有合作化不能搞技术改革，但光搞合作化不搞技术改革也不行。

3月12日 听取武汉重型机器厂负责人的汇报。

3月13日下午，听取武汉钢铁公司负责人的汇报。晚上，和随行调查组讨论《关于中小学毕业生参加农业生产问题》一文初稿。

3月14日 听取随行调查组的汇报。

3月15日 参观武汉长江大桥建筑工地。视察裕华纱厂，同厂长、党委书记谈话，并接见私方代表。

3月16日 在中共湖北省委扩大会议上作关于如何正确地处理人民内部矛盾的讲话，分析了群众闹事的几种情况，强调要诚心诚意同人民群众商量、讨论，解决他们的问题，从团结的愿望出发，经过批评达到团结。

3月17日 同武汉地区的大学校长、教授以及民主党派组织的负责人座谈。

3月18日 离开武汉去长沙，途中先后同中共湖北咸宁县委、湖南岳阳县委书记谈话。

4月12日 到达武汉。同中共湖北省委书记王任重等谈话。

1958年

11月20日 离开北京到达武汉。

11月21日至27日 出席在武昌举行的中共中央政治局扩大会议。会议围绕人民公社问题和1959年国民经济计划，着重讨论了抑制高指标和浮夸风的问题。

11月26日 参加毛泽东同朝鲜政府内阁首相金日成在武汉举行的会谈。

11月28日至12月10日 出席在武昌举行的中共八届六中全会。会议讨论和通过了《关于人民公社若干问题的决议》。全会还决定同意毛泽东提出的关于他不作下届国家主席的建议。

12 月 6 日　与周恩来、陈毅一起，在武昌东湖客舍陪同毛泽东第三次会见金日成率领的朝鲜政府代表团。双方就目前国际形势、进一步加强社会主义阵营的团结和发展两国友好合作问题交换了意见。

12 月 13 日　回到北京。

1959 年

6 月 27 日　离开北京经武汉去江西庐山。

1960 年

5 月 15 日　乘“江峡”轮离开重庆赴武汉。

5 月 16 日　途经三斗坪，考察未来的长江三峡水电站大坝坝址。

5 月 17 日　到达武汉。

5 月 19 日　听取中共湖北省委负责人汇报工作。

5 月 20 日　离开武汉经湖南、江西赴浙江。

10 月 9 日　阅中共中央办公厅 8 日编发的《情况简报》第 553 号上刊载的《湖北省委指示各地处理县以上各级刮“共产风”问题》等文后批示：“此二件所说现象，估计全国各地都会程度不同地存在，应由有关部门研究一下，定出一些办法，加以整顿”。

1961 年

1 月 29 日　为中共中央转发湖北省委关于沔阳县通海口公社以反“五风”为内容的整风整社第二阶段总结报告起草批语，要求全国凡“五风”严重的地区都采取通海口公社以民主教育和阶级教育为主要内容的办法进行整顿。

1962 年

3 月 16 日 同周恩来、邓小平到武汉，向毛泽东汇报 12 日、13 日中共中央政治局常委扩大会议通过批转陈云等讲话的决定，以及由陈云担任中央财经小组组长的建议等问题，毛泽东表示同意。

3 月 17 日 同罗瑞卿、王任重、谢富治谈公安工作，指出：这四年的经验教训多得很，你们要好好总结，主要经验是混淆两类矛盾。混敌为我的也有，但主要是混我为敌。在谢富治、王任重谈到这几年政法机关经常被批评为“右倾”的情况时说：你们怕“右倾”吗？无非是撤职。坚持真理，撤职也是好的，也光荣嘛！

1963 年

5 月 29 日 飞抵武汉，参加《关于国际共产主义运动总路线的建议（中共中央对苏共中央一九六三年三月三十日来信的复信）》的修改审定。

6 月 2 日、3 日 同邓小平等与越南劳动党中央委员会第一书记黎笋、政治局委员长征等会谈。

1964 年

8 月 5 日 中共中央书记处会议决定：“后十条”的修改由刘少奇主持；中央成立“四清”、“五反”指挥部，由刘少奇挂帅。同日离开北京，到达武汉，同中共湖北省委及地市委负责人研究社会主义教育运动的部署。

8 月 7 日 在中共湖北省委扩大会议上作关于社会主义教育运动和两种劳动制度、两种教育制度问题的报告。

后　记

2018年是刘少奇同志诞辰120周年。为继承和弘扬老一辈无产阶级革命家的光荣传统和优良作风，中国中共文献研究会刘少奇思想生平研究分会和相关单位决定联合编写出版《追寻刘少奇的足迹》丛书。《刘少奇与武汉》是其中的一本。

接受编写任务的我们备感任务光荣,责任重大。刘少奇是湖北武汉人民敬仰的老一辈无产阶级革命家。武汉是刘少奇生前曾战斗和工作过的地方,龟蛇两岸留下了他的光辉足迹。全面记述和充分展示刘少奇在武汉的革命业绩、工运理论、精神风范,是历史和现实的需要,是深入贯彻习近平总书记“把红色资源利用好,把红色传统发扬好,把红色基因传承好”重要讲话精神的实际行动。在搜集资料和撰写书稿的过程中,在追寻刘少奇革命足迹的日子里,我们仿佛看到年近“而立之年”的刘少奇从《汉口民国日报》等历史资料的字里行间向我们走来,走进了我们的心灵。他在多个大型集会上激情演讲的身影,他的住所尚德里2号那彻夜不熄的灯光,他在两江三镇走访调研、深入工棚的足迹,都深深地吸引着感染着我们。高山仰止,我们对刘少奇献身理想、顽强奋斗、敢于担当的革命精神充满由衷的敬意。

武汉市总工会对编写本书的工作高度重视。2016年成立了由市总党组书记、常务副主席李丹芳为主编、相关文史专家组成的编纂委员会。为做好编写工作,编委会专家组成员立足武汉,同时还前往北京、长沙等地,尽力搜集与刘少奇在武汉活动相关的历史文献、报刊、书籍、回忆录、研究文章、纪念文章、图片,采访刘少奇亲属和部分党史专家,获得了许多详实的史料。全书由陈芳国、邓先海、彭维俊三位同志撰写初稿,陈芳国统稿。

本书在编写过程中得到了多方面的支持。中央文献研究室和刘少奇纪念馆对本书的编写给予了有力指导,提供了大量史料;原中共武汉市委常委、宣传部部长、市总工会主席李述永认真审读了书稿;湖北省社会科学院曾成贵研究员、华中师范大学博士生导师李良明等党史专家对书稿进行了审读,曾成贵还欣然为本书作序;

武汉市总工会领导李丹芳、李兵、周国华等对编写、出版事宜倾注许多精力;武汉市革命博物馆高万娥馆长参与了前期策划，并和该馆资料室的同志一起提供了许多宝贵资料;市总工会干部赵林松、肖骏、牛俊锋等同志作了大量辅助性工作,在此一并致以诚挚的谢意。

由于历史资料不足,作者水平所限,本书缺憾在所难免,尚望方家及读者朋友指正。

谨以此书献给刘少奇同志诞辰120周年!

编者

图书在版编目（CIP）数据

刘少奇与武汉 / 中国中共文献研究会刘少奇思想生平研究分会，武汉市总工会编；李丹芳主编 . -- 北京：中共党史出版社，2020.12（2021.11 重印）
（追寻刘少奇足迹丛书）
ISBN 978-7-5098-5063-3

Ⅰ . ①刘… Ⅱ . ①中… ②武… ③李… Ⅲ . ①刘少奇（1898-1969）—生平事迹 Ⅳ . ① K827=7

中国版本图书馆 CIP 数据核字 (2020) 第 135885 号

出版发行：中共党史出版社
责任编辑：潘　鹏　王世英（特约）
社　　址：北京市海淀区芙蓉里南街 6 号院 1 号楼
邮　　编：100080
网　　址：www.dscbs.com
经　　销：新华书店
印　　刷：北京中科印刷有限公司
开　　本：170mm × 240mm　1/16
字　　数：300 千字
印　　张：15.25
印　　数：3001—5000 册
版　　次：2020 年 12 月第 1 版
印　　次：2021 年 11 月第 2 次印刷

ISBN 978-7-5098-5063-3
定　　价：39.00 元